ANTONIO NEGRI

MARX AU-DELÀ DE MARX

CAHIERS DE TRAVAIL SUR LES « GRUNDRISSE »

Traduit de l'italien
par Roxane SILBERMAN

Editions L'Harmattan
5-7 rue de l'Ecole-Polytechnique
75 005 Paris

DU MEME AUTEUR
traduit en français

- *La classe ouvrière contre l'État*, Éditions Galilée, 1978.
- *L'anomalie sauvage. Puissance et pouvoir chez Spinoza*, Paris, PUF, 1982.
- *Spinoza subversif*, Paris, Éditions Kimé, 1994.

Titre original : "Marx oltre Marx
Quaderno di lavoro sui Grundrisse "

ISBN : 2-7384-4001-0

INTRODUCTION
À LA DEUXIÈME ÉDITION

Le texte était épuisé : est-ce une raison suffisante pour le republier ? Peut-être, si l'on songe que c'est l'unique commentaire de ce texte mystérieux et vital que sont les *Grundrisse*. Texte qui nous permet de pénétrer dans le laboratoire. Marx, mieux peut-être que toutes les autres sollicitations à se réemparer de l'énorme portée de la *pensée philosophique* de Marx qui se manifeste à l'ère du post-moderne. Du point de vue philosophique, Marx en effet est en train de redevenir à la mode et il ne serait pas étonnant de le retrouver au programme d'agrégation ces prochaines années.

Mais si c'était la seule raison je n'aurais pas cherché à republier ce texte et à le proposer à l'attention de nouveaux lecteurs, lecteurs post-modernes si différents de ceux qui, pendant et à la fin des années soixante-dix, l'avaient lu, comme l'une des contributions décisives aux débats de cette sombre et belle période de subversion.

Si j'ai pensé reproposer ce texte, c'est à cause de l'actualité politique qu'il présente. Dans les *Grundrisse*, en effet, Marx ne se contente pas d'élaborer un certain nombre de catégories de la critique de l'économie politique qu'il utilisera dans le Capital ; il ne se contente pas de définir la méthode de la critique de l'histoire et de l'économie capitaliste qui constituera le noyau de son matérialisme constitutif ; il ne se contente pas non plus de reprendre les dimensions humanistes de sa proposition du communisme.

Dans les *Grundrisse*, il s'agit de bien autre chose. Il s'agit en particulier d'une extraordinaire ***anticipation théorique de la société capitaliste avancée,*** c'est-à-dire de la société dans laquelle la fonction du travail ouvrier (en tant que travail immédiat) n'est plus qu'un élément secondaire dans la production civile complètement subsumée dans l'organisation du capitalisme, le travail productif, c'est le travail intellectuel, coopératif, immatériel. Désormais, ajoute Marx, c'est dans ces conditions que la crise du capitalisme devient définitive et que la possibilité du communisme en tant que destruction du pouvoir du capital par une communauté d'individus libres et riches se trouve posée comme urgence. C'est seulement, dans ces conditions là, qu'il est possible de détruire l'exploitation que les rapports de production du capital ont imposée pendant des siècles.

La libération du travail intellectuel, c'est-à-dire la mise en forme des processus de ***production de la subjectivité*** comme unique source et matrice de valeur et de richesse, devient dans les *Grundrisse* la clé d'interprétation du projet communiste.

Nous vivons aujourd'hui dans une société de plus en plus caractérisée par l'hégémonie du travail immatériel (intellectuel, scientifique, technologique, etc.). Les liens entre la production des biens (elle-même informatisée) et leur distribution (et les liens sociaux qui relient production et distribution des biens) sont des liens immatériels ; ce qui veut dire que le travail immédiat est proportionnellement de plus en plus secondaire dans ce qui les fonde et ils sont par contre effectivement organisés par la coopération technologique et communicationnelle. La projection marxienne du développement du système capitaliste des machines nous amène au cœur de cette réalité. Marx nous offre une projection du développement qui en son temps ne pouvait être considérée que comme utopique. Mais la force de sa méthode, tout comme les impulsions que la lutte des classes (dont la méthode marxienne interprète l'âme) imprime au développement historique, ont produit la *réalité de l'utopie*. Mais il ne s'agit pas d'utopie, en fait. Il s'agit d'une prévition scientifique qui a réussi. Le Marx des *Grundrisse* a eu raison.

Et maintenant venons-en à l'émotion que la première de ces pages a soulevée chez moi et chez mes camarades au cours des années soixante ! Qui aurait pu dire que nous allions voir se réaliser sous nos yeux cette formidable prévision de la transformation des nouvelles conditions de lutte pour le communisme ! Je souhaite qu'à son tour, le lecteur puisse comme moi prendre part à ses émotions et à cette même volonté de reprendre le chemin de la subversion maintenant que la pensée de nouveau éclaire le chemin.

PRÉSENTATION

Ce livre est sans doute l'une des plus vigoureuses contributions à une réinterprétation d'ensemble de Marx et par là même à un dépassement des véritables limites sur lesquelles le renouveau marxiste des années soixante a buté. Écrit dans un italien fortement courbé vers le français, langue dans laquelle ce séminaire fut parlé, il représente un peu la synthèse la plus achevée, la plus facile d'accès, de par sa forme pédagogique [1], de l'apport théorique de Negri. Les Français amateurs de « lecture », de « grille d'interprétation », parfois trop systématique pour éviter un formalisme vide, pouvaient être déroutés par les énoncés sybillins de l'auteur de *Crise de l'État-Plan* [2]. Ces neuf leçons sur les *Grundrisse* permettent à la fois de remonter aux sources constitutives des thèses de Negri sur l'État, le capital social, l'ouvrier social, la loi de la valeur, le socialisme, la transition. Elles rendent également justice au rôle qu'a joué ce texte de Marx dans la production marxiste contemporaine aussi bien dans l'ouvriérisme

1. Il en va de même pour le Lénine de Negri *L'usine de la stratégie : 33 leçons sur Lénine* (1976).
2. In *La classe ouvrière contre l'État*, Galilée, 1978.

italien[3], dans le marxisme soviétique[4] qu'en Allemagne[5] qu'en France et qu'au Japon[6] après le travail de pionnier de Rosdolsky[7], Roubine, Grossmann.

Hasard, coïncidence, répétition et différence que ce séminaire tenu à l'École Normale Supérieure plus de dix ans après *Lire le Capital*[8]! Lire les *Grundrisse* après lire *Le Capital,* par conséquent. Il me semble que c'est au fond l'une des réponses la plus globale, la plus articulée adressées aux positions théoriques de Louis Althusser, en ce qu'elle est une critique positive de reconstruction[9] : elle part en effet d'un système cohérent en tant que tel. Remarquons au passage que l'hospitalité accordée à Negri par la section de philosophie et de sciences humaines pour ce séminaire[10] fait justice des rumeurs malveillantes de sectarisme[11], d'endoctrinement à l'encontre d'Althusser en particulier, et de l'ENS en général. Pluralisme culturel, débat scientifique dont la seule sanction doit être la qualité des travaux, ce sont là des règles trop précieuses pour souffrir la moindre exception. Negri les appli-

3. Cf. en particulier Tronti, *Ouvriers et Capital.*

4. Vitalij Vygodskij, Moscou, 1965.

5. Hans Jürgen Krahl, *Konstitution und Klassenkampf,* Francfort, 1971.

6. Cf. les débats autour de la publication de la traduction des *Grundrisse.*

7. *La Genèse du Capital chez Karl Marx,* I, Paris, Maspero, 1976.

8. A. Negri, ancien élève étranger à l'École durant les années 1952-1953, avait tenu un séminaire en 1973 sur la crise de la valeur et la crise de l'économie politique. C'est grâce à Jean Ibanés, directeur du Centre de Sciences humaines, que ces séminaires ont pu être organisés. Qu'il en soit remercié vivement ici.

9. Ce que l'on cherchera vainement dans les critiques de Colletti, dans *Contre Althusser.*

10. Un second séminaire en 1978-1979 portant sur la question de la transition dans le PCI a été interrompu avec l'arrestation de Negri. La seconde partie qui prévoyait des contributions de G. Vacca, B. Trentin, M. Tronti, R. Rossanda n'a pu se tenir.

11. Passons sur une presse spécialisée en la matière. Il est plus consternant en revanche qu'un « anonyme » dans *L'Humanité* ait pu se livrer à ce travail de « salissement », il n'y a guère d'autres mots.

quait à Padoue, comme l'a expliqué Sergio Bologna au moment du 7 avril; c'est cela qui gênait une série d'apparatchicks en tous genres et de tous partis, hélas, qui voudraient faire passer pour seul titre scientifique l'horreur des extrêmes et la médiocrité quand ce n'est pas la nullité intellectuelle élevée à la hauteur d'une institution.

*
* *

La thèse de Negri est simple : le retour au *Capital* qui correspondit à une utile réaction en son temps, ne résout pas tout, loin de là. Il doit être complété, dépassé par un retour aux *Grundrisse :* « Du *Capital* aux *Grundrisse,* écrivait-il déjà dans le chapitre introductif de sa *Forma Stato : Per la critica dell'economia politica della Costituzione* en 1977, (...) c'est-à-dire de la critique de la valorisation capitaliste à la science de l'autovalorisation ouvrière : tel est aujourd'hui le chemin praticable. » Au-delà du *Capital,* les *Grundrisse.* Pourquoi? « Je me demande, explique-t-il dans le présent volume, s'il est correct de considérer le capital comme le livre qui récapitule de façon exhaustive toute la recherche marxienne. »

A l'encontre des interprétations des grands philologues des textes de Marx, Rosdolsky, Vygoskij, qui pour réhabiliter l'importance des *Grundrisse* en accentuaient la continuité avec *Le Capital,* Negri souligne lui, la discontinuité, mais en renversant l'interprétation classique du Marx encore hésitant en 1857. « *Le Capital* n'est peut-être très sérieusement qu'*une partie* de l'analyse de Marx. »

Ce texte très tardivement connu, traduit de façon éminemment discutable par Dangeville, dont il convient cependant ici de saluer le travail infatigable (sans lui, personne en France[12] n'aurait lu ce texte depuis 1968) représente pour Negri « le sommet de la pensée révolutionnaire marxienne[13] ».

En effet, il ne s'agit plus d'opposer désormais les deux grands « morceaux » de Marx : Marx contre Marx, chacun de ces deux visages engendrant une tradition (ce qu'ont souligné à juste titre Maximilien Rubel et les *Cahiers de marxologie* de l'ISMEA, en particulier L. Janover). Il s'agit de récupérer un point de vue unitaire. Il faut reconnaître, explique Negri, « que l'objectivation des catégories du *Capital* a bloqué l'activité de la subjectivité révolutionnaire ». « *Le Capital,* écrit-il ailleurs, est aussi le texte qui a servi à réduire le marxisme à la critique de la théorie économique, à annuler la subjectivité dans l'objectivité, à laisser asservir la capacité de subversion du prolétaire par l'intelligence réorganisatrice et répressive du pouvoir. » En quoi la « déviation scientiste, objectiviste » n'est pas une lubie du dernier Althusser, mais bel et bien une tendance profonde, si dominante dans le marxisme de la IIe puis de la IIIe Internationale que Staline n'eut guère à forcer les choses pour arriver à l'élimination de la lutte de classe en théorie.

Est-on condamné pour autant, une fois explorée cette limite, à retomber dans la subjectivité humaniste du

12. Cf. déjà ce problème pour la traduction de *Ouvriers et Capital* de Tronti. Cf. aussi la Préface des traducteurs de Rosdolsky : J. M. Brohm et C. Colliot-Thélène. A décharge de R. Dangeville ajoutons qu'il vaut mieux une traduction approximative immédiatement que la perfection avec vingt ans de retard!

13. Confrontés de façon permanente à ce problème de traduction au cours du séminaire et ne pouvant disposer encore de la traduction effectuée sous la direction de G. Badia à paraître aux Éditions Sociales nous l'avons résolu par une référence à l'édition allemande originale, à une modification de la traduction Dangeville. La participation à ce séminaire de l'un des traducteurs de la nouvelle édition, Lefebvre, professeur d'allemand à l'ENS a été utile. Qu'il soit remercié. Il nous avait proposé une vérification systématique des citations. Les délais de traduction et de publication du livre n'ont pas permis cette garantie supplémentaire.

« jeune Marx »? L'intérêt du long commentaire de Negri est de montrer que l'élément « éthique », pour reprendre l'expression de L. Janover, que la subjectivité historique et révolutionnaire surgissent dans les *Grundrisse* de l'entrelacs du travail salarié, du marché mondial, des relations internationales. Bref de tous les thèmes du Marx de la maturité. L'antagonisme de classe constitue, traverse non seulement le mécanisme de la production, celui du rapport social déterminé, ce que par exemple Tronti a montré textes à l'appui dans *Ouvriers et Capital,* mais il resurgit aussi au sein du mécanisme de la reproduction et de la circulation mondiales du capital.

Le dessein qui apparaît dans cette relecture des *Grundrisse* est très ambitieux : il s'agit de refondre le concept du communisme, de la transition, de la révolution, ainsi que les rapports de la critique de l'économie politique avec la politique et la conception marxienne de l'État.

C'est en fonction de cette exigence que Negri attache une importance toute particulière au thème de la *petite circulation* de l'argent, sur lequel il greffe son hypothèse profonde, explorée déjà dans le dernier chapitre de la *Forma Stato,* où il proposait de corriger les formules du livre II du *Capital* sur la reproduction. « Si la théorie de la plus-value introduit dans la théorie économique le fait de l'exploitation, la théorie marxienne de la circulation y introduit la lutte de classe. » Et la petite circulation, rapprochée significativement de la théorie du « double moulinet » développée par Aglietta, représente le seul moment de la circulation du capital où la communauté, où l'ouvrier collectif comme subjectivité, comme lutte, interviennent directement, parallèlement, simultanément et continûment. C'est là l'origine théorique des concepts d'*ouvrier-social* et d'autovalorisation qui apparaissent dans ses récentes contributions. Réagissant contre toute la tradition orthodoxe marxiste qui plaçait toujours l'initiative, l'invention du côté du capital, comme si ces dernières pouvaient êtres subsumées par lui une fois pour toutes et de façon non antagonique, Negri explique que la subjectivité n'est pas seulement exploitation mais aussi subversion, transition.

***

Nous bornerons ici cette présentation à deux jalons particuliers du commentaire des *Grundrisse* qui éclairent suffisamment le caractère nouveau de la démarche. Dans les premières leçons, Negri revenant longuement sur le passage de l'argent à la valeur (et non comme dans *Le Capital* de la forme générale de la marchandise à la valeur) ainsi que sur celui de la *forme déterminée* de la plus-value à la loi de la valeur, répond de façon nette à toutes les tentatives « socialistes » de réaffirmer la validité de la loi de la valeur comme forme générale de la production sociale. Le travail nécessaire n'apparaît qu'en tant que négation réelle, subjective, active du surtravail. C'est à partir de la plus-value et du travail salarié et donc de l'antagonisme qu'ils contiennent et déterminent que s'entrouvrent la possibilité, l'horizon de la non-plus-value, du non-travail, bref du travail nécessaire. Jamais l'inverse.

Par conséquent la loi de la valeur sans la plus-value, le travail sans l'exploitation sont des concepts vides. Transposant Kant on pourrait dire que les tenants de la loi de la valeur s'imaginent que cette dernière volerait mieux sans la plus-value, telle la colombe célèbre. Voilà sans doute pourquoi la révolution en tant que libération subjective de l'individu collectif a fait si mauvais ménage avec le socialisme réalisé des pays de l'Est.

Le deuxième point concerne la méthode marxienne telle qu'elle résulte de cette lecture des *Grundrisse*. Mettre l'accent privilégié sur ce texte, c'est au fond aller dans le sens d'une tendance désormais visible dans l'organisation du savoir. Le modèle « scientifique » conçu comme essentiellement lié à l'objectivité, au primat des objets de l'entendement est entré en crise. Notre crise moderne des universités, des Facultés correspond à un déclin des disciplines n'incorporant pas le savoir comme *sujet*, comme travail *vivant* comme l'a montré Romano Alquati dans un texte essentiel [14]. Réorganisation qui va de pair avec une réorganisation productive du capitalisme où l'ouvrier de la grande usine façonné par Taylor, Ford fait place à un ouvrier-social en qui l'usine, le travail se socialisent au point de paraître abolis.

Appliquons ce que Negri expose, de façon inédite à ma connaissance, sur l'articulation chez Marx de la *Darstellung*, de la *Forschung* et de la *Neue Darstellung* (exposition, recherche-investigation et nouvelle exposition). Le mode de recherche devient lui-même objet de la recherche et constitue à son tour la matière de la nouvelle exposition (une sorte de théorie de la production subjective).

Le rôle propédeutique des sciences exactes, tout comme celui du structuralisme des « procès sans sujet » est entré en crise. Negri, ne l'oublions pas, part des luttes au sein du capitalisme développé, et de la crise de l'économie politique déterminée par la crise de la valeur comme instrument objectif de résolution des conflits. La crise est devenue une crise de légitimation.

Le modèle dominant dans la réorganisation du savoir n'est plus le structuralisme linguistique des années soixante, ni même la critique génératrice du change transformationnel des années soixante-dix, mais le *droit*. Car cet espace accordé à l'intelligence comme activité d'un sujet n'est pas simplement une ligne de fuite, une perspective continue, une logique tranquille. C'est également une transition, un renversement.

14. R. Alquati, numéro spécial d'*Aut-Aut*, automne 1977.

Antonio Negri dans sa nouvelle Préface à *Domination et Sabotage* [15] écrite dans la prison de Rebbibia à Rome après son arrestation le 7 avril nous avertit que le sujet (et non l'objet théorique) autour duquel tous vont devoir se déterminer sera cette irruption des « rapports de force dans les rapports logiques ». Logique de la transformation, de la transition contre logique de la force. Et c'est peut-être parce que l'antagonisme et la subjectivité sont présents au cœur du système de domination planétaire du capital qu'il n'y a nul catastrophisme ou pessimisme qui puissent s'acquitter de ce nouveau discours de la guerre.

Yann MOULIER.
Septembre 1979.

P.S. – Je ne sais si les Juges italiens ont eu conscience depuis le 7 avril du renfort inattendu qu'ils apportaient aux thèses de Negri sur l'arbitraire absolu du commandement et du pouvoir capitaliste, comme trait même de la modernité.

15. A paraître dans la revue de l'ACSES : *Accès*, automne 1979.

L'auteur

Antonio Negri est né à Padoue en 1933. Il a étudié dans cette ville, à Tübingen, à Pise, à Paris. Professeur à l'Institut de Sciences Politiques et Sociales de l'Université de Padoue. A publié sur l'histoire de la pensée politique, du droit et de la philosophie allemande et française. En particulier *Stato e diritto nel giovane Hegel* (1958), *Alle origini del formalismo giuridico* (1962), *Saggi sullo storicismo tedesco* (1959), *Studi su Max Weber* (1968), *Descartes politico o della ragionevole ideologia* (1970). Il a traduit en italien les *Écrits de philosophie du droit* de Hegel (1962). Autres contributions : direction de l'encyclopédie Fischer-Feltrinelli sur l'État, préface à l'édition italienne de l'*Individualisme possessif* de Macpherson.

Milite activement dans la gauche du Parti Socialiste Italien à la fin des années cinquante. Il fonde avec Mario Tronti, Raniero Panzieri en particulier les *Quaderni Rossi* en 1960. Chef de file avec le premier des théoriciens de l'*operaïsmo* italien il a participé jusqu'en 1963 aux *Quaderni Rossi*, puis à *Classe Operaia* (1963-1966), *Contropiano* (1968), *Potere Operaio* (1969-1973), *Rosso* (1974-1978), *Maggazino* (1979). Il participe également aux revues suivantes *Aut-Aut, Critica del Diritto*. Ses contributions principales de théorie marxiste sont *Keynes et la théorie capitaliste de l'État* (1968),

Marx sur le cycle et la crise (1968), *Crise de l'État-Plan, communisme et organisation révolutionnaire* (1971), *Prolétaires et État* (1976) regroupés en français sous le titre : *La classe ouvrière contre l'État* (1978); *Partito operaio contro il lavoro* in *Crisi e organizzazione operaia* (1974), *La fabbrica della strategia, 33 lezioni sul Lenin* (1973), *Il dominio e il sabotaggio* (1977), *La Forma-Stato, per la critica dell'economia politica della Costituzione* (1978), *Del operaio-massa all'operaio sociale* (1979) et enfin *Marx au-delà de Marx* qui constitue le présent volume.

Antonio Negri travaille actuellement à un ouvrage sur Spinoza ainsi qu'à un autre sur la guerre. Invité une première fois en 1973 à faire un séminaire sur la crise de la valeur et la crise de l'économie politique à l'École Normale Supérieure de la rue d'Ulm, il y a animé en 1977-1978 un séminaire sur les *Grundrisse,* et en 1978-1979 un séminaire sur le problème de la transition. Il a enseigné à l'Université de Paris VII ces deux dernières années.

PRÉLIMINAIRE

J'ai rassemblé dans ce cahier de travail le matériel qui m'a servi de canevas pour tenir neuf séminaires sur les *Grundrisse* à l'École Normale Supérieure (rue d'Ulm) au printemps 78. Je veux avant tout remercier Louis Althusser pour m'avoir demandé de faire ce cours, qu'il ne m'aurait toutefois pas été possible de tenir sans l'aide fraternelle de Roxane Silberman, Yann Moulier, Daniel Cohen, Pierre Ewenczyk, Danielle et Alain Guillerm. Je ne sais encore si ce sont mes sollicitations ou leurs interventions critiques qui ont été les plus importantes : j'ai pris le tout avidement, pour le refondre. D'autres discussions, à bâtons rompus, m'ont été utiles pour faire avancer ce travail durant mon séjour parisien : je voudrais d'une part remercier pour ce qu'il m'a apporté (et ce n'est pas peu) Félix Guattari, et d'autre part les camarades avec lesquels j'ai travaillé à l'Université de Paris VII Jussieu. Mes remerciements vont enfin, et non pas en dernier lieu, à ces têtes de mules qui, en me contraignant à émigrer, m'ont du même coup obligé à rassembler mes idées avec plus de calme que je n'avais pu le faire précédemment.

A. N.
Milan. Décembre 1978.

Dans la version italienne, les citations des *Grundrisse* ont été tirées de l'édition Dietz Verlag, Berlin, 1953 de Karl Marx, *Grundrisse der Kritik der politischen Oekonomie* (Rohentwurf) 1857-1858, établie par le « Marx-Engels-Lenin Institut-Moskau ». La traduction utilisée dans la version italienne est celle, fondamentale, de Enzo Grillo (K. Marx, *Lineamenti fondamentali della critica dell' economia politica*, 1857-1858, La Nuova Italia Editrice, Firenze vol. I, 1968; vol. II, 1970). Dans le développement du cours, on a gardé à l'esprit la traduction française actuelle des *Grundrisse* (en deux volumes Anthropos éd. Paris 1967, également en 10/18) faite par Roger Dangeville mais difficilement utilisable telle quelle. C'est toutefois cette traduction qui sera utilisée ici dans la version française, faute de mieux. (Une nouvelle traduction est en cours, et si la participation de Lefebvre au séminaire nous a été précieuse, l'importance des citations des *Grundrisse* utilisées ici ne nous permettait malheureusement pas, pour la présente édition de faire usage de sa traduction.) La traductrice s'est donc permis simplement, quand les divergences entre la traduction Dangeville et la traduction Grillo étaient par trop importantes et pouvaient nuire à la cohérence du raisonnement, de modifier par endroits la traduction (en l'indiquant par l'abréviation trad. mod.). Les citations des *Grundrisse* apparaissent dans le texte sous la forme suivante : *Fondements* I, p. 61 / 48, dans laquelle le premier numéro indique la page de la traduction Dangeville (éd. Anthropos) et le second la page de l'édition allemande. Une aide précieuse à la compréhension nous est aussi venue de la traduction anglaise des *Grundrisse* faite par Martin Nicolaus (Penguin Books, London 1973). Pour les citations extraites du *Capital* la version italienne se sert de l'édition italienne établie par Cantimori, Panzieri, Boggeri, Editori Riuniti, Roma; dans la version française, on a renvoyé aux Éditions Sociales en 3 volumes; pour la *Correspondance,* on a conservé la référence à la traduction italienne *Carteggio,* 6 volumes, Manacorda, Romagnoli, Cantimori, Mezzomonti, Edizioni Rinascita, Roma; la datation des lettres ainsi que l'indication du correspondant rend en effet la tâche plus facile au lecteur qui voudrait se référer à une édition française.

J'ai largement utilisé la bibliographie relative aux *Grundrisse.* Dans le texte je cite systématiquement sous la forme *Rosdolsky* (en cursive et suivi du numéro de la page) cet auteur fondamental qu'est *Roman Rosdolsky, Zur Entstehungsgeschichte des Marxschen « Kapital »,* Frankfurt a/M 1968. Pour la première partie de ce livre on a renvoyé dans l'édition française à la traduction française, *La genèse du « Capital » chez Karl Marx (I. Méthodologie. Théorie de l'argent. Procès de production)*, Maspero, 1976, seul volume traduit. Pour la deuxième partie on renvoie à la traduction italienne : *Genesi e struttura del « Capitale » di Marx*, Laterza, Bari, 1971. J'ai utilisé par ailleurs le travail des personnes suivantes (dans le texte, le nom de l'auteur est cité en cursive, suivi de la page de l'édition originale, ou italienne et française (quand elles existent)) : Vitalij S. Vygodskij *Introduzione ai « Grundrisse » di Marx*, La Nuova Italia, Firenze 1974 (Moscou, 1965. Berlin, 1967). Sergio Bologna, *Moneta e crisi : Marx corrispondente della New York Daily Trubune*, in Bologna-Carpignano-Negri, *Crisi e organizzazione operaia*, Feltrinelli, Milano, 1974, pp. 9 *sq*. Isaak I. Rubin, Leningrad, 1928, Frankfurt, 1973. Traduction française Roubine, *Essais sur la théorie de la valeur de Marx*, Maspero 1978. Walter Tuchscheerer, *Bevor « Das Kapital » enstand. Die Herausbildung und Entwicklung der ökonomischen Theorie von K. Marx in der Zeit von 1843 bis 1856*, Akademie Verlag, Berlin, 1968 (traduction italienne La Nuova Italia. Firenze). Helmut Reichelt, *La struttura Logica del concetto di capitale in Marx*, De Donato, Bari, 1973 (Frankfurt, 1970).

Je suis redevable à bien d'autres auteurs encore. Ma gratitude va en particulier à tous les camarades qui, surtout en Italie, en Allemagne et en Grande-Bretagne, ont travaillé ces dernières années sur les *Grundrisse;* c'est eux qui m'ont appris à lire les *Grundrisse* comme un texte révolutionnaire.

Eric Hobsbawm a dit des *Grundrisse* qu'il s'agissait d'une « sorte de sténographie intellectuelle, personnelle et parfois indéchiffrable »; jugement dont Enzo Grillo, dans la présentation qu'il fait de sa remarquable traduction italienne [1], relève la pertinence. Et il ne fait guère de doute que, tout au moins pour ce qui est de la lecture et surtout de la traduction, on n'en soit conduit à ce jugement qui signifie simplement : les *Grundrisse* sont une œuvre difficile. Mais il ne faut pas, en tirant argument de certains passages, exagérer le caractère ésotérique de l'œuvre marxienne. En fait la difficulté provient plus de la forme du manuscrit, du caractère mouvementé de son élaboration que de la substance même du raisonnement. Si l'on prend le projet de Marx dans toute son ampleur et sa densité, le fil conducteur apparaît très clairement et n'est brouillé que de façon très partielle par les ardeurs d'une rédaction impatiente, le caractère conjoncturel de certaines polémiques, et le côté expérimental de quelques développements. Mais parallèlement, c'est aussi une extrême urgence

1. Marx, *Lineamenti fondamentali della critica dell'economia politica, 1857-1858*. Traduction Enzo Grillo. La Nuova Italia editrice 1969, Firenze.

qui enfante cette première grande synthèse politique de la pensée de Marx : « La crise américaine – dont nous avions prévu, dans le numéro de novembre 1850 de la revue, qu'elle éclaterait à New York – est fantastique », écrit Marx à Engels le 13 novembre 1857 [1], « bien que *ma situation financière soit désastreuse;* je ne me suis jamais senti aussi *"cosy"* depuis 1849 qu'avec cet *oubreak* ». « Je travaille comme un fou des nuits entières pour coordonner mes travaux d'économie, et mettre au clair les *Grundrisse* avant le *déluge* » (en français dans le texte, *N.D.T.*). (A Engels, 12 décembre 1857, *Correspondance* III, p. 124.) « Je travaille comme un damné. Qui plus est jusqu'à 4 heures du matin. Il s'agit d'un travail double : 1) élaboration des traits fondamentaux de l'économie... 2) la crise actuelle. » (A Engels, le 18 décembre 1857. *Correspondance* III, p. 130.) Rjazanov, les éditeurs des *Grundrisse,* Rosdolsky, Vygodskij et enfin, on ne peut mieux Sergio Bologna [2], ont chacun amplement éclairé la naissance des *Grundrisse,* leur rapport avec le travail mené par Marx pour la *New York Daily Tribune,* les liens qui les unissent aux travaux suivants, la situation politique qui naît de la crise de 57-58, les attentes et les espoirs de Marx et Engels. Je ne peux faire mieux que renvoyer à ces travaux.

Ce sur quoi j'ai l'intention d'insister est un autre élément; il s'agit du fondement de la *synthèse* dans le projet marxien sur le plan théorico-pratique. L'imminence de la crise n'est pas l'occasion simplement d'une prévision historique, mais se traduit en une synthèse pratico-politique. L'imminence de la catastrophe n'est catastrophe pour le capital que dans la mesure où elle est *possibilité de parti,* possibilité de fonder le parti. La description de la crise imminente est en même temps et de façon immédiate, polémique contre le « vrai socialisme », contre toutes les mystifications et les travestissements du communisme. Le

1. *Carteggio* (Correspondance) III, p. 107.
2. Voir les références dans le préliminaire.

« travail de damné » dans la théorie est refus impatient des éclipses dans la pratique : si cette pratique n'est pas donnée – la *Correspondance* en retrace en long et en large le douloureux accouchement – c'est l'analyse qui doit alors la découvrir dans le moment même où elle est en train de se faire, en tant que l'analyse pointe sur la subjectivité révolutionnaire impliquée dans la crise. Le caractère synthétique du travail marxien est à trouver à l'intérieur de ce rapport entre prévision et *déluge :* les catastrophes pour le capital, ce sont le parti, le déploiement de la subjectivité communiste, plus la volonté et l'organisation révolutionnaire. La crise réactive la subjectivité et la fait apparaître ramassée dans toute sa potentialité révolutionnaire, au niveau que le développement des forces productives a déterminé. La synthèse signifie alors la liaison entre le caractère ponctuel et catastrophique de la crise, les règles du développement et la dynamique de la subjectivité. Où se lient ces différents termes, règne la dialectique. Et ce n'est alors pas un hasard si, à côté de l'activité de chroniqueur et de polémiste destinée au journal américain, de l'exploration critique des catégories de l'économie politique, on trouve, présidant à la naissance des *Grundrisse,* Hegel : « Du reste, j'avance à pas de géant. Par exemple, j'ai flanqué en l'air toute la théorie du profit telle qu'elle existait jusqu'à présent. Quant à la *méthode,* le fait d'avoir feuilleté à nouveau *by mere accident,* la *Logique* de Hegel m'a rendu un très grand service. » (A Engels, 14 janvier 1858. *Correspondance* III p. 154-155.) « By mere accident » mais non pas occasionnellement : tant et si bien que Marx continue : « Si je trouve jamais le temps pour un travail de ce genre, j'aurais grande envie de rendre accessible à l'intellect du commun des hommes... combien dans la méthode que Hegel a découverte, il y a à la fois de rationalité et de mystification. » Le rationnel-méthodique que Marx cherche ici, c'est le théorico-pratique de l'insurrection révolutionnaire. L'imminence de la crise exige cette rationalité. Les comptes avec Hegel sont réglés depuis longtemps; il ne s'agit ici d'y retourner que de façon critique et scientifique : désormais, de Hegel il s'agit de prendre pratiquement ce qui en constitue l'apport irréductible, l'esprit de la synthèse théorico-pratique.

Commençons à regarder le texte ou mieux les textes, publiés par l'IMEL de Moscou en 1939-1941, sous le titre de *Grundrisse der Kritik der politischen Oekonomie*. Voici les indications et les dates qui s'y rapportent, que je reprends chez Grillo (*Prefazione ai Lineamenti* I, p. XXI) :

1) La *Einleitung*, contenue dans un unique cahier M, rédigée entre le 23 août et la mi-septembre 1857.

2) Le manuscrit de 7 cahiers (les *Grundrisse*), numérotés et souvent datés de la main de Marx, sauf pour le I, dans l'ordre suivant :

Cahier	I,	octobre 1857
–	II,	env. novembre 1857
–	III,	29 novembre – mi-décembre 1857 environ
–	IV,	env. mi-décembre 1857, février 1858
–	V,	22 janvier 1858 – env. début février 1858
–	VI,	env. février 1858
–	VII,	fin février-mars, fin mai-début juin 1858

Les textes secondaires, qui composent l'*Anhang*, et qui sont étroitement liés aux précédents, sont :

3) L'esquisse sur *Bastiat und Carey*, rédigée en juillet 1857, avant l'*Einleitung*. Originairement ce texte occupait les sept premières pages du 3e cahier des *Grundrisse*.

4) L'*Index zu den 7 Heften*, rédigé en juin 1858, et inséré dans ce même cahier M qui comprend l'*Einleitung*.

5) L'*Urtex*, rédigé entre août et novembre 1858. Il occupe deux cahiers non datés, notés B′ le premier, B″ et B″ II le second qui est divisé en deux parties.

6) Les *Referate*, relatifs au contenu des cahiers M *(Ein-*

leitung), II – VII *(Grundrisse), (Urtex)*; rédigés aux environs de février 1859 ils se trouvent à la fin du cahier B".

7) Le *Planentwurf*, de 1859.

8) Une brève série d'extraits concernant la théorie de l'argent chez Ricardo qui se trouvent dans le 4e des 24 cahiers de 1850-1853, et datés : Londres, novembre 1850-décembre 1850.

9) Une série beaucoup plus longue d'extraits systématiques de la 3e édition de *On the principles of Political Economy*, de Ricardo, qui se trouvent dans le 8e cahier de la série susnommée, et qui ont été rédigés entre avril et mai 1851. Ils sont précédés de deux textes très brefs : une liste des catégories d'impôts qu'on trouve chez Ricardo et une table des matières des *Principes*. Ils appartiennent à un cahier, daté de 1851 par Engels, dans lequel se trouve également la partie finale du manuscrit *Das vollendete Geldsystem*, toujours inédit.

Mon attention se portera essentiellement sur le *cahier M* et les 7 cahiers rédigés entre octobre 57 et le printemps 58. L'Esquisse sur *Bastiat et Carey* est également très importante parce qu'elle relie la polémique contre Proudhon au travail « américain » de Marx. Comme on le verra, l'*Index* et les *Referate* ont été généralement repris dans le texte, dans les intitulés et le sommaire.

Maintenant si on laisse pour l'instant de côté l'*Einleitung*, les *Grundrisse* nous apparaissent à première vue, comme une œuvre largement inachevée et fragmentaire; mais cela ne signifie pas qu'ils n'aient pas un centre et une dynamique très forte. L'argumentation parcourt les moments suivants : de l'analyse de l'argent à la définition de la forme de l'échange (valeur) dans le cahier I; le cahier II met l'accent sur le passage argent-capital; de la plus-value au capital social, c'est l'objet du cahier III; plus-value et profit commencent à être pris en considération dans le cahier IV, dont la partie fondamentale est consacrée toutefois au procès critique du capital dans la circulation; dans le cahier V, après une longue parenthèse sur *Les formes qui précèdent la production capitaliste* (dont nous verrons plus tard comment on peut justifier son insertion) l'analyse reprend la question du procès de circulation et des conditions de reproduction du capital social; le cahier VI pose de façon déjà explicite le thème du capital comme force collective et de l'antagonisme collectif ouvrier-capitaliste; dans le cahier VII la crise de la loi de la valeur et ses transformations (à nouveau le thème du profit) nous amènent à définir de façon plus précise la crise des conditions objectives et subjectives de la production du capital. On le voit alors, tout au long des *Grundrisse,* on assiste à *un mouvement vers l'avant de la théorie,* mouvement de plus en plus contraignant qui permet de cerner ce moment fondamental qu'est l'*antagonisme ouvrier collectif-capital collectif,* qui se présente sous la forme de la crise. Les deux passages théoriques fondamentaux sont les suivants : dans la première partie des *Grundrisse,* la définition de *la loi de la valeur dans la forme de la plus-value,* c'est-à-dire la première formulation achevée de la loi de la plus-value; dans la seconde partie, l'*extension de la théorie de l'exploitation* (la loi de la plus-value) *à l'intérieur des mécanismes de la reproduction et de la circulation du capital,* et donc la traduction de la loi de l'exploitation en loi de la crise et de la lutte de classe pour le communisme.

Il suffirait de s'arrêter sur ce point pour commencer à mesurer l'importance exceptionnelle des *Grundrisse.* Cette importance se trouve toutefois soulignée aussi par le fait que dans les *Grundrisse* on peut lire le plan du développement futur de l'œuvre de Marx, le plan du *Capital.* Nous empruntons ici à *Rosdolsky* (p. 90-91 éd. fr. I.) la liste des plans envisagés par Marx et le schéma des modifications les plus importantes intervenues entre le plan des *Grundrisse* (celui que Rosdolsky appelle « la structure originaire ») et *le Capital* (ou bien « structure modifiée »).

Tableaux des plans et modifications du *Capital* (d'après Rosdolsky)

1.	Septembre	1857	*Contribution*, p. 172
2.	Octobre	1857	*Fondements*, I, p. 168 169
3.	Novembre	1857	*Fondements*, I, p. 211-212
4.	Novembre	1857	*Fondements*, I, p. 223-224
5.	Février	1858	Lettre à Lassalle du 22 février
6.	Avril	1858	Lettre à Engels du 2 avril
7.	Juin	1858	*Fondements*, II, p. 557-559
8.	Janvier	1859	*Contribution*, p. 3
9.	Février-mars	1859	*Fondements*, II, p. 675-679
10.	Décembre	1862	Lettre à Kugelmann du 28 décembre
11.	Janvier	1863	*Theorien*, I, p. 377-378
12.	Juillet	1865	Lettre à Engels du 31 juillet
13.	Octobre	1866	Lettre à Kugelmann du 13 octobre
14.	Avril	1868	Lettre à Engels du 30 avril.

LE PLAN PRIMITIF *(6 livres)*	LE PLAN MODIFIÉ
I. Du capital	« Le Capital » *(3 livres)*
a) *Capital en général*	
1. *Procès de production*	I. *Procès de production du capital* (Sections) :
	1. Marchandise et argent
	2. Transformation de l'argent en capital
	3-5. Plus-value absolue et plus-value relative
	6. Salaire
	7. Procès d'accumulation
2. *Procès de circulation*	II. *Procès de circulation du capital*
3. *Profit et intérêt*	III. *Procès d'ensemble de la production capitaliste* (Sections)
	1-3. Profit et taux de profit
b) *Concurrence*	4. Le capital marchand
c) *Système de crédit*	5. L'intérêt et le crédit
d) *Capital par actions*	
II. De la propriété foncière	6. Rente foncière
	7. Revenus
III. Du travail salarié	
IV. De l'État	
V. Du commerce extérieur	
VI. Du marché mondial	

Ligne continue : Transformations à l'intérieur des trois premiers livres.
Ligne en pointillés : Transformations à l'intérieur du « livre du capital ».

On se reportera aussi aux pp. 129-139 de Vygodskij, qui sont très importantes.

Mais cette approche philologique est-elle correcte? J'ai, quant à moi, quelques doutes à ce sujet. Contentons-nous pour l'instant de le dire; nous verrons, dans la suite de cette recherche, si ce doute débouche sur quelque chose de positif. Disons simplement ici qu'un premier doute est d'ordre philologique : je me demande s'il est correct de considérer l'œuvre achevée de Marx, en l'occurrence *Le Capital*, comme le livre qui récapitule de façon exhaustive toute la recherche marxienne. Les genèses du *Capital*, que nous content nos très illustres et très savants camarades, se trouvent selon moi invalidées par le fait qu'elles présupposent que *Le Capital* constitue le point le plus fort dans l'analyse marxienne. Il suffit de voir par exemple l'explication que Rosdolsky (p. 92-99, I) donne quant au « renoncement » de Marx à un livre spécifique sur le travail salarié. Certes, ce livre qui est annoncé dans les *Grundrisse* n'existe pas et une partie des matériaux rassemblés pour ce chapitre se trouvent finalement incorporés dans le livre I du *Capital*. Mais est-ce suffisant pour dire que Marx « renonce »? Si à ce premier doute « philologique », viennent s'articuler d'autres doutes plus substantiels, la question devient encore un peu plus problématique. Le salaire, tel qu'il apparaît dans le premier livre du *Capital*, d'un côté est une dimension du capital, de l'autre, joue le rôle de moteur du procès capitaliste de production-reproduction. Les pages sur la réduction de la journée de travail sont fondamentales sur cette question, et cela d'au moins trois points de vue : la dialectique entre travail nécessaire et surtravail, la fonction réformiste du salaire, l'implication directe de l'État dans la modification/réglementation de la journée de travail. Ces trois perspectives telles qu'on les trouve dans les *Grundrisse* déterminent, dans un passage ultérieur, un concept de salaire dont l'antagonisme rejaillit sur le concept même de classe ouvrière – lequel, toujours dans les *Grundrisse*, est un concept de crise et de catastrophe pour le capital, mis à part ce en quoi il est une allusion très forte au communisme. Ce livre spécifique sur le salaire, qui est formellement prévu dans le plan des *Grundrisse,* ce concept de salaire qui dans les *Grundrisse* voisine avec celui de classe ouvrière et de subjectivité révolutionnaire, peut-on vraiment alors les faire tenir dans le premier livre du *Capital?* Il nous faudra répondre à cette question. Disons dès à présent que la marche suivie par les interprètes les plus illustres ne nous paraît pas la bonne. Ne pourrait-il se faire que, comme le prévoient précisément les plans préparatoires, *Le Capital* ne soit qu'*une* partie, et une partie non fondamentale de l'ensemble de la thématique marxienne? Une partie surévaluée parce qu'elle est la seule achevée, et que, pour des raisons moins nobles, elle peut, en raison même de son caractère partiel, être délimitable et donc reconductible à l'intérieur d'un champ d'interprétations fondamentalement inadéquat à l'esprit de l'ensemble de l'œuvre de Marx? Kautsky, qui a entre les mains les manuscrits marxiens, publie (avec de grossières erreurs) l'*Einleitung* en 1903 (« Neue Zeit » XXI, 1), mais se garde bien d'en faire autant pour le reste des *Grundrisse*. Est-ce par hasard? Peut-être. Les vicissitudes du mouvement révolutionnaire prouvent plutôt le contraire. Le fait est que les *Grundrisse* ne sont pas un texte utilisable seulement pour qui veut étudier philologiquement la constitution du *Capital;* c'est aussi un *texte politique* qui conjugue l'appréciation portée sur les possibilités révolutionnaires que recèle « la crise imminente » et la volonté théorique de synthétiser de manière adéquate l'action communiste de la classe ouvrière face à cette crise; les *Grundrisse* sont la théorie de la dynamique de ce rapport. Lire les *Grundrisse* pose donc le problème, quand c'est nécessaire, de reconnaître jusqu'au fond, non pas seulement et non pas tant leur homogénéité, que leur différence par rapport aux autres textes marxiens, au *Capital* en particulier. A l'inverse, *Le Capital* n'est peut-être très sérieusement qu'*une partie* de l'analyse de Marx. Plus ou moins importante. En tout cas, grevée par sa présentation catégorielle qui souvent en limite et en transforme l'efficace. « L'ensorcellement de la méthode » dans *le Capital,* il est faible, reconnaissaient des camarades italiens qui concluaient : « blocage de la recherche ». L'objectivation des catégories du *Capital* bloque l'action de la subjectivité révolutionnaire. Ne serait-ce pas – nous le verrons par la suite – que les *Grundrisse* sont en fait un texte dédié à la subjectivité révolutionnaire? Ne serait-ce pas qu'ils reconstruisent ce que la tradition marxiste a trop souvent rompu, c'est-à-dire l'unité de la constitution et du projet stratégique de la subjectivité ouvrière? Ne serait-ce pas qu'ils présentent ce Marx tout entier que les autres textes découpent et définissent unilatéralement?

Chuchotements, bavardages, clins d'œil, que la façon dont les interprètes approchent les *Grundrisse* eu égard à leur exceptionnelle densité. De ce point de vue la thèse de *Vygodskij,* que c'est seulement avec cette œuvre que Marx, après avoir acquis dans les années 40 la théorie classique de la valeur, et dans les années 50, celle du matérialisme historique (l'*Einleitung,* qui date d'août-sept. 1847 est à rattacher à cette période de développement de la pensée marxienne) – que donc c'est seulement avec les *Grundrisse* au sens strict, les cahiers d'oct.-juin 57-58, que Marx serait parvenu à la théorie de la plus-value, et bien cette thèse constitue *un pas décisif en avant.* Rosdolsky (p. 26, I) par exemple ne voit pas cela. Pour lui les *Grundrisse* ne sont simplement qu'une phase très importante – par rapport au *Capital* – de l'évolution d'une pensée continue (« autour de 1848 la théorie de la plus-value – pierre angulaire de la théorie économique de Marx – était désormais fixée dans ses traits essentiels, et il ne lui manquait que d'être développée dans ses aspects particuliers selon un processus que nous pouvons suivre en détail dans la *Rohentwurf* »), la première phase d'un développement qui se fait par ajustements, corrections, limages successifs. Mais même ce pas en avant théorique de Vygodskij – car saisir cette façon de procéder par césures et sauts constitue l'approfondissement d'un élément *théorique* de la pensée marxienne – ne parvient pas à des résultats déterminants, pas simplement parce que Vygodskij ne va pas au-delà de la découverte de la plus-value, mais aussi parce qu'il ne saisit pas complètement la portée de cette découverte. Or développer la théorie de la valeur comme théorie de la plus-value, reconnaître que la forme historique de la valeur est la plus-value, signifiait développer « un projet immédiatement révolutionnaire » (A Lassale, 15 sept. 1860, *Correspondance*); cela signifiait trouver le levier d'une théorie antagoniste du capital, d'une théorie de l'exploitation sociale, pour la faire basculer du côté de *la composition de classe comme subjectivité de la lutte*. La théorie de la plus-value – comme l'avait déjà bien montré *Isaac Roubine* – devient ainsi le centre dynamique, la synthèse dynamique de la pensée de Marx, le point où se conjuguent l'analyse objective du capital et l'analyse subjective du comportement de classe, où la haine de classe se réinvestit dans la science. Mais c'est encore insuffisant. Il ne s'agit là que de la signification de la découverte de la loi de l'exploitation. Il faudrait encore en voir toute la portée, en suivre les effets et les résonances dans toute leur ampleur. Il s'agit donc de passer de la découverte de la plus-value et de son perfectionnement théorique à l'analyse du lien production-reproduction, circulation-crise, capital social-subjectivité ouvrière et à nouveau développement-crise-communisme; il s'agit de voir comment la totalité de ce procès est rythmée en permanence par l'antagonisme fondamental et porte l'empreinte de l'exploitation. De sorte que *l'unité dynamique du procès de la plus-value n'annule en aucune façon la séparation des sujets* (travail salarié et capital), mais au contraire pousse continuellement chaque médiation (forme de la valeur, argent, forme du travail, de l'échange, etc.) jusqu'à son point de contradiction et de dépassement. Crise et lutte de classe s'articulent si profondément que l'une a tôt fait de revêtir à l'intérieur de cette dialectique antagoniste la forme de la catastrophe, et l'autre la forme du communisme, pôle réel, physique d'une volonté implacable, nécessaire pour éliminer l'adversaire. Le matérialisme historique – l'analyse spécifiée de la composition de classe – est bel et bien réinvesti ici, à l'intérieur de l'abstraction de la critique de l'économie politique et les lois de l'une se trouvent ici comme médiatisées par l'émergence concrète de l'autre. Y a-t-il encore place pour une ambiguïté quelconque? De celles en tout cas auxquelles a donné lieu l'interprétation du *Capital?* Je ne le pense pas. Parce qu'ici il n'existe pas, même sous la forme d'un paradoxe, de possibilité d'écraser le dynamisme du procès en l'hypostasiant, en le rigidifiant sous la forme d'une totalité douée de lois propres de développement qu'il est possible, au fur et à mesure (à mesure que l'occasion se présente) de posséder, de dominer, de renverser. Non, ici ne domine et ne renverse que qui participe d'une valence antagoniste. Hors de l'antagonisme, non seulement il n'y a pas de mouvement, mais les catégories n'existent même pas. L'originalité, le bonheur, la fraîcheur des *Grundrisse* reposent entièrement sur cet aspect incroyablement ouvert qui est le leur. Le *caractère non conclusif* sous lequel la science se donne paradoxalement, dérive nécessairement de ce qu'elle comprend en elle une détermination subjective. Pourquoi donc cette timidité quand on lit, quand on interprète les *Grundrisse?* De la plus-value à l'articulation capital social-crise-subjectivité-communisme, et donc à la fonction de l'antagonisme dans la reproduction du rapport capital, voilà le fil rouge de la volonté-possibilité de révolution. Les *Grundrisse* constituent donc l'approche subjective (« la crise imminente ») d'une analyse de la subjectivité révolutionnaire dans le procès de capital. Ils représentent le point le plus fort à la fois de l'analyse et de l'imagination – volonté révolutionnaire de Marx. Tous les dualismes formels sur lesquels on bavarde sans fin (analyse théorique du capital opposée à analyse politique, dialectique contre matérialisme, objectivité et subjectivité) se trouvent pour ainsi dire brûlés et fondus dans la réalité du dualisme que constitue, sous une forme antagoniste, le procès capitaliste.

Tout cela sera, naturellement, prouvé. Mais il me semble loyal et opportun d'énoncer d'emblée mes thèses, étant donné l'aplatissement, les valorisations ambiguës et les racontars dont les *Grundrisse* ont fait l'objet. Jusqu'ici, pour caractériser la lecture que je veux faire, j'ai surtout souligné des points de rupture; je veux maintenant préciser quelques autres points qui me semblent particulièrement importants, et autour desquels l'analyse sera aussi fortement développée.

1) *De la forme de l'argent à la forme de la valeur.* Dans le Marx des *Grundrisse* ce rapport est fondamental : l'analyse de l'argent est très précisément ce qui nous permet d'aborder la forme de la valeur. De ce point de vue, comme nous le verrons, la réalité de la mystification apparaît ici de façon plus tangible que dans d'autres passages de Marx où c'est la forme-marchandise qui est prise comme protagoniste. Au contraire, la valeur d'usage, quand elle fait face à une forme valeur décalquée sur l'argent, reconquiert de l'importance et un large espace de développement. Ainsi, attaquer les *Grundrisse* par un « *II. L'argent* » – qui paraît renvoyer à un « *I. La valeur* » (qui n'a pas été rédigé, mais dont on voit cependant un commencement dans le cahier VII. (*Fondements* II, p. 437 *sq.* / 763 *sq.*) sous le titre *La valeur*), n'est pas le fait du hasard. Il faut en peser toutes les conséquences : il me semble que cela conduit d'une part à une critique radicale de l'argent, et d'un autre

côté à une définition de la valeur immédiatement en des termes de pure et simple mystification.

2) *La définition du travail.* Dans les *Grundrisse,* le travail apparaît comme travail immédiatement abstrait. On ne peut le comprendre et l'intégrer à l'intérieur de la théorie qu'à ce seul niveau. Le travail devient abstrait en tant qu'il n'est perceptible de façon immédiate qu'au niveau des rapports sociaux de production. On ne peut donc définir le travail que sur la base des rapports d'échange et de la structure capitaliste de la production. On ne trouve chez Marx aucun concept de travail qui ne soit celui de travail salarié, de travail socialement nécessaire à la reproduction du capital, aucun concept donc d'un travail à restaurer, à libérer, à sublimer, seulement un concept et une réalité du travail à supprimer.

3) Comme l'a bien souligné Cristina Pennavaja (dans la présentation qu'elle fait de Vygodskij), l'analyse est conduite à un niveau où l'antagonisme est tel qu'on ne peut en aucun cas considérer la théorie de la valeur comme une théorie fermée, ni fonder dessus une théorie de la reproduction et de la circulation qui soient dans des conditions d'équilibre. « Dans les *Grundrisse le marxisme est une théorie anti-économique,* la critique ne se laisse absolument pas reconduire à l'économie politique, au contraire la science elle-même est mouvement antagoniste. » Toute l'économie soi-disant socialiste se trouve radicalement mise en cause par cette appréciation de la loi de la valeur. Le marxisme n'a rien de commun avec l'économie socialiste, utopiste ou réalisée.

Le « système », système dynamique et ouvert, est complètement sous-tendu par la question du rapport crise-émergence de la subjectivité révolutionnaire. Ce rapport est tellement fondamental que le marxisme pourrait bien s'intituler *science de la crise et de la subversion.* Vouloir considérer la crise comme une maladie à soigner et à guérir n'est pas seulement trahir le mouvement révolutionnaire, mais aussi avant tout se livrer à un bavardage qui n'a rien à voir avec les catégories marxiennes. Vouloir réduire la subjectivité à l'exploitation c'est éluder la définition même de la subjectivité qui chez Marx se présente comme subversion et transition. Les *Grundrisse* sont, de ce point de vue, peut-être le plus important – même si ce n'est pas le seul – des textes marxiens sur la *transition*. Notons qu'il est assez drôle que pas un seul des milliers de discours sur la transition que l'on entend, n'en tienne compte.

5) La définition marxienne du *communisme* que l'on trouve dans les *Grundrisse* revêt une forme extrêmement radicale qui va bien au-delà des caractéristiques qui la marquent habituellement. Notamment l'articulation communisme-composition de classe y joue un rôle fondamental. On a là une conception du pouvoir qui n'a rien à voir avec celles de la science politique traditionnelle, marxisme compris. Composition de classe-pouvoir, composition de classe-transition, ces rapports s'articulent sur la matérialité des comportements, des besoins, de la structure, de l'autovalorisation. Le thème du pouvoir dans le marxisme doit être soumis au feu de la critique; on ne pourra le fonder à nouveau qu'en creusant ce type d'articulations. C'est un problème qu'on ne peut plus aujourd'hui sous-évaluer.

6) Le dernier point particulier a trait à la dynamique des concepts qui dans les *Grundrisse* définissent la *classe ouvrière*. Nous avons déjà commencé à entrevoir quelques-uns des effets négatifs qui résultent de ce que le livre sur le travail salarié (ou sur le salaire) n'a pas été écrit, de ce que certains de ses éléments importants se trouvent réduits à l'exposition objective du Livre I du *Capital*. Mais on n'a pas ainsi résolu positivement le problème. Il s'agit, maintenant, en suivant les textes de retracer les liens qui unissent conceptuellement la définition critique du salaire à la définition révolutionnaire du communisme et de la subjectivité communiste. Il s'agit en somme d'apercevoir

au moins le plan du livre prévu par Marx sur le salaire, en en saisissant les principales articulations.

Voilà donc quelques-uns des problèmes fondamentaux qu'on aura en vue, en tentant cette lecture et définition des deux grands moments de l'analyse des *Grundrisse* (plus-value et réalisation).

L'exceptionnelle importance des *Grundrisse* dans la configuration de la pensée marxienne tient également à la méthode. Avec l'*Einleitung* et son application créatrice au projet des *Grundrisse,* Marx opère, sur le plan méthodologique, la synthèse de ses impulsions précédentes. Nous reviendrons longuement sur l'*Einleitung,* et ce n'est pas le moment d'en faire une analyse approfondie. Contentons-nous pour l'instant de dire que le cahier M élabore de façon explicite la méthode de l'*abstraction déterminée* et de la *tendance,* la méthode du matérialisme historique, et que la recherche des *Grundrisse* en est la première application, qui greffe la méthode matérialiste sur une pratique dialectique raffinée. La synthèse des deux pulsions dialectiques est ouverte dans tous les sens. D'un côté la raison dialectique intervient sur le rapport entre détermination et tendance, subjectivisant l'abstraction, la médiation logico-euristique, lui imposant une qualification et une dynamique historique. D'un autre côté, la méthode matérialiste, dans la stricte mesure où elle se trouve complètement subjectivisée, totalement ouverte vers l'avant, créatrice, ne peut être enfermée dans une quelconque totalité dialectique, ou unité logique. La détermination est toujours le fondement de toute signification, de toute tension, de toute tendance. Quant à la méthode, elle est le souffle violent qui parcourt l'ensemble de la recherche en y déterminant sans cesse des bases nouvelles pour la faire progresser. En ce sens nous pouvons dire à nouveau que les *Grundrisse* sont une œuvre essentiellement ouverte, répéter que c'est ce qui les caractérise, même s'il ne s'agit encore là que d'une hypothèse à vérifier de façon plus approfondie pour ce qui est de la méthode. Nous pouvons encore insister également sur le fait que cette phase est pour Marx un moment de bonheur total, un moment qui se situe à la moitié du chemin, qui n'est ni éclectique, ni médiateur : la richesse des pulsions ne s'y trouve pas réduite à un moyen terme indifférent, où les catégories sont aplaties et où l'imagination stagne.

Ces considérations générales, si elles sont importantes, ne sont toutefois pas suffisamment concrètes. Elles ne peuvent que commencer à indiquer comment surgit ce que j'aime à appeler *l'univers « pluriel »* de la méthode de Marx, mais elles ne peuvent en donner des exemples, elles ne peuvent le montrer à l'œuvre dans le laboratoire marxien. Dans le *Post-scriptum* à la seconde édition du Livre I du *Capital* (cf. aussi *Le Capital* II, 1). Marx distingue dans la *Forschung* et la *Darstellung* le moment de la recherche de celui de l'exposition scientifique : « Le procédé d'exposition doit se distinguer *formellement* du procédé d'investigation. A l'investigation de faire la matière sienne dans tous ses détails, d'en analyser les diverses formes de développement, et de découvrir leur lien intime. Une fois cette tâche accomplie, mais seulement alors, le mouvement réel peut être exposé dans son ensemble. » (*Le Capital,* I, *Post-scriptum* à la seconde édition, p. 21 Éditions sociales). Dans les *Grundrisse,* on peut suivre dans toutes ses étapes le procès logique qui prend place entre la *Forschung* et la *Darstellung*. Or, si l'on tient compte des indications précédentes, on se rend compte très vite que ce procès n'est ni linéaire, ni, encore moins, unilatéral. La dialectique recherche / exposition est au contraire ouverte de tous côtés : toute conclusion sous forme d'exposition de la recherche ouvre des espaces à une recherche et exposition ultérieures. Et cela pas simplement par l'épuisement en quelque sorte horizontal des espaces successifs de la recherche, mais surtout par un mouvement historique et tendanciel où toute détermination d'un nouveau sujet révèle immédiatement un nouvel antagonisme et met en œuvre, à travers celui-ci, un procès d'où émerge la détermination de nouveaux sujets. Ainsi la *Darstellung* est suivie dialectiquement par une *nouvelle Darstellung* : il s'agit là du procès constitutif de l'ensemble du mouvement réel, appréhendé scientifiquement, renouvelé scientifiquement. Aucune continuité linéaire donc, mais une pluralité de points de vue qui sont sans cesse sollicités à chaque moment déterminé de l'antagonisme, à chaque saut dans l'exposition, au rythme même de l'investigation, toujours à la recherche de nouvelles expositions. En ce sens les *Grundrisse* constituent, du point de vue de la méthode (d'une méthode qui, de façon matérialiste, considère toujours comme fondamentale la détermination historique et concrète, et qui de façon dialectique, trouve toujours la dynamique et la tendance de chaque détermination dans le mouvement même où l'antagonisme propre à chacune se constitue, se résout, et se repropose), – les *Grundrisse* constituent donc un univers « pluriel ». Chaque résultat de la recherche, dans l'exposition, tente de caractériser le contenu propre de l'antagonisme et de le voir, tendanciellement, sous la forme du dynamisme qui lui est propre; quand ce dynamisme s'amorce, c'est à une véritable explosion conceptuelle que nous assistons. Nous aurons l'occasion plus loin de dire des choses moins formelles et d'apporter quelques exemples, entre autres sur cette façon de se placer toujours en avant des termes du débat, en constituant une *Neue Darstellung* – de sorte que le mode précédent d'exposition doive être lui-même soumis à la recherche et constituer à son tour le matériau de la nouvelle exposition. Pour m'en tenir ici à la présentation de mes hypothèses, je me contente de mentionner cette puissance de la méthode des *Grundrisse*, cette capacité de se saisir d'un concept pour le faire exploser, de déplacer chaque fois l'analyse sur le terrain indéterminé que l'on vient de constituer de façon à le redéfinir, le caractériser. Et ainsi de suite.

Ce n'est donc pas par fétichisme méthodologique que nous avons présenté, de façon polémique ou didactique, la méthode des *Grundrisse,* la méthode de Marx ! On peut y voir la passion de la totalité, mais seulement sous la forme d'une multiplicité de séquences et de sauts, jamais en un sens monolithique; on y trouve surtout une dynamique qui a la pluralité et la diversité mêmes de la subjectivité, et n'est donc fermée nulle part. On a parfois, dans des polémiques sur l'objectivisme aveugle d'une certaine tradition marxiste, attribué cette mobilité dans la méthode au discours politique du marxisme, pour en libérer ainsi le soi-disant « réalisme » des entraves d'un matérialisme dégénéré en déterminisme. Mais on ne résout pas ainsi ce grave problème; il s'agit plutôt de caractériser la mobilité dù contenu étudié par Marx, la richesse des spécifications subjectives qu'il exprime et que parfois il domine. La méthode marxienne est constitutive de la réalité de la science, dans la mesure même où elle est un instrument adéquat pour saisir la multiplicité et le dynamisme pluriel de la réalité. La méthode marxienne est constitutive dans la mesure même où la lutte de classe est constitutive d'antagonismes explosifs. La recherche doit donc trouver son moment d'exposition – il y a un saut qualitatif dans l'exposition qui ne correspond pas simplement au seul fait de la synthèse déterminée qui s'y opère, mais plutôt au fait que cette synthèse déterminée définit pour l'antagonisme et ses possibilités-potentialités d'explosion, un nouveau palier de diffusion, un nouveau terrain de constitution. Quand nous étudierons le passage de la théorie de la plus-value à celle de la réalisation, il ne s'agira pas d'appliquer la première théorie à la seconde; certainement pas ! Le problème sera de voir comment la constitution d'ensemble du pouvoir capitaliste reproduit la dynamique de la plus-value à un niveau social – sous des formes nouvelles, tant du point de vue du capital que du point de vue de la classe. Quand nous étudierons la constitution du marché mondial et la modification de ses rapports avec les marchés nationaux, dans ce cas aussi il nous faudra clarifier (déplacer) la recherche (sous ses deux formes : recherche et exposition) au profit de nouveaux niveaux de généralité. *Abstraction déterminée, méthode de la tendance, nouvelle exposition et clarification du champ de la recherche* : ce dynamisme de la méthode détermine un univers « pluriel » à l'intérieur duquel il est risqué de se mouvoir, dur de comprendre, et enthousiasmant de vaincre.

Un dernier élément concernant nos hypothèses de départ sur la méthode des *Grundrisse* : il s'agit de la crise de la loi de la valeur, c'est-à-dire du sommet de la recherche marxienne. L'hypothèse est que nous sommes déjà entrés très avant dans une phase de crise de la loi de la valeur. Notre méthode marxiste, matérialiste et dialectique devra tenir compte des modifications intervenues et changer en conséquence. Il ne suffira pas de proposer le problème. Il faudra risquer une réponse. Rien n'est plus central que cette question.

Une brève parenthèse qui nous permettra aussi de reprendre haleine. On ramène très souvent aujourd'hui la question de la méthodologie des sciences humaines à un problème de pluralité des instances d'autovalorisation sociale, de dynamisme de la recomposition. Sensibilité méthodologique qu'on oppose souvent également à la méthodologie marxienne. Il suffit de parler de multiplicité des instances de recomposition, de transversalité de la méthode de la recomposition, pour pouvoir dire : au-delà de Marx. Mais au-delà de quel Marx ? Celui qu'enseignent les écoles du Parti ? Ou celui au contraire qu'on redécouvre dans le moment pratico-théorique de la lutte ouvrière et prolétaire ? Quand on relit les *Grundrisse,* un sentiment domine : que là on se trouve vraiment « au-delà de Marx », mais aussi au-delà de toute méthodologie possible du pluralisme ou de la transversalité. Le champ de la recherche est déterminé par la tension continuelle entre la pluralité des instances réelles et la dualité explosive de l'antagonisme. Ce qui donne son unité à ce cadre systématique (ou anti-systématique?) c'est l'antagonisme, non comme fondement de cette totalité mais comme source de l'expansion de plus en plus forte et plurielle de l'antagonisme même. Dans la méthodologie, la lutte de classe est d'autant plus antagoniste et destructive qu'elle se conjugue avec la liberté des sujets. Marx au-delà de Marx? *Les Grundrisse* au-delà du *Capital?* peut-être. Ce qui est certain, c'est que le caractère central de la théorie de la plus-value met fin à toute prétention scientifique de faire dériver une quelconque centralisation et domination de la théorie de la valeur. La théorie de la plus-value démultiplie l'antagonisme en une microphysique du pouvoir. La théorie de la composition de classe repose le problème du pouvoir dans une perspective où la recomposition n'est pas celle d'une unité, mais celle d'une multiplicité, des besoins, de la liberté. Marx au-delà de Marx, cela aussi c'est une hypothèse importante, proche, urgente.

Les interprètes les plus autorisés des *Grundrisse* en subissent la séduction, sans être capables de s'y mouvoir. C'est ainsi que mises à part quelques exceptions, on ne se risque pas à lire le texte pour ce qu'il est, on tente plutôt des opérations de force et de réduction sur lui. Rien que les titres de ces travaux sont symptomatiques : *la storia di una grande scoperta,* ou encore plus explicitement, *Bevor « das Kapital » entstand,* ou encore *Zur Entstehungsgeschichte des Marxschen « Kapital »* [1] : ce qu'on y dit des *Grundrisse* est parfois très bien, mais il s'agit toujours de faire la genèse

1. « L'histoire d'une grande découverte. » « Avant la conception du *Capital.* » « Contribution à l'histoire de l'élaboration du *Capital* de Marx. »

d'un autre texte, et non de le prendre comme centre. C'est une méthodologie historiographique non marxienne qu'on applique là, qui se satisfait de la continuité de la genèse, du développement des idées, et n'est pas attentive – en tout cas pas suffisamment – aux sauts, aux césures, à la pluralité des horizons, aux urgences de la pratique.

Le malheur est que, lorsqu'au contraire cette matérialité se trouve prise en considération, intervient alors un autre rapt, celui qui consiste à classer, à systématiser. Oui, dit-on, les *Grundrisse* sont effectivement une œuvre originale, mais ils le sont tellement qu'il faut prendre à la lettre les déclarations de Marx dans la *Correspondance* : les *Grundrisse* ont été écrits dans le délire d'une très forte inspiration, dans le désespoir d'une solitude extrême, dans un moment où la pratique se trouvait mise en échec. Écrits dans la fièvre, après minuit. Cela pour ce qui est de la forme (alors, par charité, ne nous arrêtons pas aux détails : les calculs mathématiques sont tous faux, la méthode dialectique confond les concepts et en multiplie les définitions). Pour ce qui est du contenu ensuite, les *Grundrisse* se situent avant la coupure méthodologique rigoureusement matérialiste qui caractérise « la théorie » marxienne : ils sont la dernière des œuvres de jeunesse, l'articulation des concepts et la progression de l'analyse y sont encore en partie hasardeuses et imagées, – si le développement de la théorie de la plus-value est encore valide, celui de la théorie de la réalisation, avec ses explosions de la subjectivité et son catastrophisme est un échec total; l'articulation matérielle cède le pas à des influences quasi métaphysiques, en tout cas organicistes (comme dans *die Formen*) ou humanistes (comme dans le *Fragment sur les machines*). Le texte se caractérise donc par un formidable effort d'innovation mais il ne peut que reprendre, répéter, exalter ce qui n'est encore que la propédeutique de l'humanisme de jeunesse de Marx. Les *Grundrisse* sont un brouillon qui pue l'idéalisme et l'éthique individualiste; l'ébauche de définition du communisme qu'on trouve dans le *Fragment* est une synthèse de l'idéalisme scientifique du XVIIIe siècle et d'une attitude libertaire et individualiste. Je dois dire que face à ce genre de critiques, je ne sais souvent que dire. J'aurais le désir de montrer, avec une minutie « germanique », comment, dans les faits, à la lecture concrète du texte, ces critiques ne tiennent pas : mais pourquoi le faire? Comment expliquer qu'on ne peut attribuer au délire de Marx le délire de la matière dans laquelle il remue et forge ses instruments critiques? Que c'est là, dans cette matière qui apparaît, et dans les déterminations les plus extrêmes qu'elle prend, que repose le caractère exceptionnel des *Grundrisse,* l'exaltation par la science marxienne de la contradiction approfondie jusqu'au point où l'antagonisme matériel devient insoluble? « Nous nous proposons de mettre en lumière les contradictions (contenues dans le capital) » (*Fondements* I, p. 303 / 257) : dans cette science où la contradiction devient antagonisme, il n'y a pas place pour l'humanisme, même s'il y a bien place pour un délire de la matière.

Revenons donc maintenant sur les interprétations les plus récentes, celles dont nous disions qu'elles font intervenir, de façon très importante, surtout l'idée de genèse, qu'elles portent un intérêt – peut-être à mon avis trop aigu –, à la continuité du développement théorique de Marx. De toutes ces interprétations, c'est sans conteste, celle de Vitalij S. Vygodskij qui ressort. Irréprochable quand elle souligne l'importance du chemin tracé par les *Grundrisse,* importante pour ce qui est de la définition et de la reconstruction thématique, l'œuvre de Vygodskij relève néanmoins du *New Look* de la *Diamat*. Quand la lutte de classe contre le fonctionnement de la loi de la valeur (fonctionnement qui n'est désormais que pur commandement, vide de toute apparence, même minime, de

« rationalité économique »), quand la révolte contre la valorisation gronde, le marxisme soviétique se trouve acculé à la défensive; il devient nécessaire de donner un coup de neuf à la vieille *Diamat*. Quoi de mieux alors, de plus fonctionnel que d'essayer d'atténuer, en se servant de la dialectique des *Grundrisse*, l'appareil rigoureux, mais trop rigide et désormais inadéquat du système idéologique soviétique? L'importance de la lecture que fait Vygodskij est hors de doute; son rôle, sa ligne politique, le fait qu'elle soit *ad usum delphini*, ne le sont pas moins. Conjuguer ensemble *Grundrisse* et vulgate soviétique du *Capital*, cela permet de donner ce petit coup de neuf à la *Diamat*, que la lutte de classe en URSS impose aujourd'hui – et qui permet au pouvoir de faire un meilleur usage dialectique et conflictuel du potentiel de domination que la théorie de la valeur et la lecture économiste et/ou staliniste du *Capital* expriment. L'originalité des *Grundrisse* sert ici de point d'appui pour lire *Le Capital* – et ceci dans une partie du monde où cette lecture exerce une fonction réelle de domination. L'interprétation de Vygodskij est donc maligne et astucieuse : le fait qu'elle soit souvent correcte ne lui ôte aucune de ses caractéristiques négatives, pas plus que leur fort réalisme scientifique n'ôtait de leur ambiguïté aux auteurs du XVIe de « la raison d'État ». Par ailleurs, à y bien regarder, l'interprétation de Vygodskij – quels que soient ses mérites, n'opère en fait aucune rupture quant au contenu : s'il insiste sur les *Grundrisse* et par là même, sur la dimension antagoniste de la dialectique, sur le caractère matériel et central de la théorie de la plus-value, Vygodskij ne généralise cependant pas cette analyse à l'ensemble des catégories marxiennes. Au contraire, comme l'a déjà justement souligné Pennavaja, il en arrive à affirmer que la théorie marxienne est « une théorie économique fermée » – affirmation où on ne sait s'il est plus absurde d'appeler le marxisme « théorie économique » ou de le définir comme *« geschlossen »*.

Théorie économique fermée, donc théorie de l'équilibre : eh bien oui, répondrait Vygodskij, et il ajouterait : avec un peu de conflictualité, avec même un peu de liberté.

Nous en arrivons ainsi à Roman Rosdolsky. Critiquer le travail de pionnier de cet auteur est une tâche non seulement difficile mais injuste. D'autant que, en liant *Grundrisse* et *Capital,* Rosdolsky a toujours cherché un terrain intermédiaire; il n'a jamais tenté de réduire linéairement les premiers au second; il a plutôt tenté une interprétation révolutionnaire et donné du *Capital* une lecture souvent originale et novatrice. *Grundrisse* et *Capital* sont donc pour Rosdolsky l'un à l'intérieur de l'autre, et le système qu'ils forment – parce qu'il s'agit cependant encore d'un système – est entièrement traversé par une très forte conflictualité – au point que Marx et/ou Grossmann frôlent l'obstination, l'exaltation, le catastrophisme. Les limites de Rosdolsky, (au-delà de quelques confusions et erreurs : nous avons déjà mentionné sa position à propos du « livre sur le salaire »; nous verrons plus loin et discuterons d'autres points) tiennent plutôt à mon avis à l'idéologie de *la gauche communiste* de l'entre-deux-guerres, dans lequel il baigne : d'un côté un objectivisme extrême, de l'autre la nécessité de le fonder en récupérant l'orthodoxie. Un élément sert l'autre : l'objectivisme permet l'existence d'une gauche communiste largement minoritaire, l'orthodoxie devrait la légitimer. Grossmann est de ce point de vue, un des plus clairs exemples de cette nécessité. Rosdolsky se meut avec beaucoup de souplesse entre ces limites objectives, il est capable de faire une lecture souvent extraordinaire, mais à la fin il se trouve acculé à ces limites. Dans sa lecture des *Grundrisse* il cherche alors à trouver une médiation entre l'extraordinaire nouveauté du texte – que Rosdolsky aborde souvent avec l'ingénuité du vrai intellectuel – et la continuité de l'orthodoxie. Cela ne nous convient pas. C'est évident du point de vue théorique, du point de vue de la lecture du texte – mais nous verrons cela plus à fond par la suite. Mais cela ne nous convient pas également d'un point de vue politique.

Nous nous trouvons dans une phase où le mouvement révolutionnaire cherche de nouveaux fondements, et sous une forme qui ne soit pas minoritaire. Nous n'avons que faire de l'orthodoxie. Et nous serions même ravis de nous passer de Marx. Une césure s'est produite, on ne peut le nier. La théorie de la valeur est usée jusqu'à la corde, pour ce qui est de nos luttes. Or, la découverte des *Grundrisse* nous restitue Marx. Du fait de sa force, non de notre fidélité. Nous n'avons plus le devoir si ce n'est le plaisir de discuter avec les orthodoxes; nos langages nous séparent, ils sont contradictoires. Pourtant les *Grundrisse* nous rendent Marx en plus d'un sens. Par-dessus tout comme théoricien des grands bouleversements du capital du point de vue de la crise de la loi de la valeur. L'analyse, quoique partielle, que Sergio Bologna développe à ce sujet est, comme on l'a déjà rappelé, très importante : Sergio Bologna analyse le contexte historique des *Grundrisse* et en particulier le lien qui existe entre polémique sur la monnaie, analyse de la crise américaine et mondiale (telle qu'elle se trouve développée dans les articles de Marx de cette période dans la *New York Daily Tribune*) et recherche théorique. Même si la synthèse de ces moments ne peut s'opérer à l'intérieur d'une image littéraire de la « révolution à deux », d'une réponse théorique à la « révolution par le haut » conduite par le pouvoir capitaliste. Le Marx des *Grundrisse* sait bien qu'il n'existe pas d'alternative théorique, que cette alternative est fonction du mouvement de masse ou n'est pas, qu'il n'y a pas de délégation dans la théorie. La synthèse des différents éléments de l'analyse marxienne repose sur la définition de la crise comme moment où le mouvement révolutionnaire se cherche de nouveaux fondements. Elle repose sur cette continuité du tissu pratico-théorique que la théorie doit atteindre et étreindre. Renversant et paraphrasant Hobsbawm, on devrait dire que les *Grundrisse* sont pour Marx une sorte de sténographie théorique collective : ils sont cette obstination féroce de la théorie pour et dans la pratique. La synthèse qu'opèrent les *Grundrisse* prend alors tout son sens : les *Grundrisse* sont le centre du développement théorique de Marx parce qu'ils représentent le moment où le système en formation, loin de se fermer, s'ouvre au contraire sur le tout de la pratique. La méthode des *Grundrisse* est constitutive de l'antagonisme, l'ensemble des catégories est constitutif d'une grille de concepts qui seule permet d'approfondir et d'élargir l'antagonisme de classe. Le catastrophisme des *Grundrisse,* dont on a tant parlé, est en réalité à rapporter à cette articulation politico-pratique, à ce moment que la force de la classe ouvrière doit imposer contre le système de la valeur.

Tant que les *Grundrisse* se coulent dans *Le Capital,* on nage en plein bonheur. Les concepts du *Capital* se montrent dans ce cas tout à fait adéquats pour comprendre le développement de l'antagonisme. Il y a toutefois de nombreux cas où les catégories du *Capital* ne fonctionnent pas dans ce sens : de telle sorte qu'on peut très bien penser qu'un certain objectivisme exacerbé se trouve légitimé par la lettre du *Capital.* Ainsi, si le glissement des *Grundrisse* vers *Le Capital* est un processus heureux, on ne peut en dire autant du processus inverse. Les *Grundrisse* représentent le sommet de la pensée révolutionnaire marxienne; avec eux s'opère la coupure théorico-pratique qui fonde le comportement révolutionnaire et sa différence tant de l'idéologie que de l'objectivisme. Dans les *Grundrisse* l'analyse théorique fonde la pratique révolutionnaire. Rendons ici hommage à la lecture faite par un jeune camarade, Hans Jürgen Krahl, à l'intelligence aiguë avec laquelle il sut (pour son temps) percevoir dans le développement catégorial des *Grundrisse* les moments du procès de constitution de la lutte de classe. Soyons clairs : il ne s'agit pas là d'une polémique abstraite contre *Le Capital :* chacun d'entre nous est né à la réflexion et à la conscience théorique de la haine de classe dont elle se nourrit, en étudiant *Le Capital.* Mais *Le Capital* est aussi ce texte qui a servi à réduire la critique à la théorie économique, à annuler la subjectivité dans l'objectivité, à laisser asservir la capacité de subversion du prolétaire par l'intelligence réorganisatrice et répressive du pouvoir. On ne peut reconquérir, et non au profit de la conscience minutieuse de l'intellectuel, mais bien pour la conscience révolutionnaire des masses, une lecture correcte du *Capital,* que si on le soumet à la critique des *Grundrisse,* à condition de le relire en partant de l'appareil catégoriel des *Grundrisse,* lequel est traversé de part en part par un antagonisme absolument insurmontable et entièrement reconduit à la capacité du prolétariat. De ce point de vue les *Grundrisse* représentent la critique de la très capitaliste « révolution par le haut » lancée dans le mouvement réel, ils sont la confiance dans « la révolution par le bas » : c'est le plus fort potentiel de destruction de toute espèce d'autonomie théorique, politique, détachée du mouvement réel – que les *Grundrisse* appréhendent (au travers de leurs catégories) comme unique fondement.

A part la *Leçon 3,* dans laquelle nous relirons l'*Einleitung,* et où nous proposerons donc une série de problèmes méthodologiques, nous suivrons dans les autres leçons la substance du texte des *Grundrisse.* Les *Leçons 2, 4, 5,* décriront le processus qui conduit de la critique de l'argent à la définition de la théorie de la valeur, de celle-ci à la formulation de la théorie de la plus-value, et ainsi à la définition de la crise et de la catastrophe qui forment la conclusion théorique de cette première mouture de l'analyse. Dans les *Leçons 6 et 7,* nous verrons, à travers l'analyse de la réalisation et de la circulation, comment se forme le capital social, la forme collective du capital et sa forme antithétique : il s'agira à ce stade de tracer le plan d'un possible « livre sur le salaire ». Les *Leçons 8-9* tirent les conclusions de cette seconde étape : de la subjectivité et de la première définition du communisme à une première clarification générale de l'analyse, qui la fait avancer de pair avec la modification, au reste prévue, d'une série de conditions qui fondent l'antagonisme. Il s'agit en somme de reconstituer les termes marxiens de la thématique du communisme, entre la catastrophe et l'autovalorisation prolétaire.

Que dire de plus dans cette leçon qui propose des hypothèses et suggère une interprétation ? Il me semble en avoir dit trop ! Je ne peux cependant m'empêcher d'ajouter combien j'aime à imaginer ce qu'auraient fait Lénine et Mao, s'ils avaient eu ces *Grundrisse* entre les mains, de même que Marx a eu à un certain moment la *Logique* de Hegel. Je suis certain qu'ils en auraient tiré avec enthousiasme et bonheur une nourriture exceptionnelle pour la pratique. Comme les abeilles des fleurs. C'est ce chemin « au-delà de Marx » que nous aimons.

Leçon 2 :

L'ARGENT ET LA VALEUR

SOMMAIRE

Pourquoi commencer par le chapitre sur l'argent? Plan général du chapitre. Argent et valeur : l'argent comme immédiateté de la valeur. L'argent comme immédiateté historique de la crise. La critique de la forme argent et de sa mystification chez Proudhon. L'aspect radical de cette approche marxienne. La tendance comme point de départ de la recherche. Analyse du texte : a) *Argent et crise. Signification du « travail moyen » et du « travail socialement nécessaire ». Renversement du proudhonisme. Puis, inversement, l'argent comme symbole.* b) *Argent et inégalité : excursus politique.* c) *Analyse systématique de l'argent : l'argent comme mesure et équivalent général (et le refus du travail?); l'argent comme moyen de circulation; l'argent comme argent et capital.* d) *Argent-valeur-capital. Pour faire avancer l'analyse. De la critique de l'argent à la critique du pouvoir : anticipation.*

Nous entamerons l'analyse du texte même des *Grundrisse* en commençant par le *Cahier I* (L'argent), et pour une très petite part le *Cahier II,* plutôt que par le *Cahier M (Einleitung)* qui le précède pourtant chronologiquement et thématiquement. Nous irons ainsi tout de suite au cœur des choses. Dans la *Leçon 3* nous traiterons ce *Cahier M* et le thème de la méthode, avec ainsi l'avantage de l'avoir déjà vu fonctionner et de pouvoir donc confronter la systématisation de cette méthode avec les transformations qu'elle subit au contact de la réalité. La qualité, la nature « de passage » qui caractérisent le *Cahier M,* la définition marxienne de la méthode de l'été 57 apparaîtront ainsi plus clairement et on pourra peut-être dégager l'effectivité propre de cette approche.

Il y a une autre raison qu'on a déjà mentionnée, et qu'on ne fera ici que rappeler, et pour laquelle il est intéressant de commencer par le cahier sur l'argent : c'est que c'est dans cette polémique sur l'argent que se nouent les fils qui constituent l'axe des *Grundrisse,* à savoir la critique du « vrai socialisme », l'attente de « la crise imminente » et un extraordinaire effort d'approfondissement théorique. C'est dans ces cahiers que la recherche marxienne opère un véritable saut qualitatif.

Prenons donc ces cahiers sur l'argent. Cela commence par une référence à Alfred Darimon : *De la réforme des Banques. Paris 1856*. Et on a l'impression de trouver là l'habituel cahier de notes et réflexions critiques, comme il y en a tant chez Marx. Et pourtant, non. Si Marx cite Darimon, son texte plein d'insuffisances (mais derrière cela, il y a aussi toute la polémique contre Proudhon) on voit tout de suite que c'est seulement un prétexte. En fait :

A. (*Fondements* I, p. 47-87 / 35-69.) Marx commence par analyser et critiquer point par point le livre de Darimon, mais soudain le problème devient général, théorique. Les renvois à Darimon ne sont plus que des incises intempestives. Nous avons là une première partie du manuscrit que nous pourrions intituler *« Argent et crise »*. Le caractère immédiat du problème de la crise devient le point fondamental de la recherche en même temps que sa phénoménologie apparaît comme le moteur de l'analyse.

B. (*Fondements* I, p. 89-102 / 71-82.) Il y a d'abord une brève note à propos de l'*Economist* (p. 90-91 / 70-71), puis l'analyse retourne à Darimon; polémique à propos du « bon-horaire » et de cette scandaleuse utopie de la Banque saint-simonienne; puis de nouveau soudain le problème se généralise. *Seconde* partie du manuscrit, avec un premier grand excursus théorique *(« l'argent comme rapport social »)* qui, s'il reprend les indications déjà présentes dans l'*Einleitung*, nous conduit en fait au cœur de la critique marxienne et au point de départ théorique au sens propre. Nous pourrions intituler cette partie : *« Argent et inégalité. »*

C. (*Fondements* I, p. 104-167 / 84-137.) Encore une petite parenthèse de caractère ponctuelle (102-104 / 82-84). On en a fini avec Darimon : le passage de la polémique à l'exposition qui s'est opéré entre A et B a produit l'objet dont on peut maintenant analyser systématiquement toutes les caractéristiques. Nous pouvons intituler cette *troisième partie : « Analyse systématique de l'argent. »* Cette troisième partie se divise elle-même en trois chapitres principaux :

C1. L'argent *comme mesure* (*Fondements* I, p. 104-110 / 84-89) avec une parenthèse sur les métaux (p. 110-124 / 89-101).

C2. L'argent comme *moyen de circulation.* (*Fondements* I, p. 124-144 / 107-117.)

C3. L'argent *comme argent et capital* (*Fondements* I, p. 144-167 / 117-137.)

D. A ce moment *(quatrième partie),* l'analyse revient sur le rapport *valeur-argent,* c'est-à-dire au niveau général et théorique qu'il avait déjà effleuré au point B. Ceci vaut pour *Fondements* I, p. 166-180 / 137-148, mais aussi pour les pages qui suivent immédiatement et forment déjà le prélude au livre suivant, le livre III, *Le Capital.* (*Fondements* I, p. 185-196 / 151-162.) C'est dans ce même cadre qu'il faut replacer la première ébauche du chapitre sur la valeur, dont on a déjà parlé dans la première leçon.

Remarquons que Marx attribue le numéro II au chapitre sur l'argent. On peut présumer qu'il pouvait être précédé d'un chapitre I sur la valeur. En fait, déjà dans *Pour une critique,* le premier chapitre sur la valeur devient un chapitre sur la marchandise, préparant ainsi par ce passage l'organisation définitive de la matière qui servira au *Capital.* Mais ici, il n'y a pas de chapitre sur la marchandise, et nous devons nous demander si cette absence produit au moins des effets utiles au développement de l'analyse de Marx.

Or, dans les cahiers I et II, on passe directement de *l'argent à la valeur :* la valeur se présente sous la forme de l'argent. La valeur est donc la même merde que l'argent. Il n'y a pas ici de « taumasestein » philosophique; l'émerveillement, la stupeur et le désir de savoir ne conduisent pas à des synthèses idéales cognitives, à des hypostases imaginaires, mais à l'immédiateté pratique de la critique, de la dénonciation, du refus. Nous ne sommes pas d'autre part devant la valeur, nous sommes dedans : nous sommes à l'intérieur de ce monde fait d'argent. L'argent représente la forme des rapports sociaux, il les représente et les sanctionne en les organisant. Peut-être cette approche directe, non pas de la valeur, mais de la valeur sous la forme de l'argent, comme si l'argent épuisait toute la valeur possible, est-elle trop ingénue? Pourtant le monde se présente ainsi, comme monde de marchandises que l'argent représente complètement et déterminant à travers lui-même la valorisation des marchandises. Darimon représente une approche utile, imbécile mais compréhensive pour le Marx « ingénu ». Par ailleurs que pourrait signifier une théorie de la valeur qui ne serait pas immédiatement subordonnée et intimement et nécessairement liée à une théorie de l'argent, à la forme que prend l'organisation capitaliste du rapport social, de l'échange social qui se renouvelle chaque jour? Si on se donne une théorie de la valeur, peut-on se la donner sans la ramener immédiatement à une théorie de l'argent, de l'organisation capitaliste de l'échange, et dans l'échange de l'exploitation? Oui, je commence à trouver une utilité à cet aspect ingénu de l'approche marxienne. Il y a toute la lutte de classe dans cette façon d'aborder la matière à traiter! L'argent a l'avantage de me présenter immédiatement la face éclairée du rapport social de la valeur; il me montre la valeur, tout de suite, comme échange, commandé, organisé pour l'exploitation. Je n'ai pas besoin de me plonger dans l'hégélianisme pour découvrir la double face de la marchandise, de la valeur : l'argent n'a qu'une face, celle du patron.

Voilà l'approche qui caractérise les *Grundrisse,* celle que nous verrons partout à l'œuvre. Elle fait ressortir au fond de chaque catégorie l'antagonisme pratique. La théorie de la valeur comme théorie de la synthèse de la catégorie est un legs des classiques et de la mystification bourgeoise dont nous pouvons très bien nous passer pour aborder le champ de la révolution. Cela était vrai hier pour les classiques, comme le démontre l'attaque des *Grundrisse*, on peut montrer dans la théorie que c'est toujours valable aujourd'hui, que c'est par là qu'il nous faut commencer, malgré tous les rabâcheurs de la théorie de la valeur, de la *Diamat* à Sraffa.

Ils sont tous là à chercher des analogies avec les autres présumées versions (elles seraient quatre, en incluant celle des *Grundrisse* selon Rosdolsky, I, p. 143-4) de la théorie marxienne de l'argent. Ici la recherche porte directement sur la forme de la valeur et donc, au moins pour les points que nous avons numérotés A, B, D, la recherche s'en tiendra à ce thème. Il n'y a guère que le matériau que nous trouvons au point C qui puisse être confronté à d'autres versions de la théorie marxienne de l'argent : nous verrons, cependant, avec quelles très grandes précautions et distinguo : on ne peut les réduire, à la différence de ce que fait Rosdolsky, à de simples variantes littéraires. Il faut donc aller chercher plus loin cette continuité subtile, qui ne soit pas simplement littéraire, mais matérielle. La différence entre les *Grundrisse* et les œuvres postérieures de Marx réside dans le fait que dans les premières, *la loi de la valeur est présentée pas seulement médiatement, mais immédiatement comme loi de l'exploitation*. Il n'y a pas de chemin logique qui conduise de l'analyse de la marchandise à celle de la valeur, à celle de la plus-value : le moyen terme n'existe pas, il est – ça oui – une fiction littéraire, une mystification pure et simple qui ne comporte pas une once de vérité. Faire de l'argent le représentant de la forme de la valeur cela signifie reconnaître que l'argent est la forme exclusive du fonctionnement de la loi de la valeur. C'est reconnaître qu'il délimite l'espace immédiat de la critique. Critique dans l'immédiateté.

L'exceptionnelle importance de cet angle d'attaque des *Grundrisse* sur l'argent, considéré comme forme éminente de l'expression de la loi de la valeur ne tient cependant pas seulement au caractère immédiat de la critique. Il y a un autre point à considérer tout de suite; c'est que le rapport social sous-jacent au rapport de valeur, poussé à l'extrême, n'est pas envisagé du point de vue de la synthèse mais du point de vue de l'antagonisme. L'antagonisme ne peut exister que si le rapport capitaliste ne se résout pas en synthèse. Si donc le rapport de valeur est immédiatement rapporté au dualisme/pluralisme immédiat des antagonismes sociaux, s'il ne constitue pas un éther où tout se médiatise, dans ce cas l'analyse doit se décider à prendre en compte les acteurs qui interprètent les différents rôles de cette pièce : le rapport de valeur sera toujours et encore la simple fiction qui recouvre la surdétermination socio-politique du conflit de classe. On ne pourra pas parler de valeur sans parler d'exploitation, mais surtout sans entendre la fonction de valorisation comme surdétermination des contenus concrets de la lutte de classe, comme commandement et pouvoir d'une classe sur l'autre – qui détermine la composition de l'une comme de l'autre.

Il faut enfin considérer un troisième élément pour appréhender pleinement l'extraordinaire importance de cette ouverture des *Grundrisse* sur l'argent. *L'argent comme crise* de la loi de la valeur (et sa démystification préventive) était le premier élément. L'argent comme *surdétermination* et comme force tendue vers le commandement avec comme toile de fond la composition des deux classes en lutte : voilà le second élément. Le troisième c'est l'importance que Marx attribue au niveau d'analyse qui est immédiatement celui de la socialisation du capital. Il serait impossible de partir d'emblée de l'argent comme forme éminente, exclusive de la manifestation de la valeur – sans prendre *le processus de socialisation du capital comme prémisse*.

Nous reviendrons plus longuement par la suite sur ces arguments. Pour l'instant il me semble opportun de répondre à la question posée au début, à savoir si le fait qu'il manque un chapitre sur la *marchandise* et que l'analyse démarre d'emblée sur la valeur telle qu'elle apparaît immédiatement dans l'argent, engendre dans les *Grundrisse* des effets utiles. Il me semble devoir donner une réponse positive à cette interrogation. Sous la forme argent la loi de la valeur se présente 1. en crise, 2. de façon antagonique, 3. avec une dimension sociale. Dès le début. A cela il faut ajouter que *le Capital* semble presque être une propédeutique pour les *Grundrisse : le Capital* présente en détails, dans des concepts qui retracent l'histoire du capital, la conclusion de cette histoire que les *Grundrisse* prennent comme objet de leur critique.

Voilà l'angle d'attaque des *Grundrisse*. A cela s'ajoute, et ce n'est pas sans importance, que l'argent – considéré ici dans sa dimension historique – se présente à l'analyse sous la forme de la crise. Ce que donc l'approche théorique contient implicitement en soi, l'analyse historique le révèle explicitement. *Sergio Bologna* (p. 2 sq., 16 sq.) apporte quelques éléments importants de démonstration sur ce point. Dans la description qu'il fait, en se fondant sur des matériaux utilisés par Marx, dans son travail de journaliste, de la crise qui se déroule vers 57-58, l'aspect monétaire apparaît comme l'élément central. Ce n'est donc pas un hasard que Darimon fasse l'objet initial de la polémique de Marx : son œuvre, – et de façon encore bien plus importante *La gratuité du Crédit* de Proudhon (cf. ivi, p. 46 sq.) sont caractéristiques de la mystification du *passage historique que l'État bourgeois effectue en prenant la forme de l'extraction de plus-value.* Marx se trouve devant « la première forme accomplie de l'État moderne, le gouvernement du capital social; il se trouve face à la première forme achevée d'un système monétaire moderne, au gouvernement centralisé de la liquidité ». Tout cela se présente sous la forme de la crise : le chemin de Marx commence par dessiner le visage monétaire de la crise (les crises se présenteront désormais toujours sous la forme monétaire) pour arriver à l'analyse de la crise des rapports sociaux, de la crise de la circulation, et passer à la crise du rapport entre travail nécessaire et surtravail. Dans un énorme effort d'anticipation, la crise parvient à figurer la tendance historique du développement capitaliste. C'est en étant projetée ainsi dans l'histoire que la crise devient crise de la loi de la valeur. Projection dans l'histoire d'une forme de production qui se socialise de plus en plus, et où la fonction moderne de la valeur devient fonction de commandement, de pouvoir, d'intervention sur les différentes fractions du travail nécessaire. L'État est ici « synthèse de la société civile » (*Fondements* I, p. 38 /29) : cette définition qui appartient à l'*Einleitung* trouve sans cesse confirmation dans les *Grundrisse* (par exemple, I, 169 sq., 211 sq. / 139, 175), avant de mûrir et de faire place aux définitions plus achevées qui voient dans l'État le représentant direct du capital collectif, qui est lui-même – pour parler comme Engels – « capitaliste collectif ». Le passage est réel, la crise en montre la nécessité tandis qu'en même temps elle indique les lignes directrices d'une solution. C'est sur ce résultat du développement historique du capital que doit s'exercer la critique, et c'est à ces moments-là qu'elle doit forcer à prendre conscience du progrès de la tendance, c'est-à-dire de l'antagonisme. Tout en se souvenant que la synthèse que tente d'opérer le capital sous son commandement en se socialisant et s'institutionnalisant, demande une réponse adéquate en termes de catégorie. On ne peut détacher la théorie de l'histoire. L'argent, ce saut en avant de la forme monétaire de la valeur fait ainsi apparaître la crise dans son immédiateté historique, mais aussi comme tendance.

Les proudhoniens se sont emparés de ce passage pour le mystifier. Comment en effet Darimon et Proudhon répondent-ils à la question que pose la crise? Ils répondent en expliquant que l'argent est un équivalent et tablant à fond sur cette nature, ils se lancent dans une polémique qui vise à revaloriser une circulation qui serait pure, déployée, abondante. Mais note Marx, si l'argent est un équivalent, il est avant tout *équivalence d'une inégalité sociale*. La crise alors ne vient pas de l'imperfection de la circulation dans un régime d'équivalence, et elle ne peut être corrigée par une réforme de la circulation en régime d'équivalence. La crise vient de l'inégalité dans les rapports de production et ne peut être *supprimée* qu'en supprimant l'inégalité. L'argent recouvre un contenu qui est éminemment contenu d'inégalité, contenu d'exploitation. Le rapport d'exploitation *est le contenu de l'équivalent monétaire;* mieux, ce contenu ne pourrait exister à nu. Et Marx le démontre. Mais la démonstration ne s'arrête pas là : il faut encore souligner la *forme* sous laquelle l'argent recouvre le contenu et qui est, à la limite, plus importante que le contenu lui-même. Parce que cette forme est celle de la contradiction, de l'antagonisme auquel la circulation de la monnaie tente de mettre fin, qu'elle essaye de résoudre. Le réformisme du « vrai socialisme » au moment même où il veut perfectionner – par-delà les échéances et les séquences de la crise – le mécanisme de la circulation et de l'équivalence, vient donc supprimer les reflets concrets que l'opposition des contenus donne à la forme qui les recouvre. Le capital recherche ce développement du réformisme qui lui offre des remparts pour affronter la critique du côté ouvrier, le capital se restructure lui-même par rapport à la nécessité qu'il a de déplacer plus avant les frontières de la contradiction que la forme de la circulation construit du fait de l'antagonisme du rapport fondamental de production. Démystifier « le vrai socialisme » signifie alors montrer la confluence du réformisme et de l'intérêt du capital dans le développement. Cela signifie insister sur le caractère central de la forme dans la fonction de l'exploitation. C'est amener l'analyse au point où la révolution apparaît comme libération du contenu de l'exploitation dans la mesure où elle est libération de la forme tout entière de la circulation de la valeur, de la valeur *tout court*, – qui n'est rien d'autre si ce n'est la forme du calcul de l'exploitation. Mais cela ne suffit pas. Quand forme et contenu de la valeur sont ainsi liés dans l'exploitation, quand toute ré-forme est un approfondissement du contenu de l'exploitation, l'antagonisme atteint alors un stade où il embrasse la totalité : il n'y a pas de révolution sans destruction de la société bourgeoise, et du travail salarié, en tant que production de valeur et d'argent pris comme instruments de la circulation et du commandement. Tout progrès dans la socialisation de la forme de la circulation accentue l'exploitation, c'est donc ce lien même, son développement qui doivent être détruits et avec eux toutes les formes idéologiques et institutionnelles qui le représentent et lui donnent son dynamisme, – et cela d'autant plus si elles sont socialistes. « L'argent, les variations réformistes à son propos : voilà toute la merde. » D'autre part : *« Der Klassenkampf as Schluss worin sich die Bewegung und Auflösung der ganzen scheisse auflöst »*. (A Engels, 30 avril 1868; *Correspondance*.)[1] C'est cette trame qui lie entre elles et articule en profondeur les différentes parties des cahiers sur l'argent.

Il faut maintenant reprendre la question avec plus d'attention. La polémique *contre les proudhoniens* comporte donc trois points. Cela veut dire que d'un côté Marx concentre, comme on a vu, sa critique théorique et politique sur la question de la « mystification socialiste » caractéristique de la période, son intervention tend à détruire le fond même de la polémique sur les banques et l'équivalent général. D'autre part et en second lieu, cette

1. « La lutte de classe jusqu'à son terme où le mouvement trouve la résolution de toute cette merde. »

polémique se situe selon Marx de façon marginale par rapport à une tendance qui est, à ses yeux, et deviendra aux yeux de tous, de plus en plus fondamentale : c'est la tendance à réformer l'État pour en faire la représentation de l'ensemble de la société bourgeoise, à restructurer l'État en termes financiers. Avec la crise des années 50 débute cette période qui conduit à la représentation hilferdingienne et léniniste de l'État et du capital financier : c'est cette tendance que Marx, quand il insiste sur l'argent, suit lui aussi. *A nouveau le résultat est le présupposé.* Or, ces deux mouvements polémiques laissent apparaître – c'est le troisième élément fondamental – ce qui est la figure définitive de la théorie de la valeur dans les écrits sur l'argent de cette période : la valeur comme médiété sociale et équivalent de l'inégalité, la théorie de la valeur comme élément de la théorie de la plus-value, la théorie de la plus-value comme règle sociale de l'exploitation. C'est en somme le niveau où se tient la polémique (l'argent, la synthèse de la société civile dans la forme de l'État, l'approfondissement de la forme sociale de l'exploitation) qui détermine les caractéristiques de la théorie de la valeur et sa définition *(ensemble)* exclusivement en termes de *plus-value* et *socialisation* de l'exploitation – ces termes en somme que nous trouvons dans les *Grundrisse*. On pourrait donc paradoxalement dire, que, alors que dans *Le Capital* les catégories se modèlent exclusivement sur le capital privé et concurrentiel, dans les *Grundrisse,* elles se modèlent selon le schéma tendanciel du *capital social.* Voilà ce que signifie partir de l'argent, dans l'acception que définissait la polémique contre les proudhoniens.

Reprenons maintenant point par point la lecture du texte des cahiers I et II sur l'argent. La première partie, que nous avons intitulée *« Argent et crise »*, n'est qu'un seul mouvement tourmenté à l'intersection de ces deux termes; la crise montre ce qu'est l'argent. Quant à Darimon, son discours – si on s'en tient au texte – n'est qu'un tissu d'erreurs du point de vue des statistiques et du calcul. (*Fondements* I, 37-55-59-64 / 28-42-46-50.) Mais on ne peut pas s'en tenir simplement au texte, c'est la finalité politique du discours général des proudhoniens qu'il faut considérer – et immédiatement condamner. « Nous touchons ici à la question fondamentale, mais elle n'a plus de rapport avec la question telle qu'elle a été posée au départ. En termes généraux, elle se pose ainsi; est-il possible de changer les rapports de production et de distribution en transformant l'instrument et l'organisation de la circulation? Et en outre : est-il possible de réaliser une telle transformation de la circulation sans toucher aux rapports actuels de la production, ni aux rapports sociaux qui en découlent? Si chacune des transformations de la circulation exige au préalable des bouleversements dans les conditions de la production sociale, on voit aussitôt s'écrouler la doctrine de ceux qui proposent leurs numéros de virtuosité dans la circulation, afin d'empêcher les changements de nature violente, en faisant de ces changements non pas la condition préalable, mais le résultat progressif de la transformation de la circulation. Si leur prémisse générale est aussi fausse, c'est qu'ils n'ont rien compris au mécanisme interne des rapports de production, de distribution et de circulation. » (*Fondements* I, p. 55 / 42.) En somme ces messieurs veulent améliorer le capital, la circulation de l'argent « sans abolir le rapport de production qu'exprime l'argent. » (*Fondements* I, p. 55 / 42.) Mais celle-ci est une « revendication contradictoire en elle-même », on ne peut pas en fait « surmonter les conditions substantielles (d'un rapport) en modifiant formellement ce rapport. Certes, telle forme de l'argent peut, mieux qu'une autre, répondre aux nécessités de tel niveau de la production sociale et en éliminer certains inconvénients mais, tant qu'elle reste une forme de l'argent et tant que l'argent reste un rapport essentiel de la production, aucune de ces forces ne peut abolir les contradictions inhérentes au rapport monétaire lui-même : elle ne peut que les reproduire sous une forme ou sous une autre. Aucune des formes du travail salarié ne peut supprimer les inconvénients du travail salarié même, même si telle forme peut pallier les inconvénients de telle autre ». (*Fondements* I, p. 55-56 / 42-43.) Pour sûr, le travail de ces messieurs proudhoniens vise à mystifier la réalité des choses : mais comment cela est-il encore possible, quand la forte présence de la crise modifie les termes théoriques mêmes du discours? L'argent est une catégorie qui médiatise l'antagonisme social : sa définition dessine la crise comme *possibilité,* son effectuation la montre *en acte*.

Terminons-en cependant avec cette polémique : si l'intersection de l'argent et de la crise détruit la mystification proudhonienne, elle engendre aussi des effets bien plus importants. Elle nous montre en particulier ce qu'est la valeur. La définition de celle-ci se trouve entièrement reconduite à la généralité de l'argent, au beau milieu d'une crise qui fait apparaître l'argent comme une fonction qui tend exclusivement à recouvrir et à représenter des rapports sociaux antagonistes. C'est donc en partant de caractéristiques de l'argent, de la tendance que révèle la crise, qu'on va pouvoir donner une nouvelle formulation de la théorie de la valeur. *Les caractéristiques de l'argent vont être récupérées dans la valeur*. La théorie de la valeur, telle qu'elle est apparue jusqu'ici, se contente d'une simple allusion à l'argent comme représentant concret de la médiation sociale de l'antagonisme. La valeur sera définie par le travail moyen, *par le travail socialement nécessaire,* dans la mesure où l'argent est défini dans ce cadre. « Ce qui détermine la valeur, ce n'est pas le temps de travail déjà incorporé aux produits, mais le temps de travail actuellement nécessaire. » (*Fondements* I, p. 68-69 / 54.) Mais si on regarde d'un peu plus près, on voit que la définition du travail nécessaire est une définition qui est déjà sociale. En conséquence « *la valeur des marchandises déterminées par le temps de travail ne représente que leur valeur moyenne* ». (*Fondements* I, p. 71 / 56.) « En tant que valeurs, toutes les marchandises sont qualitativement égales et ne se différencient que par la quantité. » (*Fondements* I, p. 75-76 / 59.) Voilà de nouveau renversée l'hypothèse de Proudhon : ce qui pour les réformistes apparaît comme une solution à l'antagonisme, en constitue au contraire la base même. C'est à ce niveau de médiété sociale que l'argent, en tant que forme éminente de la valeur, définit l'espace sur lequel, en opposition auquel, la théorie va se développer. Tout autre chose qu'une métaphysique de la valeur! Marx la laisse à ses prédécesseurs, et trop souvent aussi à ceux qui le suivent! La valeur est l'argent, elle est cette merde à laquelle il n'y a pas d'autre alternative que la destruction, la suppression de l'argent. Étudions-le donc afin de le détruire.

Nous avons maintenant cette équation valeur-argent-crise. Une sorte d'oscillation continue : « *La valeur de marché* est toujours différente de cette valeur moyenne des marchandises : elle est tantôt au-dessus, tantôt au-dessous d'elle. La valeur de marché se ramène à la valeur réelle au travers de ses perpétuelles oscillations, et non au travers d'une équivalence à un tiers : elle est constamment inégale à elle-même (ce n'est pas une identité abstraite, pour parler comme Hegel, mais une perpétuelle négation de la négation, c'est-à-dire qu'elle se nie elle-même en niant la valeur réelle). » (*Fondements* I, p. 71 / 56.) *Cette oscillation est à la fois la règle du mouvement et la possibilité de la crise.* Elle est la forme d'existence de la valeur, mouvement continu de permutation et dualité de fond en comble. Cette oscillation est ce qui permet au rapport social de s'étendre réellement, ce qui fait que l'échange se consolide comme rapport social exclusif. Cette oscillation est donc, encore et toujours, possibilité de crise. Mais de quelle crise s'agit-il? La crise que définit le *concept* renvoie à une définition du *réel* comme antagonisme et crise. « Plus la production se transforme de sorte que chaque producteur de valeurs d'échange dépende de sa marchandise; autrement dit, plus le produit devient valeur d'échange, et celle-ci l'objet immédiat de la production, plus les rapports d'argent se développent en même temps que les contradictions immanentes aux *rapports d'argent,* c'est-à-dire aux rapports du produit avec lui-même en tant qu'argent. La nécessité de l'échange et la transformation du produit en valeur d'échange pure progressent avec la division du travail; autrement dit, à mesure que la production prend un caractère plus social. A chaque accroissement de la puissance de l'argent, le rapport d'échange gagne en force, indépendamment des producteurs. Ce qui se présentait au début comme un moyen de stimuler la production devient un rapport extérieur et étranger aux producteurs. Plus les producteurs deviennent indépendants de l'échange, plus celui-ci semble devenir indépendant d'eux et plus se creuse le fossé entre le produit en tant que tel, et le produit en tant que valeur d'échange. L'argent ne provoque pas ces contradictions ni ces antagonismes; c'est le développement de ces contradictions et de ces antagonismes qui produit *le pouvoir en apparence transcendantal de l'argent.* » (*Fondements* I, p. 82 / 64-65 trad. mod.).

Résumons. La valeur, quand elle a la figure de l'argent, se présente comme contradiction, comme possibilité « que ces deux formes d'existence (de la marchandise) ne puissent pas se convertir l'une dans l'autre ». (*Fondements* I, p. 83 / 65.) Cette nature antagoniste (« où l'équiparité des termes se met à dépendre des conditions extérieures et donc contingentes », *Fondements* I, p. 83 / 66 trad. mod.), se révèle dans l'espace (crises commerciales) comme dans le temps (crises cycliques) : mais la *base* de cela se trouve dans le rapport social qui rend nécessaire la forme de l'échange, de la valeur et de l'argent. Ce n'est qu'ici que la *possibilité* de crise devient actuelle. « De toute nécessité, les éléments séparés par la violence alors qu'ils ne font qu'un, manifestent de façon explosive qu'ils ont été *séparés* de leur ensemble organique : l'unité se réalise par *la violence*. Lorsque la coupure antagonique provoque l'explosion, les économistes soulignent *l'unité organique* et font abstraction de l'aliénation. » (*Fondements* I, p. 86 / 68.)

Le discours sur « *L'argent et la crise* » prépare donc le passage à l'analyse du réel. D'un côté Marx utilise la présentation proudhonienne (en la lisant comme la mystification d'un moment décisif en train de se jouer dans la crise, le passage de la forme valeur à la forme argent); de l'autre, il renverse cette présentation et montre comment elle falsifie et tente d'hypostasier un antagonisme réel. *La critique doit donc devenir politique*. Elle doit attaquer les conditions sociales de l'antagonisme. Voilà le chemin de Marx. Le second fragment des *Cahiers sur l'argent* se place d'emblée sur ce terrain. Quant au premier fragment, que nous avons considéré jusqu'à présent, il semble prendre son élan avant de faire le saut pour pénétrer au cœur des choses que la critique matérialiste doit atteindre.

Mais avant de nous engager nous aussi sur ce terrain, arrêtons-nous un moment sur un point, souvent implicite, parfois explicite, dans les pages que nous avons lues jusqu'à présent, et que nous n'avons toutefois pas prises en considération. Il s'agit de l'attention portée à *l'argent comme symbole*. Cela veut dire que Marx, au moment même où il envisage la possibilité de la crise, c'est-à-dire la nécessité pour la fonction argent (valeur) de briser l'antagonisme qui la traverse, considère en même temps l'effet ambigu de cette cassure. Rupture, scission = approfondissement du contraste de classe qui est sous-jacent au rapport monétaire. Mais les termes du contraste quand ils ne sont pas médiatisés, ressortent avec toute la puissance de leur opposition. Plus loin, Marx, dans les *Grundrisse,* portera une grande attention à la composition de la classe ouvrière à ce niveau de la scission. Ici, il insiste au contraire sur la fonction politique de l'argent comme symbole, sur sa fonction de commandement. *L'argent comme « simple signe », comme « symbole social », comme « idée a priori », en somme « l'argent comme sujet »* (*Fondements* I, p. 76-7, 79-89, 104-5 / 60-63, 84) peut être le résultat de ce *moment* qu'est la crise, peut être *une* de ses solutions. Considérons attentivement ce point : Marx nous explique ici sa dialectique, qui n'est pas la dialectique hégélienne, celle de la médiation nécessaire, pas plus que la dialectique de Proudhon de la loi de la valeur, mais qui est la logique de l'antagonisme, du risque, de l'ouverture. *Le symbole peut devenir sujet,* la valeur peut devenir commandement, la surdétermination peut rompre la dialectique et exister avec toute sa force et son pouvoir. Le fascisme, la barbarie, la régression ne sont pas impossibles. Le symbole peut être plus fort que la réalité parce qu'il naît de la scission consciente de la réalité. Nous verrons plus loin l'extraordinaire importance de cette intuition de Marx (la lecture que fait Rosdolsky, à ce sujet (I, p. 160-163), est trop sèche). Rosdolsky insiste avec justesse sur la possibilité de parvenir à la théorie de la plus-value en partant de cet élément intrinsèque à la théorie marxienne de l'argent, mais il sous-évalue la possibilité d'une *Neue Darstellung* sur ce point. Rosdolsky n'a pas l'intuition que ce passage logique et théorique puisse également être un passage historique et politique.

« Argent et inégalité. » On tombe de nouveau dans un débat un peu pédant : critique de Gray et de la banque saint-simonienne. Marx se répète : des conditions générales de la production, de l'argent à l'échange et aux conditions sociales de l'une et de l'autre. « L'échange le plus important n'est pas celui des marchandises, mais celui du travail contre les marchandises. » (*Fondements* I, p. 92 / 73.) Mais ici, crac! Voilà le premier saut important, *le premier des excursus politiques des Grundrisse.*

Commençons par le point le plus simple : l'argent, la forme de la valeur est un rapport d'inégalité, représenté génériquement dans le rapport de propriété, et matériellement dans le rapport de pouvoir. « La dépendance mutuelle et universelle des individus alors qu'ils restent indifférents les uns aux autres, – telle est actuellement la caractéristique de leurs liens sociaux. Ces liens sociaux s'expriment dans la *valeur d'échange* car c'est grâce à elle seulement que l'activité ou le produit de chaque individu devient pour lui une activité et un produit; l'individu doit créer ce produit général qu'est la valeur d'échange, ou sous sa forme autonome et individualisée, l'*argent*. Par ailleurs, le pouvoir qu'exerce un individu sur l'activité d'un autre ou sur la richesse sociale, il le tient de ce qu'il est propriétaire de *valeurs d'échange, d'argent*. Il a ainsi dans sa poche tout son pouvoir sur la société ainsi que ses relations avec elle. » (*Fondements* I, p. 93-94 / 74-75.) Or, plus faible est la force de l'échange, plus grande est la force qui lie ensemble les individus : c'est cela la forme de la société antique. « L'indépendance personnelle fondée sur la dépendance matérielle est la deuxième grande étape : il s'y constitue pour la première fois un système d'échange social généralisé, de rapports universels, de besoins universels et de capacités universelles. La libre individualité fondée sur le développement universel des individus et sur la subordination de leur productivité collective et sociale en tant que patrimoine de la société, constitue le troisième stade. » (*Fondements* I, p. 95 / 75 trad. mod.) Philosophie de l'histoire que cela? Pas à proprement parler : car l'histoire qui est ici décrite, est immédiatement renversée dans un rapport actif et constructif en même temps que dans une dialectique tellement poussée qu'elle ne peut être en aucun cas résolue. D'un côté donc, « l'échange et la division du travail se conditionnent réciproquement ». (*Fondements* I, p. 95 / 76). Déjà donc au cœur même du travail s'enracine cette duplicité de l'échange et de l'argent qui l'absorbe entièrement. Il y a donc « *réification,* rapport réifié, valeur d'échange réifiée » (*Fondements* I, p. 97 / 78.) Mais de l'autre côté, la *destruction* de tout cela, destruction consciente, volontaire, rationnelle, créative : « Les individus universellement développés n'ont, entre eux, que des liens sociaux qui naissent de rapports communautaires qu'ils contrôlent collectivement : ces individus ne sont pas des produits de la nature, mais de l'histoire. » (*Fondements* I, p. 99 / 79.) Faisons attention : ce développement est lutte, rupture, création. Il ne s'agit en aucun cas de restaurer une essence originaire. Il n'y a place nulle part ici pour l'humanisme. « Il est aussi ridicule d'aspirer à cette plénitude du passé (en note Müller Carlyle) que de vouloir en rester au total dénuement d'aujourd'hui. Aucune conception bourgeoise ne s'est jamais opposée à l'idéal romantique tourné vers le passé : c'est donc que celui-ci subsistera jusqu'à la fin bienheureuse de la bourgeoisie? Comme son opposition légitime. » (*Fondements* I, p. 99 / 80 trad. mod. à la fin.) Certes, il faut une dialectique de ces deux moments : « La prostitution universelle... est une phase nécessaire de l'évolution sociale des dispositions, facultés, capacités et activités humaines » (*Fondements* I, p. 100 / 80.) Maïs plus nécessaire encore, – et historique et conscient – est le moment où s'écroule cette prostitution.

Cette explosion théorique et politique n'est pas encore dominante. Elle sera reprise plus avant; pour l'instant elle n'est encore qu'une anticipation qui attend le mûrissement des graines semées pour se présenter comme protagoniste. Laissons donc croître ces jeunes pousses, retournons à l'analyse de l'argent. *« L'argent comme mesure et équivalent général. »* On connaît le problème et sa solution. « L'argent est l'intermédiaire matériel vers lequel convergent les valeurs d'échange, qui obtiennent en lui une forme correspondante à leur fonction universelle. » (*Fondements* I, p. 105 / 84.) Mais c'est seulement le temps de travail qui établit cette universalité : « L'argent c'est le temps de travail comme objet général. » (*Fondements* I, p. 106 / 86 trad. mod.) Suit la critique d'Adam Smith pour qui les deux déterminations du travail – produire et produire pour l'argent – sont juxtaposées. Or, produire pour l'argent est *à la fois* un moment d'exploitation et un moment de socialisation. La socialisation capitaliste exalte la socialité de l'argent comme exploitation, la socialisation communiste détruit l'argent en affirmant la socialité immédiate du travail. « Dans le second cas, c'est la présupposition elle-même qui est médiatisée : autrement dit ce qui est présupposé c'est la production sociale, la socialité comme fondement de la production. D'emblée, le travail de l'individu est posé comme travail social. » (*Fondements* I, p. 109 / 88 trad. mod.) « Son produit *n'est pas une valeur d'échange.* » (P. 110 / 89.) Marx continue ainsi un moment.

Il vaut la peine maintenant de revenir sur quelques points du raisonnement, quelques points qu'on a déjà examinés. Le renversement de l'universalité réifiée de l'argent (de la valeur), en *universalité productive du travail associé,* que Marx opère sans cesse, me paraît fondamental. Ce renversement n'implique *aucune espèce d'homologie :* le caractère antagoniste même des catégories et de la méthodologie marxienne l'exclut. Tout aussi fondamental que la représentation de la valeur sous forme d'argent, est le *refus de la valeur,* son renversement total. Le communisme n'est pas la réalisation de l'interchangeabilité de la valeur, le règne de l'argent comme mesure réelle. Le communisme est négation de toute mesure, affirmation du pluralisme le plus exaspéré, de la créativité.

« Sur la base de la production sociale, la première loi économique demeure donc l'économie de temps ainsi que la distribution rationnelle du temps de travail entre les différentes branches de la production. Cette loi vaut également à un niveau plus élevé. Mais tout cela diffère fondamentalement de la mesure des valeurs d'échange (des travaux et des produits du travail) par le temps de travail. » (*Fondements* I, p. 110 / 81 trad. mod.) Économie de temps et libre activité : gardons en tête ces deux éléments qui apparaissent ici pour caractériser le communisme. *Refus du travail?* Il ne sera probablement pas inutile (et nous le ferons) de reprendre cette problématique.

« L'argent comme moyen de circulation. » Nous voilà en plein dans « le côté magnifique de l'argent », l'aspect et le mouvement qui engendrent à la fois la socialisation et la crise. Une longue parenthèse sur les métaux a permis d'anticiper cette nouvelle attaque théorique. Il s'agit maintenant de commencer par définir « le caractère général de la circulation ». (*Fondements* I, p. 126 / 102.) C'est un autre des points cruciaux des *Grundrisse* : c'est là que prend naissance le second grand filon de l'analyse, celui qui a pour objet le capital social et l'antagonisme qui apparaît à ce niveau. On trouve ici, comme cela se produit sans cesse dans cette œuvre à la structure si serrée, déjà quelques *anticipations* d'un développement qui sera fructueux. Prenons les passages un par un. L'argent se présente en premier lieu comme universel en mouvement, comme « perpetuum mobile », comme circuit d'échange, « totalité en flux constant... – qui se déroule – à peu près à l'échelle de la société tout entière » – bref – « un système d'échanges ». (*Fondements* I, p. 127 / 103.) Mais, en second lieu, parce qu'il est le moteur de la circulation, qu'il joue un rôle de premier plan dans l'unité du marché, si l'argent prend aussi les traits de l'extranéité et de l'*autonomisation de l'équivalent général*. « Les marchandises circulent à condi-

tion qu'elles soient médiatisées par la valeur d'échange, c'est-à-dire qu'elles soient produites en tant que *valeurs d'échange*, et non en tant que *valeurs d'usage immédiates*. Ce qui est fondamental c'est que l'appropriation s'effectue au moyen de l'expropriation et de l'aliénation. » (*Fondements* I, p. 137 / 111 trad. mod. à la fin.) Et plus loin : « La circulation c'est le mouvement qui fait apparaître l'expropriation générale comme appropriation générale et vice versa. » (*Fondements* I, p. 137 / 111 trad. mod.) L'argent se présente comme « puissance sociale étrangère », qui domine – les individus. De là quelques conséquences fondamentales : l'antagonisme inhérent à cette double conceptualisation de l'argent dans la circulation fait apparaître la circulation comme « faux » procès à l'infini. En réalité, le procès est contradictoire à tous points de vue, les actes qui s'y jouent se présentent comme réciproquement « indifférents », distants les uns des autres dans l'espace comme dans le temps. *La possibilité de la crise*, qu'on avait déjà repérée en analysant l'équivalent général en tant que tel, apparaît maintenant *au niveau de la circulation*. « Comme l'achat et la vente, ces deux éléments fondamentaux de la circulation sont indifférents l'un à l'autre (et séparés dans l'espace et le temps), ils n'ont pas besoin de coïncider. Cette indifférence renforce leur apparente autonomie réciproque. Mais comme ils constituent des éléments essentiels d'un tout unique, il est inévitable que cette autonomie soit brisée à un moment donné par la force des choses et que l'unité interne se rétablisse de l'extérieur par une action violente. Dans la fonction d'intermédiaire de l'argent et dans la coupure de l'échange en deux actes séparés, réside ainsi le germe des crises, ou tout au moins leur possibilité; mais elles ont d'autant plus de chance d'éclater que les conditions fondamentales de la circulation sont entièrement développées et tout à fait pures (possibilité qui ne peut être réalisée qu'en tant qu'existent les conditions fondamentales de la circulation dans son développement classique, tel qu'il correspond à son concept). » (*Fondements* I, p. 139 / 112-113.) Mais, là encore, ce n'est pas suffisant. Chaque fois que l'analyse, dans les *Grundrisse,* en vient à l'antagonisme de la circulation, à ses déterminations spatiales ou temporelles, elle débouche immédiatement sur la question de *la division du travail,* sur les conditions sociales qui sous-tendent l'antagonisme. C'est bien ce qui se passe ici aussi. On voit s'opérer le renversement correspondant, celui qui recueille toute la richesse du procès capitaliste dans la circulation et l'abolit, non pas au profit d'un développement ultérieur, mais comme pure et simple destruction et *appropriation communiste.* Ces différents passages sont fondamentaux parce qu'ils illustrent la possibilité de crise qui est inhérente au concept d'argent, et qu'ils font apparaître la nature du travail qu'opère Marx sur les catégories. Ce n'est pas la possibilité dialectique de la crise, mais la violence antagoniste du renversement qui confère une continuité de sens à l'argumentation. Il est évident que l'usage même des catégories s'en trouve modifié : les catégories renvoient sans cesse à la subjectivité de l'antagonisme, on ne peut les lire quant à leur fond, qu'à cette lumière, elles ne peuvent fonctionner qu'ainsi.

Mais avançons. Au point où nous en sommes, « l'argent apparaît ici d'abord comme but en soi que le commerce et l'échange des marchandises servent simplement à réaliser ». (*Fondements* I, p. 144 / 117.) « Il nous faut donc examiner l'argent dans cette troisième détermination qui renferme en elle les deux précédentes, celle où il sert de mesure et celle où il est moyen d'échange universel pour réaliser le prix des marchandises. » (*Fondements* I, p. 144 / 117.) Le schéma dialectique de l'exposition trouve sa conclusion : la synthèse « montre l'*argent comme argent et capital* », comme réalisation totale du procès. Il y a ici comme une respiration dans le déroulement de la démarche de Marx : le renversement antagoniste n'est pas mis au premier plan. L'analyse semble folâtrer en s'attardant à une longue phénoménologie de la synthèse monétaire. En réalité elle veut faire apparaître toute la puissance, toute la subjectivité dont fait preuve le capital. La puissance de l'argent en tant qu'il représente la circulation dans sa totalité et son pouvoir général sur la réalisation se trouve accentuée à l'extrême. Le pouvoir de l'argent a l'apparence et l'indifférence de la mobilité, de la fluidité, l'argent exerce son pouvoir sous la forme paradoxale de l'évanescence. Il se perd dès qu'il persiste, et en même temps se retrouve en apparaissant comme signe de la totalité. Son rôle d'intermédiaire est aussi subtil que rigide. Mais voilà que ce paradoxe se matérialise : le pouvoir évanescent de l'argent s'attaque aux choses et les transforme à son image et ressemblance. C'est un pouvoir *démiurgique* qui, à travers le signe, modifie la réalité. Il est clair que dans ce Marx-là, l'argent est *une tautologie du pouvoir*. Un pouvoir qui s'étend à tout. Et de fait : l'argent apparaît comme un *rapport de production* (« effectivement le rapport monétaire est lui-même un rapport de production si l'on considère la production dans sa totalité ». *Fondements* I, p. 187 / 128), comme *un instrument de production* (« car la circulation n'apparaît plus dans sa simplicité première comme échange quantitatif, mais comme mouvement de la production, métabolisme réel. Ainsi donc, l'argent devient un moment particulier dans le procès de production ». *Fondements* I, p. 159 / 130 trad. mod.), comme *pouvoir* (avec sa capacité d' « étalement et d'éparpillement – du monde des marchandises ». *Fondements* I, p. 160 / 132). « C'est pourquoi l'argent est le Dieu des marchandises » (p. 162 / 132); l'argent « en tant que sujet de la richesse générale » exerce « la domination générale sur la société et le monde des jouissances des travaux, etc. » (p. 162 / 133), comme – en particulier – le pouvoir *sur le travail salarié*. « De la simple notion de l'argent, il ressort qu'il ne peut constituer un élément développé de la production que si le *travail salarié* existe déjà; mais alors, loin de dissoudre la forme sociale, il est la condition de son développement et un rouage du développement de toutes les forces productives matérielles aussi bien qu'intellectuelles » (*Fondements* I, p. 164 / 134-135); « *pour représenter matériellement la richesse générale et individualiser la valeur d'échange,* l'argent doit être *directement* l'objet, le but et le produit du travail général, du travail de tous les individus. Le travail doit produire directement la valeur d'échange, c'est-à-dire l'argent : il doit donc être du *travail salarié* » (*Fondements* I, p. 164 / 135); comme *pouvoir productif* (« De but, l'argent devient maintenant le moyen de rendre tous les individus zélés au travail » : « il est donc évident que sur la base du travail salarié, l'argent n'agit pas comme un dissolvant mais comme élément productif » (p. 165 / 135), comme *pouvoir universel* (« induction de nouveaux besoins », « moyen d'universaliser la richesse », « pour créer l'*universalité réelle* », p. 166 / 136). Enfin l'argent apparaît comme la « *substance commune réelle* du travail salarié et du capital » (p. 167 / 136 trad. mod.).

Ce n'est pas un hasard si l'argent représente la « substance réelle du travail salarié et du capital » dans le passage que nous venons d'analyser. Alors que dans les autres passages où Marx examine l'argent, la démarche dialectique particulière des figures du capital conservait, à côté et à l'intérieur, le renversement, dans les paragraphes consacrés à « l'*argent comme argent* » cela ne se produit plus. Cela ne peut pas se produire parce qu'ici c'est le triomphe de l'argent, de sa subjectivité : le rapport a été poussé à l'extrême en accentuant un de ses pôles. Mais il faut immédiatement renverser le cadre. Toutes les contradictions que les catégories ont vérifiées en se constituant et en se développant doivent être reprises dans cette opération. On pourrait probablement relire ici les textes qu'on a rassemblés sous le point B, puisque déjà dans ces pages se dessinait ce renversement. Il vaut mieux cependant concentrer son attention sur les textes qu'on n'a pas encore vus et qui constituent la fin du cahier I et le début du cahier II. Une certaine fatigue est certes perceptible dans ces textes, mais le renversement est bien là, déjà totalement sur sa lancée.

Il y a trois thèmes sur lesquels Marx insiste : *monnaie et marché mondial, argent et circulation productive, formes politiques et institutionnelles de la reproduction sociale.* Ces trois thèmes sont fortement reliés : en fait, sur ces trois points, le renversement apparaît à un niveau de généralité qui est celui auquel conduit le développement de la recherche menée jusqu'ici. On pourrait dire que, à la différence de ce qui se passe au point B, l'attention porte ici sur les contradictions extensives plutôt que sur la contradiction intensive.

Le marché mondial est le dieu spécifique où la crise « met en évidence cette présupposition et pousse à l'adoption d'une nouvelle forme sociale ». (*Fondements* I, p. 169 / 139.) Le marché mondial multiplie les contradictions de l'argent dans la circulation, les met toutes en mouvement. Le rapport atteint son maximum de différenciation et accumule sur cette immense surface la totalité des différences. Le marché mondial c'est la *tendance :* l'argent en tant que puissance universelle tend vers cette dimension avec violence. Mais ce faisant il confère à cette signification l'ensemble des contradictions qui le constituent. Le saut qualitatif qui s'opère quand on passe au marche mondial, transforme en antagonisme l'ensemble des contradictions. Nous reviendrons sur ce point d'ici peu – pour répondre également aux critiques que cette présentation marxienne du rapport « marché mondial – argent – crise » soulève immédiatement. C'est comme si la dimension extensive en arrivait presque à dénier toute validité à la dimension intensive et que le *rapport* entre accumulation des contradictions et apparition de l'antagonisme était plutôt un *saut logique* qu'une déduction. Nous reviendrons rapidement sur ce point. Passons pour l'instant à la seconde relation proposée, celle qui existe entre argent et circulation, argent et reproduction. Maintenant l'argent, en tant que puissance de reproduction, reproduit à la fois lui-même et le monde de la production qui est sa condition. L'argent vit comme « rapport avec lui-même au travers du mouvement de la circulation » (*Fondements* I, p. 177 / 146), mais cela se produit parce que « le procès de la circulation doit apparaître comme procès de production des valeurs d'échange. Nous constatons ainsi que la valeur d'échange revient au travail, et l'argent à la valeur d'échange dont l'emprise ne cesse d'augmenter. Le prix est déterminé préalablement à la circulation qui ne le pose que formellement en tant qu'argent. La détermination de la valeur d'échange elle-même apparaît désormais comme acte de la circulation. Ainsi donc, la valeur d'échange est du *capital,* et la circulation un acte de la production ». (*Fondements* I, p. 177 / 146.)

« La circulation comme acte de la production. » Le renversement doit donc se produire également dans la circulation, dans la circulation productive. Celle-ci constitue la synthèse de l'ensemble du procès capitaliste, en elle « dans sa dernière forme, la plus achevée, l'argent apparaît à tous égards comme une contradiction qui se dissout elle-même et tend à se décomposer ». (*Fondements,* p. 175 / 144.) Même dans ce cas, et dans le cas du marché mondial c'est encore plus convaincant, la tendance de l'argent à synthétiser la circulation *fait exploser l'antagonisme*. Enfin, troisième point à considérer, le rapport argent-formes institutionnelles. Là aussi l'argent fait preuve d'une force d'expansion exceptionnelle. A sa lumière, « toutes les contradictions immanentes à la société bourgeoise semblent effacées : la démocratie bourgeoise et, plus encore, l'écono-

miste bourgeois s'y abritent sans cesse pour faire l'apologie des conditions économiques existantes ». (*Fondements,* p. 186 / 152.)

« Le système monétaire signifie la réalisation du règne de la liberté et de l'égalité. » (*Fondements,* p. 192 / 157.) La *démocratie des modernes est la réalisation totale de la valeur d'échange.* Toutes les formes institutionnelles de la démocratie n'en sont que des représentations. Mais ici aussi la contradiction traverse l'ensemble des effets accumulés de la valeur d'échange, de l'argent, pour en faire apparaître les conditions antagonistes : « Les notions simples de la valeur d'échange et de l'argent renferment déjà de manière latente l'opposition entre salariat et capital. » (*Fondements* I, p. 194 / 159.) Par conséquent, aux socialistes « il faut répondre : la valeur d'échange, et mieux encore le système monétaire, constituent en fait le fondement de l'égalité et de la liberté : les perturbations survenues dans l'évolution moderne ne sont que des troubles immanents à ce système; autrement dit, la réalisation de l'*égalité* et de la *liberté* provoque l'inégalité et le despotisme. Vouloir que la valeur d'échange ne se développe pas en capital, ou que le travail produisant des valeurs d'échange n'aboutisse pas au salariat, c'est un vœu aussi pieux que niais ». (*Fondements* I, p. 194-195 / 160.)

On a noté que le passage de la monnaie au marché mondial et à la crise n'a pas l'intensité et la même force récapitulative qu'ont les autres points qui concluent le chapitre sur l'argent. Sans vouloir nier les limites de l'argumentation de Marx, on peut ici ajouter cependant quelques remarques. Le discours sur le « marché mondial » se présente chez Marx, dans les *Grundrisse,* comme indication d'un travail à faire. C'est le cas dans le cahier M par exemple. (*Fondements* I, p. 37-38 / 28-29.) C'est le cas, à plusieurs reprises, dans les cahiers centraux. (*Fondements,* I, p. 169-170, 211 / 139, 175.)

Chaque fois, la référence au marché mondial sert à conclure le projet de travail marxien, un projet de travail qui devrait s'articuler sur plusieurs livres et rassembler l'ensemble de l'œuvre de destruction théorique de la société du capital. Du *marché mondial vers la crise*. Il faut être attentif à cela : quand Marx esquisse son livre sur le marché mondial et la crise, il ne le confond pas génériquement avec les dimensions de l'internationalisation et des processus consonants et concurrents du capital : il l'en distingue même au contraire, explicitement. Le marché mondial apparaît alors comme une catégorie spécifique. Nous verrons plus loin, – dans la *Leçon 3* sur la méthode – comment dans ce cas la spécificité de la méthode marxienne se manifeste clairement : ce qui veut dire que l'accumulation des éléments concrets définit une nouvelle strate de catégories, l'analyse s'est clarifiée, déplacée. Eh bien, on peut exiger que, à ce stade nouveau, l'intensité de l'analyse de l'antagonisme corresponde à son extension et à sa densité. C'est un effet optique que cette disproportion entre l'indication et le contenu de la recherche qui, maintenant, nous laissent insatisfaits devant la proposition marxienne d'analyser le lien marché mondial-crise. Mais si seulement, de façon très marxienne, nous remplissons cette forme des contenus théoriques que des siècles de lutte de classe au niveau mondial ont accumulés, nous comprendrons alors parfaitement que cette indication est tout autre que sans force. L'autre point c'est de regarder non pas tant la catégorie elle-même que sa formation tendancielle à partir de l'antagonisme de l'argent. Mais de cela, nous avons déjà parlé.

Nous sommes ainsi arrivés au bout de cette lecture du chapitre sur l'argent. Il me semble que les questions que nous nous étions posées au début ont trouvé l'amorce d'une discussion et suscité des questions, des raisonnements nouveaux à développer. Il me semble en particulier que l'on peut confirmer ici le jugement qu'on avait anticipé sur l'intérêt d'attaquer ce chapitre par l'argent. Quels sont donc, en effet, les avantages théoriques que comporte cette irruption de l'argent? Il me semble qu'on peut répondre sur plusieurs plans.

D'abord et surtout, en lisant simplement le texte. Il me semble que *le fait de proposer de façon immédiate l'articulation valeur-argent donne une concrétisation plus forte de la thématique de la valeur que ça ne s'était jamais produit chez Marx.* Le passage de la forme-argent à la forme-marchandise, des *Grundrisse* au *Capital,* n'ajoute que de l'abstraction et de la confusion; c'est une méthode plus idéaliste, plus hégélienne, – en dépit de toutes les déclarations et intentions contraires –, que celle qui attaque le problème par la question de la marchandise. En second lieu, en insistant sur l'argent, on n'autonomise pas, on ne sépare pas la théorie de la valeur. Nous verrons plus loin, – dans la *Leçon 4* – comment on ne peut pas parler de théorie de la valeur si ce n'est comme partie de la théorie de la plus-value : la réduction de la valeur à l'argent, tout en allant encore à l'encontre de toute tentation d'autonomiser la théorie de la valeur, constitue en même temps une bonne introduction à la suite de la recherche; elle nous met sur la bonne voie. L'argent est une chose concrète qui renferme l'ensemble des dynamismes et des contradictions de la valeur, tant du point de vue formel que matériel, sans posséder pour autant l'abstraction vide du discours sur la valeur.

D'un point de vue formel, l'argent peut décrire, et ici il le fait avec beaucoup de force, le *dynamisme de la tendance et celui de l'antagonisme.* Sur un premier plan, celui de la tendance, ce que souligne Marx est très juste : « L'argent étant lui-même la *communauté,* il ne peut en tolérer d'autres en face de lui. Mais cela suppose le plein développement des valeurs d'échange et donc une organisation correspondante de la société. » (*Fondements* I, p. 163/134.) Souvenons-nous aussi de ce que « sur la base du travail salarié, l'argent n'agit pas comme un élément dissolvant mais comme un élément productif ». (*Fondements,* I, p. 165 / /135.) Et voilà que le fondement de l'antagonisme apparaît clairement. Argent et division du travail, argent et exploitation, relation constante tendant à *approfondir la scission conséquente à l'extension :* tout cela nous est donné dans cette perspective qu'introduit et développe la critique interne de l'immédiateté de l'argent. Il n'est rien, du point de vue de la forme, que la théorie de l'argent ne nous donne de façon bien plus forte et colorée.

On en arrive ainsi à des considérations matérielles. Ici l'argent nous fait apparaître, à travers ses dynamismes spécifiques, la loi de la valeur comme crise. L'argent démontre que le mouvement de la valeur est pure précarité, que sa solidité n'est que tendancielle, et ne réussit à trouver une détermination que dans le mouvement incessant d'alternance entre la médiété sociale du travail nécessaire et sa surdétermination obligée. Il faut mettre l'accent sur ces raisons qui forment la base sur laquelle la théorie de la plus-value peut et doit se fonder. Mais celle-ci ne devient loi de la lutte de classe que dans la mesure où la loi de la valeur forme un horizon et non une catégorie autosuffisante. *Or l'argent représente bien cette réduction de la loi de la valeur à un simple horizon.* La théorie de l'argent permet, d'un côté, d'éliminer *le caput mortuum* de la théorie de la valeur : le rapport *valeur-prix.* C'est l'argent qui constitue immédiatement ce rapport interprétant l'oscillation entre la médiété sociale des valeurs du travail et la surdétermination sociale (étatique) des prix. L'argent représente cette oscillation en tant que telle, et, – hors de cette oscillation – il n'a pas d'autre réalité : l'argent est une oscillation constitutive qui médiatise et fait apparaître la valeur globale produite par le travail social. D'autre part c'est encore l'argent qui indique, en tant qu'il apparaît en tant qu'argent, en tant que « sensualité abstraite », le chemin que parcourt le *commandement capitaliste* sur la société, pour surdéterminer en permanence l'oscillation de l'exploitation. L'argent va nous permettre de comprendre comment la plus-value se consolide en commandement social, comment commander la crise est une situation normale pour le capital. Concentrer la recherche sur l'argent permet ainsi à Marx d'*innover radicalement par rapport à la théorie de la valeur des classiques,* suivant une double dimension : réduire la théorie de la valeur aux éléments de la médiété du travail social, et donc la définir comme oscillation, comme conflictualité, comme possibilité d'antagonisme.

Il s'agit maintenant de caractériser cet antagonisme. Ce n'est pas un hasard si l'analyse passe de la critique de l'argent (de la valeur) à celle du pouvoir. On a préparé le terrain pour que la théorie de la valeur puisse apparaître comme un point fondamental. Nous verrons que la plus-value elle-même ne régit rien, si sans cesse elle ne vérifie pas son pouvoir sur les oscillations, les crises, et l'antagonisme produit – en même temps que la richesse – par le travail social. Pour tenter sans cesse de les surdéterminer politiquement. Ainsi, en commençant par l'argent, les *Grundrisse* donnent par anticipation l'allure générale du chemin théorique qui mène de *la critique de l'argent à la critique du pouvoir.*

Leçon 3 :

LA MÉTHODE DE LA TENDANCE ANTAGONISTE

SOMMAIRE

*Hypothèses de lecture pour l'*Einleitung *(Cahier M). Méthode matérialiste et concept de production. Méthode et dialectique du concept général de production. La synthèse-scission dans la production et la forme particulière de l'agrégation dans la méthode de la dialectique et du matérialisme. Les trois premiers éléments de la critique de l'économie politique :* a) *l'abstraction déterminée;* b) *la tendance;* c) *le critère de la pratique. Pause autocritique dans le développement de la recherche méthodologique et problèmes. Quelques éléments en plus pour approfondir la théorie de la méthode :* 1. *L'* « ébauche sur la valeur »; 2. Bastiat et Carey. *Impossible cependant d'en sortir : la méthode prise entre la « tendance » et la « projection ». Un quatrième élément de la synthèse méthodique :* d) *déplacement et constitution. Conclusions critiques et problèmes en suspens.*

Le cahier M a été rédigé par Marx entre le 23 août et la mi-septembre 57. Publié par Kautsky, on l'a rappelé plus haut, il a été à nouveau publié – pour des raisons philologiques, l'édition kautskienne étant bourrée d'erreurs – conjointement à l'édition des *Grundrisse* à Moscou. Il me semble qu'avoir rapproché dans une même publication l'*Einleitung* et les *Grundrisse* ne manquait pas d'opportunité, pas simplement pour des raisons philologiques, mais du point de vue de leur contenu même. Lire *en même temps l'Einleitung et les Grundrisse permet de mieux comprendre les uns et l'autre*. Qu'il existe une continuité entre les deux textes, cela est démontré par la récurrence, la réapparition dans les deux, du même plan de travail, quelles que soient les modifications subies (voir ci-dessus *Leçon 2*). Que cette continuité ne soit pas simple continuité temporelle, qu'elle touche à la nature même des choses traitées, c'est ce qu'on se propose de voir ici. Il y en a qui nient toute continuité substantielle entre l'*Einleitung* et les *Grundrisse*. Vygodskij, par exemple, qui insiste sur les découvertes dialectiques des *Grundrisse*, sous-estime tout à fait l'importance méthodologique de l'*Einleitung* : selon lui, l'*Einleitung* ne serait que le résumé des études de Marx et de la théorie du matérialisme historique des années 40 et 50, elle n'aurait pas encore subi la greffe du matérialisme dialectique (qui mène à la théorie de la plus-value) qui détermine l'originalité, le véritable saut en avant des autres cahiers. Quant aux écoles françaises et italiennes, qui depuis des décennies se sont appesanties sur la méthodologie de l'*Einleitung*, il me semble qu'elles ne se sont même jamais posé de façon directe le problème de ses rapports avec les *Grundrisse*. En réalité, vu le caractère « délirant » de ces derniers, on a préféré éviter le problème et rapporter directement l'*Einleitung* au *Capital*. Et de conclure : la méthodologie de 57 est la méthodologie matérialiste du *Capital*, et donc l'*Einleitung* doit se plier à celui-ci. Ces deux points de vue qui s'accordent en substance pour ce qui est de limiter la méthodologie de 57 à un horizon strictement matérialiste ne me satisfont guère. Il est hors de doute certes, que le cahier M ne brille pas de cette tension politique et dialectique qui parcourt les autres cahiers; il est vrai également qu'on y sent lourdement les limites d'un matérialisme quelque peu grossier : mais, eu égard à ce qu'en dit Vygodskij, je pense qu'avec l'*Einleitung* on est déjà en plein dans le *saut théorique* qu'opèrent les *Grundrisse*, que les deux textes relèvent d'un même processus de création et qu'ils s'éclairent mutuellement; quant aux thèses des écoles italiennes et françaises, il me semble – en conséquence – qu'on doit les refuser et que le rapport qu'il y a entre l'*Einleitung* et *Le Capital* est identique à celui qui existe entre l'ensemble des *Grundrisse* et *Le Capital*. Je propose donc de passer maintenant à la lecture même du texte, où je vais m'efforcer de démontrer le bien-fondé de mes hypothèses, – j'insiste toutefois sur l'utilité qu'il y a à ne faire cette lecture qu'à la *Leçon 3*, après avoir déjà pénétré au cœur des choses avec la *Leçon 2*. Je continuerai à tirer chaque texte vers l'autre, dans cette leçon, mais aussi par la suite, au fur et à mesure de l'analyse.

« Examinons d'abord la production matérielle. » (*Fondements*, p. 11 / 5.) *Mais quel est ce concept de production?* Il n'y a pas de question plus classiquement philosophique que celle-là : pendant des siècles ces messieurs se sont renvoyés définitions réelles et définitions nominales. Mais tout nom possède toujours une réalité quelconque : le problème est que ce à quoi il se réfère ne soit pas mystifié. Dans cette recherche d'une médiation entre nom et réalité, les derniers « philosophes » par exemple semblent être tombés dans le piège de « l'apparence esthétique des petites et des grandes robinsonnades » : en réalité ils ne font que mystifier la production en faisant intervenir une anticipation, « en inventant » la production comme fonction politique de la société bourgeoise en devenir. Comment agencer nom et réalité correctement ? Éviter la mystification ne veut pas dire éviter toute projection politique, mais simplement lier cette projection politique à la réalité. La réalité va donc servir de crible à la politique : il n'y a qu'une politique réelle, vraie. Le XVIIIe siècle, ses « philosophes » mystifient la réalité, parce qu'ils plaquent l'individualisme sur le concept de production, se faisant en cela l'écho du projet politique de la société bourgeoise : et c'est faux. On ne peut aborder le concept de production qu'en partant de l'avènement de l'élément général, organique qui la fonde, qu'en partant du XVIIIe siècle. Mais une fois donné cela, une fois donnée cette pulsion générale, ce lien collectif qui définit le mode humain de produire, on n'a toujours rien conclu : réalité et nom restent toujours aussi éloignés l'un de l'autre et on risque de ne faire de la production qu'un nom générique. Certes « toutes les époques de production ont certains points et traits communs ». Mais cette « caractérisation des processus de production historiques » ne nous aide guère. Si *la production en général est une abstraction* elle est cependant « une abstraction raisonnée puisqu'elle souligne et précise effectivement les points communs et nous épargne donc la répétition. Toutefois, ces caractères *généraux* ou points communs dégagés par comparaison s'articulent dans la réalité de manière très diverse et se déploient en faisceaux originaux. Certains points sont de toutes les époques, d'autres sont communs à quelques-unes seulement. Tel point se retrouve à la fois dans l'époque la plus moderne et la plus ancienne. Sinon, aucune production ne serait concevable. Certaines lois régissent à la fois les langues très évoluées et d'autres qui le sont moins, mais si elles se développent, c'est à cause des éléments qui ne sont pas généraux et communs. Il est donc indispensable de bien dégager les caractères communs à toute production, ne serait-ce que pour éviter que l'unité résultant du simple fait de l'identité du sujet – l'humanité – et de l'objet – la nature – ne fasse oublier les différences fondamentales. Toute la sagesse des économistes modernes qui assurent que les rapports sociaux actuels sont éternels et harmonieux n'est qu'une forme de cet oubli ». (*Fondements*, p. 13 / 7.) Dans ce passage, il y a quasiment tout : il y a la construction du concept de généralité abstraite, sa détermination particulière *sur la base de la différence*, il y a la polémique contre toutes les conceptions qui visent à rendre éternel le conceptuel général en s'appuyant sur le matérialisme (contre les économistes, tout comme auparavant, contre les *philosophes* et leur idéologie annulée).

Jusqu'ici, toutefois, on ne peut dire qu'on ait là une grande originalité quant à la définition du concept. Un auteur matérialiste quelconque (même du XVIIIe siècle) ou tout simplement réaliste aurait pu dire la même chose. Il faut donc poursuivre. *De manière dialectique? Mais pour qu'existe la dialectique, il faut des sujets*. C'est là le point qu'il faut creuser. « De toute façon, il n'y a ni production en général ni production générale. La production est soit une branche productive *particulière* (par exemple l'agriculture, l'élevage, la manufacture), soit l'ensemble. Cependant l'économie politique n'est pas la technologie. Nous analyserons ultérieurement le rapport entre les caractères généraux de la production à un niveau social donné et les formes particulières de la production. Enfin la production n'est pas seulement une branche particulière, elle constitue toujours un corps social déterminé, un sujet social qui agit dans un ensemble plus ou moins vaste, plus ou moins riche de branches productives. » (*Fondements* I, p. 14 / 7-8.) On voit apparaître le concept de *totalité comme lien et unité des différences*. Il faut ici ouvrir une parenthèse (mais nous ne pouvons ici que juste l'indiquer) sur *le rapport entre totalité et subjectivité*. Trop d'auteurs se gargarisent de ce concept de totalité, qu'ils réduisent à l'intensité qui émanerait d'un noyau de détermination idéaliste, alors que, bien au contraire, la totalité est ici, très clairement, la structure subjective d'un sujet porteur. Dans le champ méthodique de Marx, le concept de totalité n'est jamais intensif. Il est extensif, organisé, finalisé par la détermination de l'abstraction. Le champ méthodique de Marx n'est jamais investi par le concept de totalité, c'est la *discontinuité matérialiste des procès réels* qui le caractérise. Ce passage cependant ne résout rien. Certes, la subjectivité confère à la dialectique de la structure matérielle un dynamisme très fort et lui donne de l'ampleur. L'exemple que Marx donne, reprenant une de ses vieilles idées, absolument juste – est celui de la réduction immédiate de la propriété et des formes juridiques d'organisation sociale en général, à cette structure sociale. *En somme, le matérialisme se subordonne ici à la dialectique*, s'en sert pour caractériser la totalité subjective (capitaliste) de la structure. Mais cela ne suffit pas : la dialectique est aussi impuissante que le simple matérialisme à définir la méthode révolutionnaire. Matérialisme et dialectique nous donnent la totalité et la différence, ainsi que le lien structurel qui les unit subjectivement. Mais cela ne suffit pas. Cela reste insuffisant tant que cette structure, cette totalité n'est pas scindée de l'intérieur, tant que nous ne réussissons pas à saisir *non pas* la subjectivité structurelle (capitaliste) mais la subjectivité, les subjectivités qui fondent dialectiquement la structure (les deux classes en lutte). « Production, distribution, échange, consommation forment un véritable syllogisme; la production, c'est l'universalité; la distribution et l'échange la particularité; la consommation l'individualité qui boucle le tout. » (*Fondements* I, p. 18 / 11 trad. mod.) Mais si ces éléments forment un tout, il faut alors définir la concrétude, la singularité, la différence de chaque élément du syllogisme. *La catégorie de la production,* dans les termes essentiels qui la distinguent, et avec la totalité qui la caractérise – véritable lien social de la réalité – *ne peut se constituer que comme catégorie de la différence,* de l'antagonisme. Voilà le chemin que nous devons parcourir. Accepter la totalité sans s'arrêter sur les antagonismes qui la composent c'est « ne pas saisir les différents moments de l'unité. Mais cette dissociation n'est-elle pas passée de la réalité dans les livres plutôt que des livres dans la réalité? N'est-ce pas plutôt une conception des rapports réels qu'un équilibre dialectique des concepts? » (*Fondements* I, p. 18 / 11 trad. mod.)

Dans cette discussion sur la formation d'une catégorie (celle de production en l'espèce), on est ainsi parvenu à en établir les bases matérialistes (contre l'idéologie du XVIIIe siècle), dialectiques (contre les économistes) et mettre l'accent sur la subjectivité de ses différents moments (contre les réformistes et les juristes). C'est une base solide mais encore insuffisante. Approfondissons donc encore les différences de la production, en nous attachant au rapport production-consommation, ce qui revient à dire au rapport universalité-individualité. D'un point de vue formel, ce rapport est circulaire : « Sans besoin, nulle production. La consommation reproduit le besoin. » (*Fondements* I, p. 20 / 13); « l'objet n'est pas un objet quelconque, il est bien précis et doit être consommé d'une façon déterminée, imposée par la production elle-même » (*Fondements* I, p. 20-21 / 13); « la production crée donc le consommateur. La production ne fournit pas seulement une matière au besoin, mais un besoin à la matière » (p. 21 / 14); « pas seulement un objet pour le sujet, mais encore un sujet pour l'objet » (p. 21 / 14). Mais la circularité du rapport va se trouver brisée. « Rien n'est donc plus facile pour un hégélien que d'identifier la production à la consommation » (p. 22 / 15). Mais on le sait, Marx n'est pas un hégélien; il laisse volontiers ce qualificatif au littérateur socialiste ou aux économistes vulgaires. Marx est marxiste, c'est-à-dire matérialiste et dialecticien (on a vu comment), mais par-dessus tout révolutionnaire. *Le rapport doit contenir en lui la possibilité de la scission,* il n'y a pas de catégorie qui puisse échapper à la possibilité de la scission. « Dans la société, c'est un rapport contingent qui relie le producteur au produit... le retour (du produit) au sujet dépendra de ses rapports avec les autres individus » (p. 23 / 15). « Les rapports et modes de distribution sont tout bonnement l'envers des agents de la production : l'individu qui contribue à la production par son travail salarié participe sous le mode du salaire à la distribution des produits créés dans la production. La structure de la distribution est entièrement déterminée par celle de la production. La distribution est créée par la production aussi bien en ce qui concerne son objet (car on ne peut distribuer que ce qui résulte de la production) que sa forme (car le mode de participation à la production détermine la forme spécifique de la distribution, autrement dit la forme sous laquelle on participe à la distribution). Il est donc tout à fait vain de ranger la terre dans la production, et la rente foncière dans la distribution, etc. » (*Fondements* I, p. 24 / 16-17.) Les « agents de production » : nous voilà de toute évidence au cœur de l'analyse. Le concept général de production brise les limites de sa définition matérialiste et dialectique pour en exalter *la subjectivité de ses éléments et leur rapport antagoniste.* Ce rapport antagoniste traverse le concept tout entier : « Avant d'être distribution des produits, la distribution est : premièrement, distribution des instruments de production et deuxièmement, ce qui est le prolongement du rapport précédent, distribution des membres de la société entre les diverses branches de production, autrement dit soumission des individus à des rapports de production déterminés. La distribution des produits résulte évidemment de la distribution existant au sein du procès lui-même et déterminant la structure de la production. Si l'on ne tenait pas compte de cette dernière distribution, on ferait de la production une abstraction creuse. La distribution des produits est donc donnée directement par cette distribution qui, de par son origine, est un élément de la production. » (*Fondements* I, p. 25 / 17-18.) Donc : « le rapport entre cette distribution et la production qu'elle détermine se situe manifestement, lui aussi, au sein de la production » (*Fondements* I, p. 26 / 18) ce qui signifie à l'intérieur « des conditions historiques qui influent sur la production et du rapport de cette dernière avec l'évolution historique ». (*Fondements* I, p. 26 / 18.) Ce même résultat auquel la recherche parvient à propos de la production et de la consommation, nous l'obtenons également si nous considérons l'autre rapport (du syllogisme des économistes) : le rapport entre production et circulation. Dans ce cas également l'identité se scinde en différence, et la différence se reconnaît comme antagonisme. « Nous ne conclurons pas que la production, la distribution, l'échange et la consommation sont identiques, mais que chacun d'eux est l'élément d'un tout et représente la diversité au sein de l'unité. » (*Fondements* I, p. 28 / 20.)

Différence, différences, antagonismes. Nous ne voyons pas comment lire autrement ces passages marxiens. *La catégorie de la production – comme celle de la valeur – dans sa généralité et son abstraction porte vivante en elle la scission possible.* La démarche dialectique s'ajoute à la démarche matérialiste non pour fournir la clé d'une solution totalitaire à la détermination mais pour reconnaître la totalité structurelle comme possibilité de scission. L'agrégation de la dialectique et du matérialisme s'opère dans l'*Einleitung,* dès le départ, sous la forme particulière de la scission. Il n'est nul besoin, entre autre, de sous-évaluer l'importance de la catégorie choisie pour donner un exemple de la méthode : la catégorie de la production. Est-il possible de penser que, quelles que soient les prudences de la terminologie, Marx ne se tienne pas, quand il s'agit de production et d'usine, d'un côté? Du côté des ouvriers? Peut-on ne pas voir la production comme scission, exploitation, crise? A moins de l'accuser de proudhonisme!

Le raisonnement fait ici un pas de plus : *« la méthode de l'économie politique »,* c'est-à-dire la méthode de la critique de l'économie politique. Marx fixe quelques critères sur ce point. Le premier principe est celui de *« l'abstraction déterminée ».* Elle consiste en l'affirmation méthodique qu'on ne peut fonder les catégories en partant naïvement du « réel » et du « concret » mais seulement du développement d'un « processus de synthèse » des données de l'intuition et de la représentation. La méthodologie naïve part du concret comme présupposé, la méthodologie marxienne prend *le concret comme résultat.* « La méthode scientifiquement correcte " prend " le concret parce qu'il est la synthèse de nombreuses déterminations, l'unité de la diversité. » (*Fondements* I, p. 30 / 21.) De cette façon plutôt que de faire se volatiliser la représentation concrète en une détermination abstraite, on réussit, au contraire, à construire « des notions déterminantes abstraites qui permettent de reproduire le concret par la voie de la pensée ». (*Fondements* I, p. 30 / 20.) On va donc de l'abstraction du concret à la détermination. Le procès cognitif interrompt les vains avatars d'un comportement scientifique qui fétichise l'objet : il sait au contraire que la détermination est le produit d'une approximation théorique qui utilise les abstractions, les polarités, les dimensions générales dans ce but. La vérité est un objectif. Il n'y a là aucun scepticisme épistémologique : « le sujet réel subsiste de manière autonome, en dehors de l'esprit. C'est pourquoi, dans la méthode théorique aussi, il faut que le sujet – la société – agisse constamment sur l'esprit en tant que donnée préalable ». (*Fondements* I, p. 31 / 32.) Aucun scepticisme épistémologique, mais au contraire la destruction de toute espèce de fétichisme du concret. L'agrégation théorique du matérialisme et de la dialectique devient ici *opérative :* ils sont intérieurs à cette réalité, que les déterminations concrètes et multiples tentent d'atteindre, se risquent à approcher à travers les abstractions. Il y a la volonté et l'intelligence, c'est-à-dire une pratique humaine et quotidienne, dans ce premier principe de la méthode. Mais cela ne me suffit pas : *Il y a là aussi le rapport entre valeur d'usage de la connaissance abstraite et besoin de transformation de la connaissance.* En somme, cette méthode de l'abstraction déterminée et des abstractions déterminantes nous jetant à l'eau de façon très cartésienne, nous indique « le chemin de la pensée abstraite qui va du plus simple au plus complexe », et qui en cela nous aide à découvrir, à inventer la réalité. Si je regarde bien – et je crois que cet élément n'a pas été suffisamment relevé dans l'histoire de l'interprétation et de la méthodologie du marxisme : le processus de l'abstraction déterminée, de l'approximation et de la conquête abstraite du concret est un *processus collectif,* un processus de connaissance collective. « Dans toutes les formations sociales, c'est une production déterminée qui assigne à toutes les autres leur rang et leur importance : les rapports essentiels jouent un rôle déterminant vis-à-vis des autres. On obtient ainsi un éclairage général qui irradie toutes les couleurs et en modifie la tonalité particulière : autrement dit chaque éther détermine le procès spécifique de chacune des formes d'existence. » (*Fondements* I, p. 36 / 27) : eh bien, le processus de l'abstraction déterminée est tout entier donné à l'intérieur de cette illumination collective prolétaire, c'est donc un élément de critique et une forme de lutte.

L'abstraction déterminée possède une dynamique. C'est le propre en fait de sa nature épistémologique que d'établir un rapport entre le simple et le complexe, entre ce qui est donné et ce qui est construit, entre fondation et projet. Le second élément constitutif de la méthodologie marxienne consiste en une interprétation de ce rapport : c'est *la méthode de la « tendance »*. Marx considère la catégorie de la « valeur d'échange » : c'est une catégorie bien concrète, dans notre société. Analysons-la de près : « cette catégorie toute simple n'a toute son intensité qu'au stade le plus développé de la société ». (*Fondements* I, p. 32 / 24.) « Ainsi bien qu'historiquement la catégorie la plus simple puisse avoir existé avant la catégorie la plus concrète, elle peut appartenir dans son complet développement intensif et extensif, à une forme de société complexe, alors que la catégorie était plus développée dans une forme de société moins évoluée. » (*Fondements* I, p. 33 / 24.) Que veut dire tout cela? Cela veut dire que le rapport entre le simple et le complexe est *un rapport* au plein sens du terme, et donc *un dynamisme,* qu'anime la subjectivité de l'Histoire, la dynamique collective qui en est la marque. Cela veut dire qu'il existe différents degrés d'abstraction : d'un côté l'abstraction qui cherche le réel dans le concret (l'abstraction déterminée), de l'autre, *le concret qui cherche dans l'abstraction sa détermination* (le processus de la tendance). C'est un mouvement historique que la production et la lutte de classe déterminent : qui va de la « première » à la « seconde nature », de la vérité première, immédiate, concrète à la vérité du renversement et du projet. « Ainsi donc les abstractions les plus générales ne surgissent qu'avec le développement concret le plus riche, et c'est alors que la grande masse, ou la totalité des éléments, se réduit à une même unité. C'est alors seulement qu'on cesse de le concevoir sous une forme particulière. » (*Fondements* I, p. 34 / 25.) C'est cela *le communisme dans la méthodologie,* la méthode théorique aussi peut se définir comme communiste : les *Grundrisse* nous montreront comment peut se concrétiser cette approche méthodologique de la définition de la révolution communiste. Comme il est abstrait alors de vouloir séparer l'*Einleitung* de la substance du développement de l'analyse marxienne!

« On commettrait une erreur, si on établissait la succession des catégories économiques dans l'ordre de leur historique. Tout au contraire, leur ordre est déterminé par leurs rapports au sein de la société bourgeoise moderne. On obtient alors exactement l'inverse de leur ordre naturel ou de l'ordre de leur développement historique. » (*Fondements* I, p. 37 / 28.) Et encore : « L'anatomie de l'homme donne la clé de l'anatomie du singe. » (*Fondements* I, p. 35 / 26.) Il est donc clair que la méthode de la tendance prévaut de façon décisive, dans le travail marxien, pour ce qui est de son épistémologie, sur la méthode généalogique. Nous y reviendrons plus loin. Ce qu'il est important de souligner pour l'instant c'est que, sur ce plan aussi, la méthode suppose une insertion dans un tissu réel dont la détermination ne peut se référer au contexte d'un simple individu. La méthodologie marxienne de ce point de vue aussi, est un *risque collectif.* La tendance n'est pas simplement ce qui permet de construire passivement les catégories à partir d'un legs historique, c'est surtout ce qui permet de lire le présent à la lumière du futur, pour faire des projets, pour illuminer le futur. Pour prendre des risques, pour lutter. Une science doit se plier à cela. Et si quelquefois il arrive que l'on soit singe, c'est seulement pour être plus agile.

La formidable portée du rapport entre l'abstraction et la détermination, entre l'abstraction comme vérification et l'abstraction comme projet trouve un moment de vérification scientifique : c'est le troisième élément de la méthodologie de l'*Einleitung*, c'est le « *vrai dans la pratique* ». Pour définir ce troisième critère de la méthode, Marx allie la méthode de l'abstraction déterminée à celle de la tendance, à propos d'une catégorie – celle du travail – qui se trouve au centre de l'ensemble de sa recherche. Or « le travail est, semble-t-il, une catégorie toute simple ». (*Fondements* I, p. 33 / 24.) Cependant – et voilà à l'œuvre la méthode de l'abstraction déterminée – conçu sous l'angle économique, dans toute sa simplicité, le « travail » est cependant une catégorie aussi moderne que les rapports qui engendrent cette abstraction pure et simple ». (*Fondements* I, p. 33 / 24.) L'analyse des rapports généraux qui comprend cette catégorie fait apparaître que cette unité, ce lien de la multiplicité est un élément dynamique, un entrelacement et *une résultante de forces subjectives*. Le concept de travail se déplace dans la réalité historique de l'économie vers des formes d'abstractions de plus en plus élevées : ce sont les rapports de production capitaliste qui déterminent ce mouvement. De sorte que, peu à peu, – voilà encore à l'œuvre la méthode de la tendance – la catégorie prend de l'ampleur, le travail devient « cette abstraction du travail tout court qui n'est pas seulement le résultat intellectuel d'une totalité concrète de travaux : l'indifférence à tout type déterminé de travail répond à une forme de société dans laquelle les individus passent avec facilité d'un travail à un autre et considèrent comme fortuit – et donc indifférent – le caractère spécifique du travail. Non seulement sur le plan des catégories, mais dans la réalité même, le travail y est devenu le moyen de produire la richesse en général, et il a cessé de se confondre avec l'individu pour former un tout particulier ». (*Fondements* I, p. 34 / 25.) Or, si on y regarde bien, « la catégorie abstraite du " travail ", " travail en général ", travail *sans phrases,* point de départ de l'économie moderne, devient vraie dans la pratique ». (*Fondements* I, p. 34 / 25.) Le « *vrai dans la pratique* » *c'est donc ce moment du développement de la catégorie où l'abstraction trouve un lieu de focalisation et attend la plénitude de son rapport dans la réalité historique.* Sans cette articulation de l'abstraction et de la tendance, sans ce moment où elle débouche sur la vérité de la pratique, sur l'histoire en chair et en os il serait impossible d'avancer de façon scientifique. « *Vrai dans la pratique* » *c'est la science qui devient concept de transformation, possibilité et actualité d'une force de transformation.* Les catégories marxiennes se forment dans cet entrelacs, leur mécanisme de formation ne peut fonctionner que lorsque la matière a été complètement travaillée par ces trois critères. « Cet exemple du travail montre d'une manière frappante que les catégories les plus abstraites, bien que valables pour toutes les époques, en raison de leur abstraction, n'en sont pas moins, si abstraites soient-elles, le produit de conditions historiques et ne sont pleinement valables que dans les limites de celles-ci. » (*Fondements* I, p. 35 / 25.) La catégorie se présente à ce stade comme « produit et validité », c'est-à-dire comme construction réelle et horizon scientifique. Prenons l'exposition du concept de « travail » comme concept de la production, « comme temps moyen socialement nécessaire ». Que cette définition du concept soit produite par l'histoire, cela est tout à fait clair : mais elle définit aussi l'horizon où se développe le concept, la clé de voûte de toute progression ultérieure des catégories. Nous verrons plus loin comment ce concept de travail une fois que l'exposition en a tracé les contours de façon définitive, que le mécanisme de la tendance en a montré toutes les articulations dialectiques que son évolution met en jeu, quand enfin il apparaît comme vrai dans la pratique, au cœur des luttes, – et bien nous verrons *comment ce concept saturé de subjectivité* se déplace encore et comment ce déplacement détermine des séquences ultérieures. Cette série de moments méthodologiques ne concerne pas seulement la catégorie « travail » (même s'il apparaît particulièrement utile de la prendre pour exemple) : elle concerne toutes les catégories de l'analyse marxienne. Ce n'est donc pas par hasard si c'est ici, dans ces pages (*Fondements* I, p. 37-38 / 28-29) qu'apparaît la première division de la matière à traiter, division à rapporter à la schématisation de la méthode.

« En conséquence, nous établirons notre plan comme suit :

« 1° Les notions abstraites et générales plus ou moins valables pour tous les types de société, en tenant compte des observations que nous avons faites à ce sujet.

« 2° Les catégories qui expriment la structure interne de la société bourgeoise et sur lesquelles reposent les classes fondamentales. Le capital, le travail salarié, la propriété foncière, leurs rapports réciproques. La ville et la campagne. Les trois grandes classes de la société. L'échange entre elles. La circulation, le crédit (privé).

« 3° La concentration et le rapport de la société bourgeoise dans l'État (considéré également en lui-même). Les classes « improductives ». Les impôts. La dette publique. Le crédit public. La population. Les colonies. L'émigration.

« 4° La production et les rapports internationaux. La division internationale du travail. Les échanges entre les différentes nations. L'exportation et l'importation. Le cours du change.

« 5° Le marché mondial et les crises. » (*Fondements* I, p. 38 / 28-29.) Il n'est donc pas difficile de voir comment Marx articule l'approche théorique et l'approche historique : c'est un processus qui va de l'abstrait au concret, et *ensuite,* au fur et à mesure que l'horizon s'élargit, que la tendance se développe historiquement, on va de nouveau de l'abstrait au concret, au toujours plus complexe. Ainsi en est-il du « marché mondial et des crises », moment où se socialise de façon définitive et totale l'antagonisme élémentaire qui est le moteur de tout l'ensemble[1]. *Le critère du « vrai dans la pratique »* redonne à la méthodologie matérialiste et dialectique toute sa dimension de subjectivité, d'ouverture, de fondement que nous avions déjà soulignée à propos du concept de « différence ».

Si nous considérons maintenant l'ensemble de la méthode proposée jusque-là dans l'*Einleitung* : nous devons souligner que le point de vue qu'elle propose a une énorme importance. En d'autres termes, le rapport entre *Forschung, Darstellung* et *Neue Darstellung* est ici parfaitement délimité et il faut reconnaître que *« die wirkliche Bewegung »* (le mouvement réel) devient le sujet effectif de la science. Il manque cependant encore quelque chose. Il est bien vrai que la méthode matérialiste qui considère l'objet comme étranger à l'esprit appartient à la science, est animée par la perspective que dessine la tendance et subjectivisée par le critère du « vrai dans la pratique ». Mais, une fois cela dit, il faut reconnaître ici l'irréductibilité du réel à une quelconque recomposition de l'idéalisme; le dynamisme du réel, ses lois et ses articulations ne sont assurées que par la « différence », par l'aspect fondamental du matérialisme historique – en tant que celui-ci peut être dynamisé et subjectivisé. Inversement, dans les *Grundrisse* le mouvement est assuré par l'antagonisme et l'importance directe qu'il a dans la formation de la catégorie : la différence se fait antagonisme, le cadre de la méthode est fortement détendu, éclaté en plusieurs dimensions. L'*Einleitung* n'atteindrait donc pas la maturité idéologique des *Grundrisse?* Probablement pas; elle prépare cependant toutes les conditions pour que s'effectue le passage où la règle de l'antagonisme devient règle fondamentale de toutes les catégories. Au surplus, l'*Einleitung* et les textes

1. *Le critère du « vrai dans la pratique »*, du dynamisme du rapport pratique, de la subjectivité historique de ce mouvement, est ici un élément de *définition et de discrimination.*

qui la jouxtent se réfèrent à ce passage final et parfois en parlent effectivement. Comment se présente cette perspective nouvelle? Anticipons un peu sur la réponse en notant que Marx lui-même, dans sa conclusion à l'*Einleitung,* semble avertir de cette difficulté. *« Art grec et société moderne. »* (*Fondements* I, p. 40 / 30-31.) Ces deux pages forment une pause et sont liées aux notes précédentes (*Fondements* I, p. 39-40 / 29-30) : elles définissent les problèmes classiques du matérialisme historique et soulignent à différents niveaux la difficulté d'une solution. Ainsi, Marx, avec cette pause, en fermant l'*Einleitung* sur des problèmes non résolus, semble apercevoir *la limite de la proposition du matérialisme historique* et entamer ici une réflexion qui, avec les *Grundrisse,* le conduira à donner une conclusion créatrice aux présupposés de l'*Einleitung* et d'une manière générale à parvenir au stade le plus avancé de la méthode.

Mais pour que la méthodologie de Marx parvienne à prendre la forme d'une conclusion, il faut que certains contenus puissent mûrir et que d'autres conditions se développent. Or, au terme du cahier VII (*Fondements* II, p. 37-38 / 763-764) nous possédons le début d'une *section sur la valeur* qui (mis à part la polémique philologique sur la place où elle doit être insérée) nous paraît particulièrement importante. Il nous semble opportun de la prendre en considération parce que la thématique de la valeur a une incidence directe sur l'articulation de la méthode et les catégories fondamentales, sur la caractérisation de ces catégories fondamentales, qui est justement notre problème ici. Marx, pour aborder la catégorie de la « valeur », met donc à l'œuvre la méthode : il insiste sur la dialectique de l'unité et de la différence qui définit la valeur. La différence de la valeur se donne comme valeur d'usage. Mais « la valeur d'usage entre dans le champ d'investigation (de l'économie politique) lorsqu'elle est modifiée par les rapports de production moderne » (*Fondements* II, p. 437

/ 763), lorsque donc elle est réduite à l'unité du procès. Ce qui est particulièrement intéressant, c'est toutefois de répéter cette démarche normale de la logique marxienne, autant que de voir la forme, l'intensité, la force de la différence considérée. C'est précisément cette potentialité qui permet à la différence de se transmuer en antagonisme. C'est ce terrain que Marx s'attache maintenant à reconnaître. « Bien qu'elles soient directement unies dans la marchandise, la valeur d'usage et la valeur d'échange se dissocient directement. Non seulement la valeur d'échange n'est pas déterminée par la valeur d'usage, mais la marchandise ne devient marchandise, ne se réalise comme valeur d'échange, qu'à partir du moment où son possesseur ne se comporte plus à son égard comme vis-à-vis d'une valeur d'usage. Ce n'est qu'au moyen de l'aliénation et de l'échange contre d'autres marchandises qu'il s'approprie des valeurs d'usage. Appropriation au moyen de l'aliénation, telle est la forme fondamentale du système social de production dont l'expression la plus simple et la plus abstraite est la valeur d'échange. » *Prémisse objective — présupposé aliéné : avec ce passage la différence se fait antagonisme.*

Ce n'est pas le lieu ici d'entrer dans le mérite de la discussion sur la valeur d'usage dans la pensée de Marx (c'est cependant un thème sur lequel nous nous arrêterons longuement plus loin. Pour l'instant, je conseille de regarder à ce sujet les pages si équilibrées de *Rosdolsky,* I p. 112-140, ainsi que les travaux d'Agnès Heller et de ses camarades de Budapest). Nous parlons ici de méthodologie et ce qui nous intéresse c'est de définir comment, selon quel mécanisme formel la différence se fait antagonisme. Eh bien, c'est la nature du rapport social, sa dimension capitaliste qui transforme la prémisse objective en présupposé aliéné, c'est-à-dire qui lui confère un dynamisme qui revient sans cesse le définir. La valeur d'usage ne devient catégorie de la critique de l'économie politique qu'en tant que « présupposé aliéné », – c'est-à-dire quand la dialectique de l'unité et de la différence s'amorce, relançant continuellement le mouvement, l'émergence à l'infini de la valeur. La valeur d'usage devient le « vrai dans la pratique » quand elle reconquiert son indépendance de présupposé à travers l'aliénation, à travers les phases sans cesse changeantes, – mais qui ne sont pas moins réelles – de l'appropriation moyennant aliénation.

Nous prendrons également en considération ici, dans le cadre de ce raisonnement, le texte qui s'intitule *Bastiat et Carey* qui occupe le début du cahier III (*Fondements* II, p. 545-556 / 843-853) et qui fut rédigé en juillet 1857 – avant donc l'*Einleitung* mais dans le cadre des polémiques qui constituent l'horizon de l'*Einleitung et des Grundrisse.* Il s'agit d'un compte rendu des *Harmonies économiques* (2e édition, Paris, 1851) de Bastiat : un compte rendu comme le sont ceux de Marx, c'est-à-dire un prétexte pour approfondir quelques thèmes, dont nous avons déjà trouvé quelques-uns dans les cahiers sur l'argent (cf. en particulier *Fondements* I, p. 194-196 et *passim*). En confrontant de façon serrée la situation de l'économie politique bourgeoise en France (Bastiat) et aux États-Unis (Carey) Marx a le moyen ici d'illustrer le fonctionnement de quelques lois de la critique – dont il m'intéresse de souligner les caractéristiques formelles et méthodologiques. La première loi que Marx cherche à dégager est celle qui concerne la tendance d'une société bourgeoise (comme celle des États-Unis) qui s'est développée de manière autonome, sortant des limites du mouvement du siècle précédent. Ici, alors, « les antagonismes de la société bourgeoise apparaissent seulement comme des moments transitoires ». (*Fondements* II, p. 545 / 844 trad. mod.) et l'État est immédiatement synthèse de la société civile : *le capital est immédiatement capital social.* La seconde loi que Marx pense pouvoir dégager est celle qui établit un parallélisme entre *centralisation du capital et centralisation de l'État*. Ce qui veut dire que la socialisation et la concentration capitaliste déterminent, aussi bien dans une société ouverte comme celle des États-Unis, que dans une société fermée comme celle du continent européen, la nécessité d'une expansion et d'une centralisation progressive du pouvoir d'État. Ce processus est directement provoqué par l'antagonisme de la production et de la circulation qui surgit de la concentration capitaliste. De sorte que « le dernier refuge des " harmonies économiques " est l'État, stigmatisé naguère comme seul trublion de ces harmonies ». (*Fondements* II, p. 548 / 846.) La troisième loi décrite est celle de l'*approfondissement,* toujours nécessaire, *des contradictions et des antagonismes au niveau du marché mondial* au fur et à mesure que la figure de l'État (national) devient centralisation (médiate ou immédiate) du capital. Les rapports généraux de la société bourgeoise « deviennent » discordants lorsqu'ils revêtent leur forme la plus développée : la forme du marché mondial : « ces discordances au niveau du marché mondial – conclut Marx – reflètent fidèlement les discordances définies sous forme de rapport abstrait dans les catégories économiques ». (*Fondements* II, p. 548 / 846-847.)

Il suffit de s'en tenir à cela pour voir que les catégories de la méthode marxienne, en ce moment de bonheur qu'est la fondation du système, sont à leur point de maturité : maturité surtout au sens où il s'agit d'une fondation dynamisée et contradictoire, où l'*antagonisme est le moteur du développement du système,* où il y a résurgence de l'antagonisme chaque fois que le projet, que l'histoire du capital progressent. Tout objectivisme matérialiste disparaît aussi : le rapport est ouvert dans la mesure où il se fonde sur l'antagonisme. On pourrait à juste titre objecter qu'ici toutefois le développement de la contradiction – et l'approfondissement de son antagonisme – s'en tiennent au niveau du capital, au niveau de catégories du capital et du développement, et qu'en conséquence la composante subjective du processus est sous-évaluée. Mais la recension de Marx se poursuit à propos de la théorie du salaire de Bastiat. On a là un *aperçu* de ce que pouvait être ce chapitre ou ce *livre sur le salaire*. A l'inverse de Bastiat et de sa stupidité, Marx insiste sur le salaire (travail salarié, classe ouvrière) comme force immédiatement révolutionnaire, comme moteur de toute possibilité de développement. « Dans toutes les phases historiques de transition, le travail salarié dissout et détruit les rapports où le travail était de toutes parts soumis à des normes fixes en ce qui concerne ses procédés, son contenu, son lieu, son volume. *Bref, il apparaît comme la négation de toute fixité du travail et de la rémunération.* » (*Fondements* II, p. 553 / 851.) Cette immersion dans la subjectivité (dissolution, destruction, mobilité, indépendance) donne une base nouvelle au sens de l'antagonisme des catégories du capital, l'expose de façon neuve, le conduit à un niveau de tension que les *Grundrisse* fixeront définitivement dans la théorie de la plus-value. *Même la méthode se trouve à ce moment dans l'attente d'une formulation achevée de la théorie de la valeur;* ce n'est donc pas que jusqu'ici sa formulation n'ait pas avancé très largement : il faut simplement attendre que tous les éléments recueillis s'assemblent de façon systématique.

Regardons bien : la formation de la méthode marxienne des *Grundrisse* est un processus qui non seulement ne se développe pas linéairement de l'*Einleitung* aux *Grundrisse,* mais qui ne le fait pas non plus à l'intérieur même des *Grundrisse*. Si l'on revient en fait un moment, sur certains des passages – qu'on a vus dans la *Leçon 2* – du *chapitre sur l'argent,* on peut prévenir à l'avance quelques retards et confusions sur la méthode. C'est clair surtout dans les passages où – voir dans le chapitre sur l'argent les textes rassemblés aux points B et D – la force qui tend à définir l'antagonisme est à son point extrême. Que se passe-t-il en fait dans ces textes? Il se passe que l'approfondissement de l'antagonisme dans les catégories fait apparaître un lien entre développement et crise capitaliste, lien qui sert de base au passage au communisme. (Cf. *Fondements* I, p. 96-102, 109-110, 110-111, 179-180 / 77-82, 88-89, 89-90, 148.) Or, ce lien qui opère un renversement n'a pas encore franchi le seuil critique où le processus devient subjectif. L'*antagonisme,* avons-nous dit, est très fort : mais *nous le voyons encore comme résultat d'une projection aussi bien que comme figure du saut dans quelque chose de nouveau,* comme figure de la liberté révolutionnaire. Dans ce discours sur le communisme, la *tendance se trouve aplatie au niveau d'une « projection ».* Nous n'insisterions pas sur cet aplatissement, qui est le signe d'une analyse insuffisamment poussée, si ce n'était que cette tentation mécaniste de la méthode surgit souvent dans les *Grundrisse,* réapparaît quand on s'y attend le moins. Par-dessus tout quand il s'agit de définir l'antagonisme ultime et décisif et de figurer le communisme. Et pourtant il ne semble pas que, dans ce cas non plus, on puisse s'en tenir là. On peut bien aplatir mécaniquement le thème de la tendance en « projection » idéologique : dans ce cas le problème du communisme risque de devenir de la science-fiction. Mais à l'inverse, il est important de souligner qu'on peut déplacer la thématique de la tendance vers le « vrai dans la pratique », vers la vérification subjective. S'il est permis de faire un jeu de mot, on devrait donc dire que la tendance des *Grundrisse* est d'exalter, au fur et à mesure, la tendance comme le vrai dans la pratique, comme subjectivité plutôt que comme projection. De nouveau, il faut ajouter que *la théorie de la plus-value, en s'élaborant, récupérera les tensions les plus fortes de la méthode marxienne;* et c'est nécessaire : le communisme ne peut être la correction des discordances du capital.

Quelles que soient les limites de son développement théorique, l'*Einleitung* reste cependant un texte exceptionnel sur la méthode. C'est ce qui ressort encore quand on examine *le quatrième critère de la méthode* qui, après ceux de l'abstraction déterminée, de la tendance et de la pratique, apparaît pour préparer et organiser le passage de la méthode à un niveau qui soit adéquat à la théorie de la plus-value, de l'exploitation. Nous appellerons ce quatrième élément le critère de la *« clarification » de la recherche* et du cadre théorique, ou bien du *déplacement du sujet,* ou bien encore *principe de « formation »* (de la structure). Le processus qui génère ce critère apparaît à la croisée des trois critères déjà élaborés dans l'*Einleitung,* et des éléments que nous avons commencé à voir dans le passage sur la valeur et le texte sur *Bastiat et Carey :* l'approfondissement de la « différence » dans le premier cas, qui se creuse jusqu'à lui conférer l'indépendance; l'insistance dynamique sur l'usage de l'alternance, sur l'usage méthodique de l'antagonisme, dans le second cas. Il est certes vrai que ce mouvement des catégories semble, à première vue, ne produire que des « projections », des tensions mécaniques de l'analyse. Mais à mon avis, toutes les conditions sont données pour un dépassement réel de ces limites – c'est dans la leçon sur la plus-value que nous pourrons suivre cet enrichissement du cadre méthodique et en même temps en vérifier les formidables effets. On pourra alors utilement vérifier ces présupposés et voir comment on peut les formaliser. Maintenant, si la nature systématique des principes méthodiques de l'*Einleitung* est évidente, leur dynamisme n'est pas moins évident : l'abstraction déterminée, la tendance, et « le vrai dans la pratique », sont des principes qui engendrent des catégories en mouvement, des principes qui permettent d'approcher non seulement l'anatomie mais encore la physiologie de la réalité, et pas simplement de la structure, mais aussi de la révolution de cette structure. *Mais la réalité n'est pas linéaire,* la dialectique n'est pas totalitaire, la démarche scientifique n'est pas intuitive, au contraire, la réalité se transforme continuellement et entraîne dans son mouvement, et avec elle, l'antagonisme des forces collectives qui exercent avec la connaissance, le pouvoir. Et ainsi, nous y voici : *les critères qu'on a vus jusqu'ici doivent se recomposer au sein d'un autre principe qui soit à la fois les grandes alternatives du cours de l'histoire,* ses changements qualitatifs, les sauts et les virages du réel, et *la participation des sujets* – comme causes et produits – de ce développement. L'horizon historique bouge : la catégorie définie par l'abstraction déterminée se modifie, la tendance se réalise ou se déplace, en tout cas est soumise à une forte variabilité, les sujets qui se meuvent dans ce champ et lui donnent une détermination pratique, sont eux-mêmes engagés, pour leur bonheur ou leur malheur, dans ce processus. Ce champ est toujours pluriel, varié, mobile : la connaissance qu'on en a, possède la vivacité et la passion de la lutte. *Le quatrième critère de la méthodologie marxienne apparaît comme la synthèse du caractère opérant de l'intervention méthodologique :* ce critère considère par-dessus tout, comme une prémisse positive, le déplacement du cadre théorique conséquemment au développement des luttes et de la modification des paramètres du conflit; il considère comme négatif la modification des termes dynamiques du processus, le déplacement de la subjectivité, de ses pôles, – dans le cadre théorique nouvellement stabilisé; pour synthèse il prend l'élaboration d'une nouvelle structure, et donc d'une forme nouvelle de l'antagonisme, d'une situation nouvelle qu'il faut soumettre à nouveau au critère de la pratique et au principe de transformation. *C'est donc le principe de constitution qui définit l'horizon à la fois central et radical de la méthode marxienne.* Si nous regardons comment se développe un principe, si nous suivons son mouvement dans toutes les directions, selon tous les paramètres qu'il comporte; si nous faisons attention à tous les niveaux qu'il faut prendre en considération, de façon symétrique ou non, mais à chaque fois en tout cas, aux signes d'une modification générale du cadre, de sa progression, et bien, nous voyons le principe de constitution se développer et s'affirmer. C'est un nouveau monde que celui qui s'est constitué, c'est une nouvelle réalité cognitive que celle qui se présente — *pour la transformation.* Que le principe de constitution dérive des autres règles de la méthode marxienne, c'est parfaitement clair : mais la nouveauté que ce principe introduit est tout aussi claire, parce que c'est lui qui fait que la tendance ne peut se réduire à être une projection, l'abstraction à une hypothèse de l'objectivité des catégories, le critère de la pratique au fétichisme réaliste de la continuité historique. Le principe de la constitution introduit dans la méthodologie la dimension du saut qualitatif, une conception de l'histoire réduite à un rapport de force collectif, donc une conception non pas sceptique mais dynamique et créative. Toute constitution d'une nouvelle structure est constitution d'un nouvel antagonisme. On peut suivre les différentes formes dans le développement et les considérer à la lumière du principe de constitution. *Le principe de constitution porte la crise au cœur même de l'analyse marxiste, de sa méthodologie, de même que le principe de la plus-value porte la subjectivité de l'antagonisme au cœur de la théorie.* Ce n'est donc pas par hasard que ce principe naît à cheval entre l'*Einleitung* et les *Grundrisse :* il est préparé dans la première et développé dans les seconds, parce que le chemin de Marx est, comme nous l'avons vu, au cours de cette période, totalement axé sur le problème de la constitution de la théorie de la crise comme théorie du capital, de la théorie de la plus-value comme théorie de la révolution. Le principe de constitution devient ainsi le critère fondamental pour analyser la *transformation,* la *transition :* la conscience du saut pratique à l'intérieur de la continuité de la théorie. Tel est donc l'horizon de la théorie marxienne : Marx au-delà de Marx? Il faudrait ici encore poser la question et railler toute orthodoxie qui voudrait se présenter comme science marxiste.

La vieille polémique sur la méthodologie marxienne et sur les rapports *Hegel-Marx* ne m'a jamais paru très intéressante. Que Marx soit hégélien, cela ne me semble vraiment pas être le cas : à condition seulement de lire Marx et Hegel. Que les œuvres de Marx soient pleines – débordent de références à Hegel est par ailleurs une évidence, il suffit pour cela de lire les *Grundrisse*. Si l'on voulait s'amuser un peu (et pas de cette façon absurde en jouant à la philologie à la manière des éditeurs des *Grundrisse :* Enzo Grillo exprime très justement son désaccord avec cette façon de voir dans sa préface), on pourrait voir que rien que dans les premières pages que nous avons regardées jusqu'ici il y a déjà une trentaine de références directes ou indirectes aux œuvres de Hegel, et qu'on y trouve déjà entièrement constituée cette attitude psychologiquement ambiguë où Marx d'un côté pêche largement chez Hegel et par ailleurs s'excuse de cette cargaison hégélienne. Nous pouvons prendre ici deux exemples : « La *valeur de marché* est toujours différente de cette valeur moyenne des marchandises : elle est tantôt au-dessus, tantôt au-dessous d'elle. La valeur de marché se ramène à la valeur réelle à travers l'équivalence avec un tiers : elle est constamment inégale à elle-même (Hegel dirait : ce n'est pas une identité abstraite, mais une perpétuelle négation de la négation, c'est-à-dire qu'elle se nie elle-même en niant la valeur réelle). » (Trad. mod. *Fondements* I, p. 71 / 56.) Ici (comme toujours sur cet argument, voir ailleurs, et en particulier p. 154), la référence à Hegel porte tout de suite sur le contenu au sens qu'elle aide la recherche et en permet l'exposition. Mais dans ces mêmes pages les références aux œuvres de Hegel se multiplient dans la terminologie, dans la formation des concepts. (à la *Phénoménologie,* p. 94 et 100 pour ne donner que quelques exemples, et à la *Logique,* p. 143). Et en second lieu nous trouvons cette autre affirmation : « Avant de passer à autre chose il faudrait corriger la manière idéaliste de l'exposé, car elle éveille l'impression qu'il s'agit seulement d'établir des catégories et de manier leur dialectique. Ainsi surtout la phrase : le produit devient marchandise; la marchandise, valeur d'échange; la valeur d'échange, argent. » (*Fondements* I, p. 87-88 / 69.) Corriger la manière idéaliste de l'exposition : il n'y a pas là d'indulgences pour les formes profondes de l'hégélianisme! Et alors? La polémique sur Marx-Hegel n'est qu'un prétexte : il suffit d'avoir mis une fois la main sur ce Marx pour comprendre immédiatement comment ces rapports représentent *chacun la face renversée de l'autre.* Parce que Marx est révolutionnaire, matérialiste et à nouveau révolutionnaire, politique, pratique, dans la méthodologie comme dans la partie la plus substantielle de son travail. Ce que nous venons de dire ne constitue pas une espèce de négation des limites présentes de la méthodologie marxienne, pour ce qui est de l'*Einleitung* — comme si nous subissions nous aussi les insinuations de l'orthodoxie qui ne voient d'absence de limites au marxisme que quand on nie les influences hégéliennes. Ce n'est pas ça. Les limites de la méthodologie de l'*Einleitung* ne tiennent en rien à l'hégélianisme, ce sont des limites qui se situent à l'intérieur du passage à la théorie de l'exploitation et la subjectivisation résolue de l'antagonisme, que Marx est en train d'accomplir. Par ailleurs ce sont des limites toutes relatives : peut-être inhérentes au statut même de l'approche méthodologique, à sa partialité constitutive, à sa forme plutôt qu'au potentiel de créativité que recèle cette méthodologie. Quoi qu'il en soit il faut opérer ce nouveau passage. Apprêtons-nous à en emprunter le chemin.

Leçon 4 :

PLUS-VALUE ET EXPLOITATION

SOMMAIRE

Sur la plus-value : plan de lecture des cahiers II et III. a) *De l'argent à la plus-value; l'approche politique. La tendance comme champ de l'analyse et les projets du* Capital. *Parenthèse sur une contradiction possible : le concept de travail productif.* b) *L'approche logique : A.M.A'., le développement du capital argent.* c) *La définition matérialiste de l'autonomisation du capital et du travail. Le travail comme source de la valeur : subjectivité et abstraction. Le chapitre « possible » sur le salaire : valeur d'usage, travail nécessaire et « ouvrier collectif ». Le caractère antagoniste de l'appropriation capitaliste. La théorie de la plus-value comme théorie de l'exploitation. Quantification de la plus-value : capital constant et capital variable. Le « capitaliste collectif » et la valorisation.* e) *Définition des concepts et articulation de la théorie de la plus-value : surtravail et plus-value, plus-value absolue et plus-value relative.* f) *Nouveaux problèmes. Plus-value et profit : vers une analyse de la crise. Préliminaires à propos du marxisme et du socialisme.*

Dans les cahiers II et III (nous considérerons surtout les p. 207-339 / 191-247 des *Grundrisse* I) Marx développe la théorie de la plus-value. Nous devons donc reprendre ici les choses au point où nous les avions laissées à la fin de la seconde leçon, quand l'argent nous était apparu comme la substance commune du travail salarié et du capital. Son pouvoir, qui s'exerçait dans la circulation, apparaissait d'un côté comme totalité du pouvoir, comme pouvoir sur et dans la production, de l'autre, comme universalité et indifférence, comme valeur au sens propre (valeur d'échange par autonomase, auto-désignation). Dans l'interstice de ces deux faces de la valeur-argent, se développe une dialectique qui ramène à une identité en termes quantitatifs, les différences qualitatives du processus. L'argent est ainsi la substance commune du travail salarié et du capital parce qu'il exerce son pouvoir sur ce rapport, et impose à ce rapport les règles de son propre fonctionnement. Mais ici, il faut faire un pas de plus. « Cahier III *Le capital.* » C'est le titre donné par les éditeurs des *Grundrisse*. Marx l'avait seulement intitulé : « L'argent comme capital » : il s'agissait en fait pour lui de faire un pas en avant et non un saut. Le changement de titre, note Rosdolsky (p. 125, note 1), risque de semer la confusion, parce qu'il met l'accent sur la différence entre les catégories (argent et capital) et donc sur leur côté statique, et non comme le voulait Marx, sur l'élément dynamique (l'argent comme capital). L'argent représente en fait la mobilité du capital, sa liberté de commandement et se réfère réellement (c'est-à-dire soit comme substance, soit comme représentant) à l'ensemble des métamorphoses du capital. C'est donc d'un pas en avant qu'il faut parler – d'un pas vers la théorie de la plus-value – sans fétichisme des catégories. D'autant plus que le rôle central de l'argent dans ce passage est fondamental. C'est à ce rôle que sera consacré la *première partie* de la lecture que je vais faire – et je tenterai de montrer ici comment le rôle central de l'argent fait ressortir les caractéristiques « pratiques » et donc politiques de l'approche théorique. Je diviserai ainsi mon exposé en cinq parties, traitant dans la *seconde* du passage de l'approche politique à celle tout simplement théorique, dans la *troisième* je tenterai de définir le concept d'ouvrier collectif et dans la *quatrième* celui de capitaliste collectif : c'est seulement dans la *cinquième* partie, muni de ces définitions que l'on parviendra à articuler plus complètement la théorie de la plus-value comme théorie de l'exploitation et à la poser comme centre maintenant et toujours, de la thématique marxienne. Je *conclurai* cette analyse en soulevant d'une part une série de problèmes théoriques, qui restent ouverts (de la théorie de la plus-value à la théorie du profit et de la crise), d'autre part une série de problèmes politiques que nous devons réexaminer à la lumière de cette lecture (les problèmes du socialisme et du communisme). Il n'y a plus qu'une chose à ajouter : au cours de cette phase de la recherche, nous verrons les éléments de la méthodologie marxienne telle que nous les avons définis jusqu'ici, se développer plus complètement et se tailler une place. Le mécanisme de la *Neue Darstellung* devient productif. Nous devons donc y prêter attention et souligner cette matérialisation de la méthode. On ne peut considérer comme le fait Rosdolsky par exemple, que la façon dont Marx introduit la question de « l'argent comme capital » (*Fondements* I p. 185-176/151-162) et sur laquelle nous nous sommes déjà arrêtés plus haut, se situe dans le simple prolongement des pages précédentes sur la « loi de l'appropriation dans l'économie marchande simple ». Du point de vue du thème, il s'agit plutôt d'une reprise de l'exposé systématique sur « l'argent comme argent » (voir *seconde leçon*) : en réalité on assiste plutôt ici à une opération de balisage du champ d'analyse qui devra concentrer toute l'attention théorique. Quels en sont les thèmes? *L'argent comme matière universelle* et l'idéologie qui en cache la réalité. L'argent, antithèse commandée et contrôlée ou bien l'argent réalité politique et commandement sur l'exploitation. L'*espace sur lequel se déploie l'analyse est donc politique.* On ne peut fonder la théorie de la plus-value qu'en partant du fait que l'exploitation structure la société politique, qu'elle en constitue la base. En affrontant le thème de l'argent comme capital – et en amorçant en conséquence, l'analyse du procès de production – Marx *fait du pouvoir la matière même de l'argent.* C'est là un mode d'exposition qui attaque et renverse notre façon habituelle de voir le développement de la pensée marxienne, – le politique, le pouvoir se situent selon cette tradition au terme de l'analyse du procès de production, ou bien selon une mode plus récente, on considère le politique comme carrément étranger à l'intérêt de Marx « économiste ». C'est tout le contraire! Ici l'avènement du pouvoir dans la plénitude de son fonctionnement politique global est au contraire premier. Comment s'en étonner? Tout ce que nous avons vu jusqu'ici, sur les motivations et incitations qui sont à l'origine des *Grundrisse* et de leur exposé méthodique, conduit à faire de l'élément politique le centre de la recherche. Et pas seulement cela : peu à peu l'exposé se concentre de plus en plus sur la spécificité du politique. Ce n'est pas tant la raillerie polémique contre « les socialistes » qui le démontre, que l'analyse de la crise et de la restructuration financière en cours, l'articulation « exploitation – État – marché mondial » qui sous-tend continuellement l'analyse. De l'exploitation en général du pouvoir à la plus-value, voilà la direction, *c'est une logique de classe que celle qui régit cet angle d'attaque de l'exposition.* Nous assistons, par rapport aux pages sur l'argent, dont les résultats sont cependant entièrement utilisés, à une clarification logique qui fait progresser la recherche qui, ainsi, aborde le thème de la plus-value, la critique de la production du point de vue du simple rapport entre les deux classes, médiatisé par la tendance « commandement – État – marché mondial ». Si comme nous le verrons encore plus d'une fois, le marché mondial se présente comme réalisation de l'hégémonie bourgeoise, c'est ce qui doit permettre de dessiner et d'analyser les rapports de classe (objectif poursuivi par la théorie de la plus-value) : la prégnance politique de ce fait. *De l'argent à la plus-value – voilà le parcours politique qui fournit des armes à la classe.*

Il faut remarquer que la pensée qui découvre l'argent comme moment fondamental, à placer au centre de l'analyse de l'exploitation, peut être reprise de différentes façons dans la lutte ouvrière. Ici, chez Marx, comme cela a déjà été dit, l'argent est pris sous la forme de l'hégémonie bourgeoise – comme horizon monétaire du commandement dans l'acception que le marxisme de la fin du XIXe siècle de Hilferding à Lénine rendra célèbre. Mais cette position de l'argent au centre du projet de pouvoir de la classe capitaliste, nous la trouvons chaque fois que *le capital doit assurer à nouveau son commandement sur la crise – sur l'insurrection de la valeur d'usage ouvrière.* Cette tension perpétuelle de l'argent vers le commandement est l'exact parallèle de l'insurrection ouvrière au niveau du marché mondial et constitue la tentative de restructurer la forme du pouvoir. Parce que l'argent n'est pas seulement une des formes dans lesquelles se métamorphose le capital, mais la forme générale de son commandement et du développement de ce commandement, la forme éminente sous laquelle la continuité de la valeur exerce son règne et avec lui, la continuité du commandement. La façon dont Marx aborde la théorie de la plus-value ne pouvait être plus prégnante et appropriée : de la forme générale du pouvoir à sa caractérisation du point de vue de la production, là où la forme générale, sociale, globale du pouvoir est celle qui caractérise le commandement, là où la spécificité productive est celle qui montre le lieu de l'antagonisme. Il est clair que si le chemin de l'aller est aussi généralisé, celui du retour sera d'autant plus généralisé et profond : *chemin qui ira de l'antagonisme apparent de la plus-value à la destruction de l'horizon du commandement, de la médiation, de la politique.*

Quelques pages plus avant (*Grundrisse* I, p. 211-212 / 175) au début donc de cette partie sur la plus-value, Marx propose à nouveau *un plan de travail pour analyser le capital,* un nouveau plan par rapport à celui proposé dans l'*Einleitung* (I, 38 / 138-139) et après les notes dans le *chapitre sur l'argent* (I, 168-169 / 138-139). Le voici : « I. 1. Notion générale du capital. 2. Forme particulière du capital : capital circulant, capital fixe (capital sous forme de moyens de subsistance, de matière première et d'instruments de travail). 3. Le capital sous forme monétaire. II. 1. *Quantité de capital. Accumulation.* 2. *Le capital, mesure de lui-même. Profit. Intérêt. Valeur du capital :* c'est-à-dire le capital distinct de lui-même sous forme d'intérêt et de profit. 3. *La circulation des capitaux : a)* échange entre capitaux; échange du capital avec les revenus; le capital et *les prix. b) Concurrence entre les capitaux. c) Concentration des capitaux.* III. Le capital sous forme de crédit. IV. Le capital sous forme de capital par actions. V. *Le capital sous forme de marché monétaire.* VI. Le capital, source de la richesse. Le capitaliste.

Après le capital, il faudrait analyser la propriété foncière; ensuite le travail salarié. Ces trois éléments étant supposés, on peut étudier le mouvement des prix, car la circulation est à présent déterminée dans tout son contenu. En outre on peut analyser les trois classes correspondant à la production sous ses trois formes fondamentales et présupposant la circulation. Puis l'*État* (État et société bourgeoise : les impôts ou l'existence de classes improductives; la dette publique; la population; l'État dans ses rapports avec l'extérieur : les colonies. Le commerce extérieur. Le cours du change. L'argent, sous forme de monnaie internationale. Enfin le marché mondial. La société bourgeoise domine l'État. Les crises. Dissolution du mode de production et de la forme de société fondée sur la valeur d'échange. Le travail individuel posé réellement sous une forme sociale et *vice versa*. Pourquoi ce plan est-il important? Parce que, à nouveau, comme dans l'*Einleitung*, la tendance de la production vers l'État, le marché mondial comme condition de l'analyse revient, non pas seule ou de façon préférentielle (ici diversement de l'*Einleitung*) en termes formels mais matériels (comme déjà, p. 169 / 139). Le marché mondial est la présupposition du tout et le support de l'ensemble. Le nouveau projet se situe donc au centre du seul terrain sur lequel la théorie de la plus-value puisse être fondée : ce terrain, qu'à travers l'argent nous avons défini comme *terrain du commandement*. L'État est le premier niveau de synthèse des contradictions de la production, le marché mondial en est la seconde forme synthétique, mais il est aussi, à nouveau, terrain de la crise et de la dissolution. Toute l'*analyse* devra tenir compte de cette tendance, et se clarifier *continuellement au rythme de la tendance*. Les trois classes comme « prémisses de la production et forme de la circulation » se situent dans le mécanisme du développement comme éléments qui sont eux-mêmes transitoires, s'il est vrai que l'antagonisme fondamental se présente, au niveau du marché mondial sous sa forme pure (antagonisme entre les deux classes) et sociale (socialisation et diffusion de l'antagonisme de la production à la circulation). Et encore : le « mouvement des prix » est conçu sur la base de la valeur produite globalement par la société. En somme, la masse de la plus-value est ce qu'elle contient de commandement : l'argent de nouveau, avec des articulations qui rendent l'antagonisme de plus en plus précis. Ce que nous voulons définir à ce niveau de développement de la tendance, ce ne peut être la théorie de la plus-value qui n'atteint pas le niveau de généralité qu'ont l'argent et le commandement. Ce ne peut être la définition de l'antagonisme, si ce n'est à ce niveau de radicalité. Les conséquences qui découlaient des projets du début et du cours du travail, viennent conforter Marx non seulement sur la cohérence d'analyse dans chaque passage en particulier mais surtout sur sa cohérence initiale et finale, là où *le résultat doit faire fonction d'autre chose que de présupposé*. Le résultat (crise et dissolution au niveau du marché mondial) doit faire fonction d'autre chose que de présupposé (antagonisme et lutte au niveau du rapport de production). L'argent c'est le fil noir qui tend comme un arc le commandement du capital, la théorie de la plus-value est le fil rouge qui doit refaire la même opération du point de vue ouvrier, du point de vue du renversement. « La seule *valeur d'usage* qui puisse constituer une opposition au capital c'est le travail (et plus précisément *le travail créateur de valeur, c'est-à-dire productif*). » (*Fondements* I, p. 220 / 183.) Suit une série de pages sur le concept de travail productif et improductif qui contiennent la première formulation d'une série de points théoriques et polémiques que nous retrouverons aussi bien dans les *Théories de plus-value* que dans *Le Capital*. Pourquoi mettons-nous en avant cette page pour la discuter alors que notre analyse veut s'en tenir à éclairer la dimension, le terrain, l'horizon sur lesquels se développe la théorie de la plus-value? Parce que *cette approche marxienne du travail productif semble contradictoire avec notre exposé* et son découpage. Il y a ici une contradiction qu'il vaut mieux discuter tout de suite. Or Marx soutient ici (et encore plus dans la note des *Grundrisse* I, 252-253 / 212) que seul est productif le travail qui produit du capital. « Le travail productif est seulement celui qui produit du capital »; « le travailleur productif est celui qui augmente directement le capital ». En conséquence, il est tout à fait stupide de considérer comme travail productif tout échange qui concerne *simplement* la circulation ou la consommation. « Pour l'essentiel et du point de vue de l'économie politique, la définition que donne A. Smith du travail productif et improductif est juste. Ce que lui opposent d'autres économistes, c'est ou bien du radotage (particulièrement ennuyeux chez Storch et Senior par exemple); ainsi chaque action a toujours d'une façon ou d'une autre, quelque effet, bref ils confondent le produit au sens naturel et au sens économique : notre voyou est, lui aussi, un travailleur productif, parce qu'il produit indirectement des manuels de droit pénal (il est aussi juste de prétendre que le juge est un travailleur productif parce qu'il protège *contre* le vol), ou bien les économistes modernes sont devenus de tels sycophantes du bourgeois qu'ils essayent de lui faire accroire que c'est une activité productive que de faire la chasse aux poux sur sa tête, ou de lui frotter la queue parce que cela lui rafraîchit les idées et le dispose mieux pour le travail de bureau du lendemain. » (*Fondements* I, p. 221 /184.)

Mais cette insistance sacro-sainte de Marx sur le travail productif comme travail immédiatement lié au capital, si elle a une *fonction politique directe,* qu'on peut difficilement nier, a aussi des *effets ambigus :* la conception de la plus-value semble ainsi se refermer entièrement à l'intérieur du niveau de la production, et toute la théorie se plier à cette atomisation de la valeur, du rapport de valeur que toujours, depuis la fin du XVIIIe, les critiques de Marx et de sa pensée ont pris comme objet d'une polémique scientifique et ont tenté de détruire politiquement. Nous avons déjà insisté sur le fait que la fonction de valeur ne peut exister qu'à un niveau général, aussi général que l'est l'argent : cela dans le développement de la tendance marxienne (tendance par ailleurs aujourd'hui largement réalisée). Il n'y a pas alors à conclure que la définition du travail productif que nous commençons à trouver dans ces pages des *Grundrisse* et que nous trouverons dans les autres œuvres, est une *définition pesamment réductrice* dans sa forme littérale. En ce qui nous concerne dans la forme littérale qu'elle prend, nous la refusons parce qu'elle est invalidée par un point de vue objectiviste, atomisé et fétichiste de la théorie de la valeur : point de vue qui est exactement celui qu'on voudrait attribuer à Marx pour en faire un vieux matérialiste du XVIIe siècle. Le seul mérite de cette définition marxienne, dans sa formulation littérale, est d'insister sur l'opposition ouvrière en tant qu'opposition politique, sur l'irréductibilité politique de la force ouvrière et de la révolution prolétaire.

Bien, mais alors repartons d'ici, et voyons s'il n'est pas possible dans le cadre d'ensemble de notre exposé, d'appréhender quelques termes qui nous permettraient d'avancer et d'amener ainsi également la définition du travail productif à ce niveau à la fois d'abstraction et d'antagonisme qui nous semble essentiel pour construire la théorie de la plus-value. Je dois dire tout de suite qu'il ne me semble pas impossible de libérer Marx, dans ce cas, du poids des conditions historiques qui l'amènent, pour les exalter dans le travail ouvrier, à restreindre à une définition aussi étriquée la conception du travail productif. En effet, si nous regardons toujours ces mêmes pages et que nous gardons en mémoire le passage sur lequel nous avions ouvert cette parenthèse, nous voyons que le travail productif se présente aussi sous un autre aspect : comme « valeur d'usage » ouvrière, comme travail d'une partie contractante de l'échange qui « s'oppose à l'autre comme capitaliste ». « Le travail n'est productif qu'en tant seulement qu'il produit son contraire » : mais cela c'est une façon comme une autre de parler du concept de plus-value! Alors, au-delà de la prééminence de certaines formes littérales par rapport à d'autres, c'est à cet aspect matériel du raisonnement et de la théorie qu'il faut se référer et sur lequel il faut asseoir la définition. C'est au niveau de l'abstraction du travail qu'il faut reprendre cette définition : « En fait ce travailleur (des branches de luxe) ne s'intéresse pas plus à la merde qu'il est obligé de produire que son employeur capitaliste, lequel se fout éperdument de ce qu'il fabrique. » (*Fondements* I, p. 221.) Et cela c'est le niveau de la tendance du développement du capital dans la production, dans la circulation productive ou non, dans la socialisation capitaliste, c'est le niveau de la société capitaliste et de sa constitution. Vu sous cet angle, comme élément constitué par la théorie de la plus-value et la dynamique de cette théorie, le concept de travail productif n'apparaît pas comme une limite du champ de l'analyse, de la nature générale de ce champ – ainsi que nous l'avions envisagé jusqu'ici.

Il est maintenant temps que nous entrions dans le mérite du discours marxien : « *Première section. Procès de production du capital.* » (Titre et section ne correspondent pas dans l'édition française. Début p. 197. Sans rupture avec le passage Bastiat et Carey, *Cahier II* – 197 / 162.) *N.D.T.* « *L'argent comme capital* est une notion plus complexe que celle de l'argent tout court. » (*Fondements* I, p. 197 / 162.) Mais dans la circulation simple la détermination de l'argent n'est jamais dépassée : « le pur mouvement des valeurs d'échange, tel qu'il s'effectue dans la circulation simple, ne pourra jamais produire le capital. » (*Fondements* I, p. 200 / 165.) « L'échange n'exige pas le renouvellement du procès des deux éléments, argent ou marchandise : ce n'est pas une condition de l'échange. L'acte peut se renouveler seulement jusqu'à son achèvement, c'est-à-dire l'échange ne peut se faire qu'à concurrence du montant de la valeur d'échange. Il ne peut s'amorcer lui-même. *La circulation ne renferme donc pas en elle le principe de son propre renouvellement. Ses éléments lui sont antérieurs,* ils ne sont pas posés par elle. Constamment les marchandises doivent y être de nouveau jetées à partir de l'extérieur, comme on entretient un feu avec du combustible. Sinon elle s'éteint dans l'indifférence. » (*Fondements* I, p. 201 / 166.) « Son existence immédiate est donc pure apparence : le véritable processus se déroule au-dessous d'elle. » (*Fondements* I, p. 201 / 166.) Ce processus qui se déroule au-dessous de la circulation, c'est la production. « La condition préalable " de la circulation " ce sont les marchandises (sous leur forme particulière ou sous leur forme générale de l'argent) qui sont la réalisation d'un temps de travail déterminée, et, en temps que telles des valeurs; sa condition préalable est donc à la fois la production de marchandises par le travail et leur production comme valeurs d'échange. Tel est son point de départ et c'est par son propre mouvement qu'elle revient à la production créatrice de valeurs d'échange comme à son résultat. » (*Fondements* I, p. 202 / 166-167.)

On va de *l'échange des équivalents, en passant par le procès de travail au procès de valorisation :* cela veut donc dire aller du capital au travail, cela veut dire A.M.A'. Mais en quoi consiste la valorisation, nous ne le savons pas encore. Nous la voyons apparaître, en des termes quantitatifs, dans la sphère de la circulation. Mais on ne s'explique pas l'argent. Certes l'argent est devenu l'argent d'un processus multiplicateur de lui-même et hors de lui-même. Mais on n'a pas expliqué grand-chose de la sorte. Nous ne pouvons dire *génériquement* que le travail est le fondement de cette multiplication : « Il est tout aussi impossible de passer directement du travail au capital que de passer directement des diverses races humaines au banquier, ou de la nature à la machine à vapeur. » (*Fondements* I, p. 206 / 170.) « Pour analyser le développement du capital, il ne faut pas partir (des mouvements) du travail mais de la valeur (d'échange) déjà développée dans le mouvement de la circulation. » (*Fondements* I, p. 206 / 170.) En somme l'approche logique nous montre la nécessité de faire un pas dans la définition du concept.

Nous pouvons, nous devons considérer le capital comme travail objectivé. Mais est-ce que cela nous permet aussi de comprendre la valorisation? *La théorie de la valeur permet-elle de cerner le mécanisme de la valorisation? Non. En aucun cas.* Quand on avance sur ce terrain, c'est là que « le capital n'est pas un simple rapport mais un *procès;* tout au long des diverses phases de ce procès il ne cesse d'être du capital ». (*Fondements* I, p. 205 / 170.) Ni donc une logique linéaire ni la simple extension conceptuelle du présupposé. Mais qu'est-ce que c'est que ce rapport si ce n'est pas non plus simplement celui de la circulation? Qu'est-ce que ce rapport qui se démultiplie non seulement quantativement, quant au résultat, mais également génétiquement, quant à la production? De sorte que la réalité du procès de valorisation est elle-même liée indéfiniment aux actes de l'échange qui définissent de façon productive la circulation de la valeur. Nous pouvons peut-être maintenant reprendre à nouveau la question du travail et commencer à voir s'il peut fonder cette valeur que la production prépare pour la circulation. Mais seulement à *condition d'avoir soumis le travail lui-même aux conditions de l'échange.* « Autrement dit : à l'origine, la valeur d'échange renfermait une quantité objectivée de travail ou de temps de travail : sous cette forme d'objet elle passait par la circulation jusqu'à sa transformation en argent, solide et palpable. La valeur d'échange était le point de départ de la circulation : elle lui était extérieure et la présupposait; la circulation elle-même posait pour elle le travail dont elle s'emparait pour l'entraîner dans son mouvement; elle doit à présent se poser elle-même. Cependant elle n'est plus maintenant un simple équivalent, ni un simple objet renfermant du travail; c'est une valeur d'échange objectivée et autonome, qui s'offre au travail et en devient la matière, à seule fin de se renouveler et de recommencer par elle-même la circulation. Il ne s'agit plus dès lors d'échanger de simples équivalences, ni de conserver une valeur identique, comme cela se produit dans la circulation, mais *d'accroître* la valeur. En tant que telle, la valeur d'échange ne se pose qu'en se valorisant, c'est-à-dire en augmentant de valeur. *L'argent* replié sur lui-même au terme de la circulation *perd sa rigidité en devenant capital : de chose tangible il est devenu procès.* Par ailleurs, le travail a modifié son rapport avec son objet : il se replie lui aussi sur lui-même. Mais ce repli signifie que le travail matérialisé dans la valeur d'échange pose le travail vivant comme moyen de sa reproduction, alors qu'à l'origine, la valeur d'échange n'apparaissait que comme un produit du travail. » (*Fondements* I, p. 210-211 / 174-175.)

Le travail ne peut donc se transformer en capital que s'il revêt la forme de l'échange, la forme de l'argent. Mais cela signifie que le rapport est un rapport antagonique, que *travail et capital se présentent dans l'échange* qui constitue leur synthèse productive comme *entités autonomes, indépendantes.* C'est cet antagonisme qui détruit l'apparence de la circulation simple : c'est cet antagonisme qui caractérise l'échange entre capital et travail. Il s'agit donc d'approfondir la nature de cet antagonisme, étant donné que seule cette analyse pourra permettre de comprendre la spécificité avec laquelle la théorie de la valeur se présente dans le capital, c'est-à-dire permettra de définir la théorie de la plus-value.

Donc « la condition préalable, c'est qu'il y ait le capital d'un côté et le travail de l'autre, les deux étant des figures autonomes et étrangères l'une à l'autre. Le travail qui fait face au capital c'est le travail d'autrui, et le capital qui se dresse en face du travail, c'est du capital *étranger*. Les extrêmes qui se font face sont *spécifiquement* différents ». (*Fondements* I, p. 216 / 177.) En quoi consiste cet antagonisme ? Il consiste dans le fait que le capital doit réduire à de la valeur d'échange ce qui est pour l'ouvrier de la valeur d'usage. Mais « la valeur d'usage que l'ouvrier offre au capital – et il ne peut en offrir d'autre – n'est pas matérialisée en un produit : elle ne peut exister en dehors de l'ouvrier, autrement dit, elle n'est pas réelle, car elle n'existe que comme possibilité, étant une faculté de l'ouvrier. Elle devient seulement réelle lorsque, sollicitée par le capital, elle est mise en mouvement par lui, car l'activité qui n'a pas d'objet n'est rien ou n'est tout au plus qu'une activité mentale; or, ici, il n'est pas question de celle-ci. Sitôt qu'elle reçoit son impulsion du capital, cette valeur d'usage est l'activité productive déterminée de l'ouvrier; c'est sa force vitale tournée vers un but précis et s'exprimant donc sous une forme déterminée. Dans le rapport du capital au travail, la valeur d'échange et la valeur d'usage entretiennent un rapport de réciprocité; d'un côté, le capital fait face au travail en tant que *valeur d'échange* et de l'autre le travail fait face au capital, en tant que valeur d'usage ». (*Fondements* I, p. 214 / 178.)

L'opposition prend donc deux *formes* : premièrement celle *de valeur d'échange contre valeur d'usage,* mais – étant donné que l'unique valeur de l'usage ouvrier est la capacité de travail, abstraite et indifférenciée – l'opposition prend aussi la forme *travail objectivé contre travail subjectivé.* Nous le verrons bientôt. Mais pour conclure cette première tentative d'approfondir l'opposition, je veux revenir à nouveau sur la *qualité autonome* des facteurs qui apparaissent dans la synthèse. La séparation du travail comme capacité, comme valeur d'usage immédiate est totale : son rapport avec la valeur d'échange, c'est-à-dire avec le commandement, la propriété, le capital est immédiatement forcé. Il faut insister beaucoup sur ce point, surtout si l'on pense à l'interprétation habituelle qui considère comme irrationnel le résultat de la civilisation capitaliste. Non, le résultat n'est irrationnel que dans la mesure où est irrationnelle et non de la main de l'homme, la fondation du rapport du capital, la clôture forcée d'éléments radicalement distincts. Le capital ne sait plus voir la valeur d'usage que comme un «chaos abstrait» qui s'oppose à lui, et la seule forme qui lui permet de lui donner une conclusion qui le ramène à lui-même, c'est la forme de l'irrationalité, « irrationalité folle qui est un facteur de la production et détermine la vie pratique des peuples ». (*Fondements* I, p. 216 / 180.)

Le point suivant à approfondir c'est la nature du travail salarié, son autonomie. Examinons alors un peu cette fois cette « maudite difficulté » qu'affrontent les économistes quand ils essayent de définir l'autoconservation et la multiplication du capital. Eh bien, à partir du moment où ce problème se pose avec des déterminations de fond et non en des termes purement accidentels, *nous ne pouvons remplir le vide créé par le développement du capital comme travail objectivé qu'en recourant à son opposé :* seule l'opposition peut mener l'analyse à son terme, et cette opposition ne peut elle-même consister en une marchandise particulière, parce que, en ce cas, le problème n'aurait pas de solution. Si donc « cette substance commune à toutes les marchandises n'est pas leur substance matérielle de caractère physique, mais leur substance commune de *marchandise,* c'est-à-dire de *valeur d'échange :* c'est qu'elles sont toutes du *travail objectivé* », « le seul travail qui se distingue dès lors du travail objectivé, c'est le travail *non objectivé* c'est-à-dire le travail encore à objectiver, le travail sous sa forme subjective ». (*Fondements* I, p. 219-220 / 182-183.)

C'est la première fois que nous rencontrons cette caractérisation du travail. Avec cela nous sommes entrés dans une phase centrale de l'analyse marxienne. La séparation travail-capital, c'était le premier moment; voilà maintenant le second, le *travail comme subjectivité,* comme source, potentiel de toute la richesse. Ce n'est qu'à partir de ces passages que la théorie de la plus-value peut s'élaborer : ces passages sont déjà partie de la théorie de la plus-value. Lisons donc ici une page qui nous paraît plus importante que n'importe quel commentaire : « La *dissociation* entre la propriété et le travail représente une loi nécessaire de l'échange entre le capital et le travail. En tant que *non capital* le travail a les caractéristiques suivantes : *a)* Il est du travail non objectivé, conçu de façon négative – mais pourtant toujours objectif : le non-objectif même sous forme objective. Il n'est donc pas non plus matière première, ni instrument de travail ni produit brut : le travail est séparé de tous les moyens et matières du travail et privé de son objectivité tout entière. Le travail vivant est donc *abstrait* des éléments de sa propre réalité (il est par conséquent non-valeur); ce dépouillement complet, cette privation de toute objectivité font que le travail existe comme pure subjectivité. Le travail est la *pauvreté absolue,* non seulement parce qu'il n'a pas de richesse objectivée, mais parce qu'il en est exclu. En d'autres termes, le travail est non-valeur, il est simplement valeur d'usage objective : sans un médiateur, cette objectivité reste attachée à une personne qui existe sans médiation : elle coïncide directement avec la personne du travailleur. Étant purement immédiate, cette objectivité est aussi non-objectivité immédiate. Autrement dit, l'individu n'a aucune objectivité en dehors de son existence immédiate. *b) Il est travail non objectivé, non-valeur, ce qui engendre un rapport positif.* Certes, le travail a d'abord un rapport négatif à lui-même : en tant que tel il est l'existence non subjectivée, donc non objective, c'est-à-dire subjective du travail même. Mais si le travail n'a pas d'objet, c'est une activité; s'il n'a pas une *valeur* c'est la *source vivante* de la valeur. La richesse générale est une réalité objectivée dans le capital, mais elle existe comme *possibilité générale* pour le travail, et elle se forge dans l'activité. Il n'est nullement contradictoire que le travail ait d'une part pour objet la pauvreté absolue, et d'autre part pour sujet et activité la possibilité générale de la richesse. » (*Fondements* I, p. 242-243 / 203 trad. mod.)

Mais ça ne suffit pas. Cette subjectivité du travail est celle du « *travail en général* (pur et simple), du travail abstrait : sa particularité lui est indifférente, car il doit pouvoir servir à n'importe quelle *destination* (absolument indifférent à toute détermination particulière mais capable de toutes les déterminations) »; elle est aussi « activité purement abstraite de plus en plus mécanique et donc indifférente à sa propre forme. L'activité est purement *formelle*, ou ce qui revient au même, purement matérielle, indifférente à sa forme, activité en général ». (*Fondements*, I, p. 243-244 / 204). Le paradoxe touche ici à son terme; ce n'est plus un paradoxe, c'est un développement dialectique d'une intensité exceptionnelle : *l'opposition détermine la subjectivité et cette subjectivité du travail se définit comme une abstraction générale. L'abstraction, la collectivité abstraite du travail est la puissance subjective.* Seule cette puissance subjective abstraite, ce long affinement de la force de travail dans son ensemble qui détruit la partialité du travail lui-même peut permettre au travail de se présenter comme puissance générale et comme opposition radicale. Dans ce passage la séparation du travail d'avec le capital devient bel et bien la qualité qui définit le travail. Les deux significations d' « abstrait », donc de

« général », et de « séparé » se trouvent réunifiées et renforcées dans cette subjectivité ouvrière créatrice, dans ce caractère qu'elle possède d'être source de toute richesse possible. D'autre part, la valeur d'usage en ce qu'elle qualifie au premier chef l'opposition capital/travail, se trouve elle-même absorbée dans ce premier essai de définition. Il y a là tout autre chose que les définitions humanistes et naturalistes de la valeur d'usage ! Il faut en vérité beaucoup d'ignorance ou de mauvaise foi totale pour réduire la « valeur d'usage » (au sens marxien) à n'être qu'un résidu ou un appendice du développement capitaliste ! Ici la valeur d'usage n'est rien d'autre que le côté radical de l'opposition ouvrière, que la possibilité subjective et abstraite de toute la richesse, la source de toute possibilité humaine. Toute multiplication de la richesse et de la vie est liée à ce type de valeur : il n'y a pas d'autre source de richesse et de pouvoir. Le capital pompe cet aspect au moyen de la plus-value.

Poursuivant l'analyse de cette opposition, on rencontre une autre détermination du travail en tant qu'il est séparé et antagoniste. *La valeur d'usage est du travail nécessaire* et vice versa. En quel sens ? Au sens où lorsque la valeur d'usage ouvrière se trouve changée par le capitaliste en valeur d'échange, lorsque ces deux entités autonomes doivent se confronter, d'une façon extrêmement serrée, il s'établit un rapport qui comporte une *mesure particulière :* la mesure du travail nécessaire à la reproduction de la force ouvrière acquise par le capitaliste et soumise au rapport général du capital. « La valeur d'échange de la marchandise n'est pas déterminée par l'usage qu'en fait l'acheteur, mais par la quantité de travail matérialisé en elle, c'est-à-dire en l'occurrence par la quantité de travail qu'il faut pour produire l'ouvrier. En effet la valeur d'usage qu'il offre existe uniquement comme faculté et capacité de son organisme : elle n'a pas d'existence en dehors de lui. C'est donc en lui que se trouve matérialisé le travail nécessaire à la conservation et au développement de la substance qui renferme sa capacité particulière de travail, c'est-à-dire de lui-même. Ce travail matérialisé dans l'ouvrier mesure en général la quantité de valeur – somme d'argent – qu'il touchera dans l'échange. Nous n'avons pas à analyser davantage ici la manière dont on mesure le salaire : pour toutes les autres marchandises on tient compte du temps de travail nécessaire à leur production (dans notre cas à la production de l'ouvrier en tant que tel). » (*Fondements* I, 232 / 193-194.) Le fait que la valeur d'usage ouvrière soit réduite par le capital à cette délimitation de l'échange n'en modifie ni la qualité ni le rapport : l'ouvrier en fait « n'est pas lié à des objets particuliers, ni à un mode spécifique de satisfaction de ses besoins. Il n'est pas exclu qualitativement – mais quantitativement – de la sphère de la jouissance. C'est ce qui le distingue de l'esclave, du serf, etc. » (*Ibidem,* 233 / 194.) « En réalité, l'essentiel pour l'ouvrier c'est que l'échange ait pour but la satisfaction de ses besoins. Ce n'est pas la valeur d'échange en tant que telle qui détermine l'échange, mais la satisfaction de ses besoins. » (*Ibidem,* 233 / 195, trad. mod.)

Valeur d'usage-travail nécessaire-besoin immédiat et satisfait : la relation s'élargit. Elle s'élargit tellement qu'on pourrait penser qu'on va trouver là l'antagonisme entre ouvriers et capital, réapparaissant à son point de maturité en termes d'antagonisme de classe. Marx frôle cette idée quand dans ces pages il rejette sarcastiquement les offres d'abstinence, d'épargne et de participation que l'idéologie du capital propose aux ouvriers pris un à un mais non aux « ouvriers *en général* » c'est-à-dire en tant qu'ils sont *ouvrier collectif.* (« Ce que l'ouvrier peut individuellement réaliser ou réalise pour dépasser sa condition à la différence de son espèce, ne peut que constituer une exception... » *Ibidem,* 235 / 196.) Nous voici de la sorte *au cœur de la problématique du salaire relatif,* et même si Marx ajoute à propos de ces thèmes « qu'il faudra (en) parler dans la section consacrée au *salaire* » (*Ibidem,* 238 / 199) (et nous examinerons plus loin l'ensemble de ces éléments qui doivent constituer ce chapitre *sur le salaire et la classe ouvrière*), il n'en pose pas moins quelques jalons. Quels sont-ils? En premier lieu le travail nécessaire tel qu'il s'exprime de façon mystifiée sous la forme monétaire du salaire est une valeur d'usage immédiate pour la classe ouvrière. Par la suite, ce niveau nécessaire est continuellement restauré par le capital. Voici le second point : au sein même de cette restauration, il y a un rapport dynamique, une tentative de la classe ouvrière de réaffirmer la consistance indispensable de sa propre composition, strict pendant de la face du capital qui tend lui constamment à sous-évaluer l'ouvrier et son travail nécessaire. Cette reconstruction de l'équilibre entre capital et travail nécessaire (et salaire) se stabilise *réellement* et non pas idéologiquement. Les conseils d'épargne aux ouvriers sont certes ridicules, mais non le fait que l'opposition ouvrière, la lutte prolétaire tentent continuellement d'élargir *la sphère du non-travail,* c'est-à-dire la sphère de leurs propres besoins, la valeur du travail nécessaire : « la participation de l'ouvrier à des jouissances plus élevées, voire d'ordre intellectuel, l'agitation pour ses intérêts propres, la presse et les conférences, l'éducation de ses enfants, le développement de ses goûts, etc., bref la seule participation possible à la civilisation – par quoi il se distingue de l'esclave – tout cela n'est possible que s'il accroît la sphère de ses jouissances ». (*Fondements* I, p. 236-237 / 197-198.) Ce qui revient à dire quand *il élargit ontologiquement sa valeur d'usage, quand il accélère la hausse de la valeur du travail nécessaire.* Tout cela en termes collectifs, abstraits, généraux.

Le chapitre sur le salaire doit aborder ces thèmes. Nous verrons plus loin derechef lesquels et selon quelle modalité. Pour l'instant nous ne pouvons que déplorer encore une fois l'absence de ce chapitre dans l'œuvre de Marx (comme nous l'avons signalé, les pages du livre I du *Capital* ne peuvent être considérées comme telles si ce n'est en ce qui concerne la problématique de la lutte sur la journée de travail et des effets qui découlent de sa restructuration). Il ne nous reste plus qu'à le regretter car il est évident que *le chapitre sur le salaire* trouve sa source dans cette phase d'instauration de la théorie de la plus-value : ç'aurait été un chapitre sur la classe ouvrière, sur les niveaux de besoins, de jouissance, de lutte, de travail nécessaire. En somme le *chapitre sur le salaire aurait été le chapitre sur le non-capital, donc sur le non-travail.* « Le seul non-capital c'est le *travail.* » (*Fondements* I, p. 222 / 185.) Dans les *Grundrisse* le rapport capitaliste est antagoniste au plus haut degré. L'appropriation capitaliste revêt la forme d'un antagonisme définitif. Ce dernier trouve son origine dans le rapport de scission qu'entretiennent valeur d'usage et valeur d'échange, – rapport de scission dans lequel deux tendances se libèrent de l'unité à laquelle elles étaient contraintes : d'un côté la *valeur d'échange s'autonomise dans l'argent et dans le capital, de l'autre la valeur d'usage s'autonomise comme classe ouvrière.* Il va donc falloir maintenant poursuivre en affrontant le problème de la plus-value dans toute sa spécificité, c'est-à-dire porter la scission à l'intérieur de la journée de travail de l'ouvrier collectif. Reprenons donc quelques points particulièrement importants et voyons les éléments qui en dérivent et qui permettent d'avancer certaines conclusions à ce stade de la recherche.

En premier lieu, il faut insister sur le moment de l'antagonisme. Quand nous parlerons de la crise nous verrons comment en dernière instance, complétant et dépassant ses analyses de la réalisation et de la circulation, Marx fait résider la *cause fondamentale de la crise dans le rapport entre le travail nécessaire et la plus-value,* c'est-à-dire dans le rapport entre les différentes parties qui constituent la journée de travail et dans le rapport de classe qui la fonde. Les péréquisits de cette conclusion sont déjà remplis : nous les avons lues dans la critique que Marx fait de l'abstinence. (*Fondements* I, p. 233-240 / 195-200.) Marx insiste en outre directement sur la « séparation chronologique » des deux éléments qui forment l'échange travail/capital, et pour qui connaît l'attention qu'il porte aux discordances du cycle, c'est un point extrêmement important. (*Fondements* I, p. 222 / 185.) Mais il faut avancer à ce propos une autre déduction encore, une déduction qui relève de *la théorie de la catastrophe,* entendue au sens marxien comme actualité du communisme, plutôt que de la théorie de la crise. Et c'est là ce que nous, nous déduisons, à savoir qu'à un tel degré d'antagonisme, il est nécessaire *d'en finir avec toute conception qui prétend lier le développement des forces productives* (ou de la force productive du travail humain) *avec le développement du capital.* La capacité que possède le capital d'absorber les forces productives est purement historique, Marx dirait « occasionnelle », c'est-à-dire qu'elle n'est pas dotée d'une force rationnelle, mais au contraire d'une charge « irrationnelle », là où l'antagonisme qui caractérise la formation du rapport est enclin à se rompre, à se scinder, à exploser. Depuis 1857 beaucoup d'eau est passée sous les ponts de l'histoire : il faut dire que si cette eau ne charrie pas le cadavre du capitalisme, s'il est stupide de rester sur le pont à en guetter le passage, attendre avec la confiance du positivisme que le rapport entre les forces productives et le capital s'approfondisse sous la forme du socialisme dénote d'une attitude tout aussi pourrie par les eaux pestilentielles de notre fleuve industriel. Dans Marx, dans ce Marx qui est au-delà de Marx et qui donne une définition aussi nette de l'antagonisme, nous, nous lisons la chute de ce rapport! L'antagonisme du rapport de capital n'est pas simplement destructeur. Si l'on approfondit le sens du discours marxien on en arrive à poser la tendance antagonique de classe comme gagnante. Le côté de la classe ouvrière, c'est celui du travail comme non-capital. Loin de nous, nous l'avons répété souvent, toute conception qui proposerait le développement de la classe comme « projection ». Ce n'est pas cela que nous cherchons; ce n'est pas la continuité mais le saut qui distingue et oppose la classe ouvrière en tant que classe révolutionnaire. Ajoutons qu'il existe toutefois certains moments de médiation dans ce processus qui procède par saut. Dans les pages que nous avons lues, Marx a caractérisé la classe ouvrière comme une très puissante subjectivité, qui est à la fois valeur d'usage collective et travail nécessaire, comme une essence historique et sociale à laquelle on doit d'un côté « la réparation de ses forces et leur entretien pour se conserver en tant que classe » (*Fondements* I, p. 271 / 222); d'un autre côté cette même classe ouvrière se distingue dans son être social par son statut particulier : sa valeur d'usage est créatrice; elle est la source unique et exclusive de la richesse. Nous sommes par conséquent *exactement au cœur d'une première définition de la dynamique de la classe ouvrière,* où son essence créatrice de valeur s'engage dans une lutte continuelle qui a pour résultat d'un côté le développement du capital et de l'autre l'*intensification de la composition de classe,* l'élargissement de ses besoins et de ses jouissances, l'élévation de la valeur du travail nécessaire à la reproduction. Et puisque le capital se trouve contraint de réprimer et de sous-évaluer cette force productive de la classe ouvrière, et de canaliser la poussée qu'elle exerce en intensifiant sa propre composition (N. B. la voie de l'intensification de la composition organique du capital passe par cette répression), voici alors que la lutte, l'antagonisme fondamental qui se transforme pour se déployer en lutte prolétaire, constitue enfin la clé de la progression de l'histoire. Ne serait-ce que par cette définition préliminaire de l'antagonisme, la théorie de la plus-value reste donc la loi la plus importante des mouvements de développement capitaliste : *seul l'antagonisme détermine le mouvement;* le capital est le « procès de la différenciation et de l'abolition de celle-ci, le capital devenant ainsi procès ». (*Fondements* I, p. 246 / 205-206.)

La loi de la valeur commence à prendre la forme de la loi de la plus-value quand l'antagonisme des sujets s'accentue fortement. Mais elle ne se définit vraiment en termes propres qu'au moment où le procès de travail est subsumé dans le capital. *La théorie de la plus-value est par conséquent immédiatement théorie de l'exploitation.* Aucune des illusions que laisse encore planer la théorie de la valeur ne survit avec la théorie de la plus-value. Le pouvoir créateur du travail s'il avait toute liberté ne tiendrait certes pas à définir le capital : l'exploitation seule, comme commandement généralisé sur la société, détermine *à la fois la valeur et la plus-value.* Le niveau de l'antagonisme initial est tellement fort que seules l'exploitation, la contrainte, la force peuvent parvenir à en venir à bout. « Le travail n'est pas seulement valeur d'usage qui s'oppose au capital, il est la valeur d'usage même du capital. » (*Fondements* I, p. 245 / 205, trad. mod.) Voilà le moment où naît la théorie de la plus-value. Il est évident qu'on parle ici du travail tel qu'il a été défini dans l'ensemble des pages qui précèdent : comme *travail social, abstrait, moyen.* Plus ces caractéristiques s'accentuent, plus le travail est apte à produire de la plus-value. Le discours marxien s'arrête longuement sur cette détermination de la plus-value, sur le fait qu'elle prenne sa source dans la nature créatrice du travail. Cette insistance va de pair avec l'aspect de l'argumentation politique qui régit toute l'analyse. Tout se trouve en réalité prédisposé de façon à ce que la définition quantitative de la plus-value, la division de la journée de travail en deux parties (*travail nécessaire* et plus-value) n'apparaissent pas comme des éléments purement de doctrine mais comme des armes pour la lutte ouvrière.

Quand de la plus-value commence à être produite,

cela signifie que l'existence ouvrière se trouve définitivement résolue par le capital. La valeur d'usage se trouve réduite aux limites du travail nécessaire, à la conservation et à la reproduction de la classe ouvrière. Le reste de la valeur d'usage du travail ouvrier est complètement subsumé par le capital et produit pour cela de la plus-value. Fonction du travail pour ce procès de production et capacité du capital de subsumer ce procès sont aussi exclusifs l'un de l'autre. *Toute existence alternative au commandement du capital est brûlée dans le processus de production.* Y compris celle des matières premières et des instruments. « Ce n'est pas non plus le capitaliste – mais le travail – qui y est consommé. En ce sens encore, le procès de production du capital n'est pas procès de production du capital mais procès de production tout simplement. *A la différence du travail,* le capital ne s'y manifeste que sous la forme substantielle de la *matière première* et de l'*instrument de travail.* » (*Fondements* I, p. 250 / 210 trad. mod.) Instruments de travail et matières premières ne sont en réalité eux-mêmes que du travail objectivé, et l'apparence générale du capital, en tant que capital constant, est simplement une fonction de sa réalité d'ensemble (*capital constant et capital variable* tous deux commandés par la catégorie du capital comme tel). Une fois l'unité du commandement, son unicité (procès de production en général) et les concepts de capital constant et capital variable établis, on peut *quantifier la plus-value* de façon définitive. « Comment la plus-value naît-elle donc dans le mode de production? Marx a déjà rassemblé toutes les conditions nécessaires pour résoudre ce problème, il ne manque encore que la division du capital en capital constant et capital variable. Il n'utilisera ces termes que plus tard, mais en fait cette différenciation est déjà présente dans l'analyse des conditions d'existence de la plus-value. En comparant l'excédent de valeur qui résulte du débit de travail vivant, avec la valeur de la matière première, des matières auxiliaires et des instruments de travail (le capital constant!) Marx pose donc le problème du rapport entre la valeur que le capital paye à l'ouvrier sous la forme du salaire (le capital variable!) et la valeur que le travail vivant crée dans le processus de production. Il n'y a évidemment de plus-value que quand la première est inférieure à la seconde. » (*Vygodskij*, p. 69 – mais à ce sujet voir aussi Rosdolsky, p. 255 et sq. – 414-415.)

Quantifier la plus-value, cela signifie alors considérer que le procès de travail produit une valeur globale dont une partie sert à reproduire la classe ouvrière, et l'autre comprend tous les éléments de la reproduction du capital et son agrandissement gigantesque. Rien ne peut échapper à l'unité du commandement et de l'organisation du capital : tout ce que le travail, comme valeur d'usage, comme travail nécessaire, comme source de valeur, produit *est objectivé et commandé par le capital.* « Les parties constitutives du capital que sont les matières premières et les instruments de travail représentent eux aussi du travail objectivé, c'est-à-dire un *produit.* » (*Fondements* I, p. 247 / 206.) Et le travail? Lui-même « n'est pas seulement consommé, il se fige et se matérialise dans un objet : son activité devient existence ». (*Fondements* I, p. 248 / 208.) Tout cela fait « fermenter » le capital et au cours de cette fermentation *tous les éléments de l'antagonisme initial se trouvent transmués :* la valeur d'usage du travail est valeur d'usage du capital, le travail nécessaire est commandé par le capital comme salaire. Quantifier la plus-value n'est donc possible qu'ici, parce qu'il n'y a que le capital qui puisse la quantifier quand il s'est approprié de tout le procès de production. Si cela ne s'était pas produit, il n'y aurait pas de quantification. Il n'y a pas de quantification possible de l'antagonisme. Il n'y a que l'exploitation qui rende possible la quantification, qui lui donne un sens.

« Il convient de mettre en évidence ici un élément qui ne découle pas seulement de l'observation, mais du rapport économique lui-même. Dans le premier procès l'échange entre le capital et le travail – le travail en tant que tel, existant pour *soi,* est nécessairement incarné pour l'*ouvrier*. Il en va de même ici, dans le second procès. Le capital se présente, lui, comme une valeur existant pour elle-même, pour ainsi dire *égocentrique* (ce qui, dans l'argent, est simple tendance). Mais le capital existant pour lui-même, n'est-il pas le *capitaliste?* Divers socialistes affirment cependant qu'ils ont besoin du capital mais non des capitalistes. C'est supposer que le capital n'est qu'une simple chose et non un rapport de production qui, réfléchi en lui, est le capitaliste. Certes, je peux séparer le capital de tel ou tel capitaliste et le faire passer en d'autres mains. Mais, privé de son capital, il perd sa qualité de capitaliste. On peut donc distinguer le capital de tel capitaliste, mais on ne peut le distinguer du capitaliste qui, en tant que tel, fait face à l'ouvrier. » (*Fondements* I, p. 251 / 210-211.) *En somme le passage est ici accompli totalement*. Le capital est devenu ici l'antithèse de l'ouvrier de façon totale et définitive. A l'encontre de la liberté de sa nature, le travail « *ne devient productif que* en tant qu'il est repris dans le capital », « le travail n'est pas productif s'il existe pour le travailleur lui-même en opposition au capital, s'il a une existence immédiate extérieure au capital ». (*Fondements* I, p. 256 / 215) parce que le capital est désormais devenu la force de *« transsubstantiation »*, de *« transposition »* de chaque élément vital du procès de valorisation. « Laisser subsister le salariat et abolir le capital, c'est donc une revendication qui renferme sa propre négation. » (*Fondements,* p. 256 / 216.)

Mais on ne peut s'en tenir simplement au procès de production. La lutte de classe ne connaît pas les synthèses, elle ne connaît que des victoires et des défaites. C'est une histoire entre combattants. Tout cela vaut évidemment pour l'histoire du capital si son concept repose sur l'antagonisme. Quand l'antagonisme est dépassé, *Le Capital* n'apparaît pas simplement comme un procès unifié, mais *comme sujet* lui-même. « La valeur apparaît comme sujet. » (*Fondements* I, p. 258 / 218.) Le capital s'autovalorise désormais; il assume les coûts sociaux de sa conservation en tant qu'éléments de sujétion qui lui sont dus. Le capital apparaît comme force d'expansion, comme production et reproduction, et toujours comme commandement. *La valorisation est un procès totalitaire et continu,* elle ne connaît ni limites ni repos. Le travail se trouve tellement dominé à l'intérieur du procès de valorisation que son autonomie semble réduite en tous les cas à presque rien, à la limite de la non-existence. Certes, la théorie de la plus-value, en même temps qu'elle définit les termes et le dynamisme du procès de valorisation, définit aussi l'espace (qui peut être tout autre que relatif) du travail nécessaire, au moins sous la forme mystifiée du salaire. *Mais ici l'accent est mis sur l'unité du procès et sur la subjectivisation du capital.* Dans le procès de valorisation le capital conquiert une subjectivité qui est celle d'un commandement totalitaire.

Et pourtant *on ne peut supprimer l'antagonisme initial.* Le capital, après avoir tenté de toutes les façons possibles d'apparaître comme le représentant général de la production et de la valorisation, se trouve toutefois contraint à se définir par opposition. Étant distinct du travail, le capital pour soi – le capitaliste – doit pouvoir vivre et exister comme *non-travailleur* (*Fondements* I, p. 265 / 223.) L'antagonisme réapparaît. Et il réapparaît sous des formes que le procès de valorisation nous a appris à considérer comme de plus en plus générales : l'antagonisme revient sur l'ensemble du champ de la valorisation. *Ouvrier et capitaliste, ouvrier collectif et capitaliste collectif.* Voici à nouveau cette situation politique d'où naissent les *Grundrisse :* mais un progrès notable s'est désormais opéré, puisque cette situation politique commence à trouver une articulation scientifique dans la pensée révolutionnaire.

Si nous considérons la méthode qui imprègne ces pages, nous avons là – je crois – un bon exemple de la démarche de Marx. On voit par-dessus tout que l'approche matérialiste y est pleinement respectée : l'antagonisme des éléments qui forment le capital, la différence qui fonde le rapport, sont la *base* de toute l'analyse. Mais ils n'en sont pas que la base, ils sont aussi les termes de la *dynamique* du processus. La différence en est le moteur. Nous assistons ici à une série d'opérations qui *déplacent* le sujet et clarifient le cadre théorique. La première opération se produit quand la synthèse s'achève et que le procès de valorisation démarre. Tous les éléments qui constituent la théorie de la plus-value se détachent ici de l'antagonisme qui les constitue et se fondent dans la totalité de la valorisation. Dans cette opération ils se trouvent transposés, traduits, transsubstanciés. *Les catégories de la lutte de classe deviennent les catégories du capital.* Le sujet devient objet, l'activité existence. Ce passage s'articule sur une analyse qui opère le passage de la qualité (créatrice de valeur) à la quantité (mesure de valeur). Ensuite, en se fondant sur ce résultat, le cadre tend de nouveau à se clarifier et l'antagonisme à réapparaître. Le cadre de la société que caractérise la valorisation, porte cependant, encore et toujours, la marque de l'antagonisme. D'abord, avec ce passage de la qualité à la quantité, valeur d'usage et valeur d'échange étaient apparues comme des productions capitalistes : travail nécessaire et plus-value étaient dominés et mystifiés dans les formes de la domination du capital. Maintenant, avec ce nouveau passage de la quantité à la qualité, le cadre tend à reprendre l'allure de l'antagonisme. *Les figures prennent les formes de l'opposition et de la subjectivité :* ouvrier et capitaliste, ouvrier collectif et capitaliste collectif. Une fois que le capital est au terme du procès de valorisation et de reproduction, son procès est en réalité à nouveau un procès qui *reproduit les antagonismes*. La reproduction ne nie pas la différence, ne supprime pas l'antagonisme, au contraire elle exaspère l'un et l'autre. Le résultat de ce procès est la reproduction élargie de l'antagonisme et la réapparition des marques subjectives que les forces de l'histoire impriment à la lutte. A l'intérieur de ce cadre méthodique, la théorie de la plus-value apparaît elle aussi comme une acquisition fondamentale pour la méthode.

Évidemment, il y a au stade actuel de la recherche, des *limites précises* à tout cela. Il ne s'agit pas simplement de la place spécifique de ces passages dans l'articulation de la théorie de la plus-value : cela nous allons le voir tout de suite, dès que nous aurons conclu ces remarques. Je pense plutôt à l'analyse de l'antagonisme dans la reproduction, quand il apparaît de façon globale. Dans la leçon sur la crise *(Leçon 5)* nous verrons encore ce point. Mais on ne peut pas penser qu'il puisse trouver une solution en termes scientifiques et exhaustifs à ce niveau, de façon critique, dans un cadre où l'antagonisme réexplose (de façon encore essentiellement tendancielle). Le passage doit s'approfondir et il occupe en fait le centre de toute la seconde partie des *Grundrisse*. Nous le verrons donc dans la seconde partie de ces leçons *(Leçons 6 et suivantes)*, là où l'objet de la recherche sera justement l'antagonisme dans la reproduction. Il nous semble cependant qu'ici nous avons toutefois atteint la ligne de faîte qui détermine tout le flux nouveau de raisonnement en aval : cette ligne de faîte des *Grundrisse*, c'est la théorie de la plus-value.

Nous sommes désormais en mesure de pouvoir définir, avec Marx, le concept de *plus-value* et de commencer à en articuler les séquences. « *La plus-value dont dispose le capital à la fin du procès de production* doit commencer par se réaliser dans la circulation en un prix supérieur du produit; comme tous les prix qui s'y réalisent, il est déterminé et fixé avant d'y entrer. Exprimé en termes de valeur d'échange, cela veut dire que le travail matérialisé dans le produit dépasse celui qui existait dans les éléments composant le capital au départ. Notons que ce produit ou travail matérialisé est, au repos, une grandeur de travail volumétrique, alors qu'en mouvement, il se mesure en fonction du temps. La plus-value ne peut exister que si le travail matérialisé dans le salaire est moindre que le travail vivant acheté par le capitaliste.

Le temps de travail matérialisé dans le capital est, comme nous l'avons vu, une somme qui se décompose en les trois éléments suivants : *a)* temps de travail matérialisé dans les matières premières; *b)* temps de travail matérialisé dans les instruments; *c)* temps de travail matérialisé dans le prix du travail. Cependant les parties *a)* et *b)* restent constantes au sein du capital; même si leur forme est modifiée dans le procès, leur valeur reste inchangée.

« Le capital échange uniquement *c)* contre un élément qualitativement différent : une quantité donnée de travail matérialisé s'échange contre une masse de travail vivant. Si le temps de travail vivant ne reproduisait que le temps de travail matérialisé dans son prix, il n'y aurait qu'une opération formelle et – en ce qui concerne la valeur – il y aurait simple permutation entre le travail vivant et une valeur équivalente : comme pour la matière première et l'instrument, il n'y aurait qu'une modification de la substance, la valeur restant constante. Si le capitaliste payait à l'ouvrier le prix équivalent à une journée de travail – et la journée de travail d'un ouvrier n'ajoute jamais qu'une journée de travail à la matière première et à l'instrument –, le capitaliste aurait effectué un simple échange : valeur d'échange sous une forme contre valeur d'échange sous une autre. Il n'aurait pas agi en tant que capitaliste. Par ailleurs l'ouvrier se serait limité au procès d'échange simple : il aurait effectivement reçu en paiement le produit de son travail et le capitaliste lui aurait complaisamment avancé le prix du produit avant qu'il soit réalisé. Le capitaliste lui aurait fait crédit gratuitement, *pour le roi de Prusse, voilà tout* (fr.).

« L'échange entre le capital et le travail dont le résultat est le salaire, s'il est absolument un simple échange en ce qui concerne l'ouvrier, est nécessairement un non-échange en ce qui concerne le capitaliste, celui-ci devant recevoir plus de valeurs qu'il n'en donne. Pour ce qui est du capital, l'échange n'est qu'*apparent* autrement dit il a une forme économique autre sinon le capital serait impossible et le travail ne pourrait lui faire face. Il y aurait simple échange de valeurs égales, sous des modes d'existence différents. » (*Fondements* I, p. 269-270 / 227-228.) L'ouvrier aliène sa capacité de travail, sa force créative qui se trouve subsumée par le capital sous l'apparence d'un rapport d'échange égal : dans le procès de production le capital fait usage de cette force créatrice pour lui et la paye un prix indépendant du résultat de l'activité du travail. Au maximum, grâce au prix concédé (salaire) l'ouvrier réussit à restaurer sa propre valeur d'usage : il répond en cela à la nécessité de sa propre reproduction – mais même ce prix doit être sans cesse arraché. Tout le reste de l'activité de l'ouvrier est maintenant entre les mains du patron. « Nous ne nous occupons pas encore ici du travail *spécialisé*, mais seulement du travail simple. Nous ne traiterons donc pas du supplément de travail qu'il faut matérialiser dans l'être immédiat de l'ouvrier, en sus du temps de travail strictement nécessaire à le faire vivre, c'est-à-dire des valeurs supplémentaires, consommées, pour produire telle ou telle *capacité de travail* particulière ou *habileté* spéciale, dont la valeur se mesure aux coûts de production permettant de créer une telle spécialisation du travail. » (*Fondements* I, p. 272 /

229-230.) (N.B. La première phrase est placée en fin, dans la traduction italienne. *N.D.T.*)

Travail simple, matière première de la richesse, travail objectivé par la nécessité subjective de la reproduction de la force de travail : nous sommes de nouveau au cœur de cette façon marxienne de concevoir la valeur d'usage comme matière créatrice. Le lien que cette *force* de création entretient avec l'exploitation nous propose, dans la théorie de la plus-value, de *requalifier cette matière comme sujet révolutionnaire. En fait derrière l'apparence de l'échange c'est un vol qui se déroule.* « La plus-value c'est d'abord la valeur en sus de l'équivalent. Par définition l'équivalent c'est la valeur identique à elle-même. Jamais plus-value ne peut jaillir de l'équivalent : elle ne peut donc avoir sa source dans la circulation, mais dans le procès de production du capital lui-même. Toutefois la chose se présente autrement encore : si l'ouvrier n'a besoin que d'une demi-journée de travail pour vivre un jour entier, il lui suffit de travailler une demi-journée pour mener sa vie d'ouvrier, la seconde moitié de la journée de travail c'est du *travail forcé,* du surtravail. Ce qui est de la plus-value pour le capital est pour l'ouvrier du surtravail au-delà de ses besoins immédiats nécessaires à le faire vivre en tant qu'ouvrier. » (*Fondements* I, p. 273 / 230-231.) Le surtravail est volé à l'ouvrier et transformé en plus-value, en capital. « La découverte de la plus-value marqua le plus grand tournant révolutionnaire dans la science économique. Elle permit à Marx, pour la première fois dans l'histoire de l'économie politique, de découvrir et d'expliquer scientifiquement le mécanisme de l'exploitation capitaliste. Pour utiliser l'image de Vladimir Majakovskij, Marx prend la main dans le sac les voleurs de plus-value. » (*Vygodskij,* p. 71.)

Pourtant, là aussi il y a une *force positive,* une force révolutionnaire : « Le capital a accompli sa fonction historique lorsque, d'une part, les besoins sont assez développés pour que le surtravail en sus de ce qui est nécessaire soit devenu lui-même un besoin général et découle des besoins de l'individu lui-même; et d'autre part, que le zèle au travail imposé par la sévère discipline du capital aux générations successives soit devenu le bien commun de l'humanité nouvelle; enfin que les forces productives du travail dont le capital accélère le progrès à coups de fouet, dans sa frénésie d'enrichissement sans limite et dans les conditions qu'il pouvait seul réaliser, soient développées au point que la possession et la préservation de la richesse générale exige : 1° que la société tout entière se fixe un temps de travail moindre; 2° que la société travailleuse affronte scientifiquement sa reproduction sans cesse croissante, dans une plénitude toujours plus grande. Lorsque par conséquent aura disparu le travail où l'être humain effectue ce qu'une chose peut faire.

« Le capital et le travail ont un rapport semblable à celui de l'argent et de la marchandise; l'un est la forme générale de la richesse, l'autre est uniquement la substance destinée à la consommation immédiate. Dans sa course éperdue à la forme générale de la richesse, le capital pousse le travail au-delà des limites de ses besoins naturels et crée de la sorte les éléments matériels pour le développement d'une individualité riche, aussi universelle dans sa production que dans sa consommation, et dont le travail n'apparaît plus comme travail, mais comme plein développement de l'activité : sous sa forme immédiate, la nécessité naturelle y a disparu, parce qu'à la place du besoin naturel a surgi le besoin produit historiquement. C'est pourquoi *le capital est productif* autrement dit *un rapport essentiel au développement des forces productives sociales*. Mais il cesse de l'être à partir du moment où le développement de ces forces productives trouve une barrière dans le capital lui-même. » (*Fondements* I, p. 273-274 / 231-232, trad. mod.)

Ne préjugeons pas pour l'instant de la question des limites du développement capitaliste : nous avons tellement insisté sur la nature antagoniste du processus que la chose ne devrait plus vraiment nous étonner. Ce qui nous paraît plus intéressant à ce sujet, et plus dans l'esprit de l'argumentation marxienne, c'est de souligner le fait que *ces limites ne peuvent apparaître au capital comme des obstacles insurmontables*. « Comme il représente la forme générale de la richesse – l'argent – le capital a la tendance effrénée et illimitée de dépasser ses propres bornes. Chaque limitation est, et doit être, pour lui une barrière sinon il cesserait d'être du capital, c'est-à-dire de l'argent qui se crée lui-même. Si telle limite déterminée lui apparaissait non pas comme une barrière extérieure, mais comme une limitation tolérable et inhérente à lui-même, il se dégraderait, passant de la valeur d'échange à la valeur d'usage, et de la forme générale de la richesse à un mode déterminé de substance. Si le capital crée une plus-value de quantité déterminée, c'est simplement parce qu'il ne peut en une seule fois en produire une quantité illimitée. Mais il est le mouvement de sa constante augmentation. La limite quantitative de la plus-value lui apparaît uniquement comme une barrière naturelle à surmonter, une nécessité qu'il cherche toujours à dépasser. » (*Fondements* I, p. 283-284 / 240.) C'est cette urgence qui pousse le capital à essayer sans cesse d'*augmenter la productivité du travail,* et qui renforce sans cesse le rapport entre le travail vivant et le travail objectivé (pour l'ouvrier ou pour les autres éléments de la production). De cette diffusion de la force productive du capital, naît le concept de *plus-value relative :* là donc où la plus-value ne correspond pas à un accroissement de la plus-value en terme d'allongement du temps de travail, mais en terme de réduction du travail nécessaire. « L'augmentation de la force productive du travail vivant accroît la *valeur* du capital (ou diminue d'autant la valeur de l'ouvrier), non parce qu'elle augmente la quantité de produit ou de valeur d'usage créée par un même travail (la force productive du travail est pourtant sa force naturelle), mais bien plutôt parce qu'elle diminue le travail *nécessaire* : dans le même rapport où celui-ci diminue, le *surtravail* ou, ce qui revient au même, la plus-value augmente. En effet, la plus-value que le capital obtient dans le procès de production est simplement formée du surtravail excédant le travail *nécessaire*. Ce n'est que si le travail *nécessaire* diminue par rapport au surtravail et en proportion de cette diminution seulement, que la force productive accrue peut augmenter le surtravail – c'est-à-dire l'excédent du travail matérialisé dans le capital sous la forme du produit, sur le travail matérialisé dans la valeur d'échange de la journée de travail. La plus-value correspond exactement au surtravail : leur augmentation se mesure exactement à la diminution du travail *nécessaire*. » (*Fondements* I, p. 289 / 244-245.)

Je crois qu'il reste peu de chose à dire encore. Nous avons vu la théorie de la plus-value apparaître en se développant comme théorie exclusive, globale et adéquate du capital. Seul le mouvement de l'exploitation explique la nature et la dynamique du capital. Seul l'antagonisme fait vivre le capital et la règle de coercition dont il est l'interprète. La théorie de la valeur pour exister ne peut exister comme théorie subordonnée, partielle et abstraite de la théorie de la plus-value. Quant à cette dernière sa signification est tout entière politique : elle se situe à un niveau d'une très grande généralité, celui de la critique de l'argent, et renferme un antagonisme extraordinairement fort. *Une force antagoniste qui est, de façon matérialiste, le corrélat de l'antagonisme interprété, réel, de l'antagonisme de l'existence.* Tout a été réduit au rapport entre travail nécessaire et plus-value : cet antagonisme est à la fois la clé du dynamisme du procès et la limite insoluble de la production capitaliste et de l'ordre social qui lui correspond.

La théorie de la plus-value peut, doit ici s'ouvrir à d'autres problèmes qui ne peuvent être que l'approfondissement de cet antagonisme. En particulier c'est la théorie du profit qui est nécessaire ici. « La validité des théorèmes (proposés jusqu'ici), dit Marx, tout cela n'est vrai, dans cette abstraction, qu'au niveau où nous en sommes », cependant l'ensemble de l'argumentation *« appartient en général à la théorie du profit »*. (*Fondements* I, p. 291 / 246-247.) Nous voilà à nouveau au terme de la définition de la plus-value, sur la ligne de faîte qui va nous permettre de redescendre sur le terrain de la circulation, de parvenir au second grand nœud problématique des *Grundrisse,* la théorie du profit vue comme théorie de l'exploitation dans la circulation, de l'exploitation de la société. C'est la direction principale, le tissu essentiel de la problématique des *Grundrisse,* mais nous ne devons pas oublier toutefois que ce moment de passage existe et se développe en proposant une interprétation révolutionnaire du développement général du capitalisme.

Toutefois, même si nous l'oublions, Marx est là pour nous le rappeler. Ce n'est pas un hasard si la partie des *Grundrisse* qui est consacrée à la définition de la théorie de la plus-value s'achève, mis à part les rebondissements de la recherche sur la théorie du profit (c'est à ce moment que Marx écrit à Engels : « Du reste j'avance à pas de géant. Par exemple j'ai flanqué en l'air toute la théorie du profit telle qu'elle existait jusqu'à présent » – 16 / 1 / 1858. *Correspondance*) – donc mis à part ces rebondissements de recherche sur la théorie du profit, cette partie s'achève sur une première définition élémentaire mais fondamentale, qui est une allusion théorique à la loi de la chute tendancielle du taux de profit. « Plus est grande la plus-value du capital avant l'augmentation de la force productive, et plus est grande la quantité de surtravail ou de plus-value du capital. Ou bien : si la partie de la journée de travail constituant l'équivalent de l'ouvrier, le travail nécessaire, est déjà faible, l'accroissement de la plus-value que le capital obtient en augmentant les forces productives sera minime. Plus le capital est donc développé et a déjà créé du surtravail, et plus fertile doit être la force productive pour se valoriser : ne serait-ce que dans une faible mesure, c'est-à-dire pour ajouter une plus-value minime. En fait, sa barrière est toujours le rapport entre la fraction qui exprime le travail nécessaire et la journée tout entière (de travail). Il doit se mouvoir entre ces limites. Plus la fraction revenant au travail nécessaire est déjà réduite, c'est-à-dire plus le surtravail est grand, moins l'augmentation de la force productive peut diminuer le travail nécessaire car le dénominateur de la fraction est déjà démesurément grand. L'autovalorisation du capital est d'autant plus difficile qu'elle a déjà atteint de grande proportion ». (*Fondements* I, p. 290-291 / 246.) Plus la plus-value est développée, moins on peut comprimer le travail nécessaire, et moindre sont la quantité et la qualité de l'activité créatrice que le capital peut subsumer dans le procès de travail. Pourquoi la clé de l'interprétation de la théorie du profit ne peut-elle se trouver que dans cette préfiguration marxienne, préliminaire de la loi tendancielle de la chute du taux de profit? Il faudra évidemment revenir longuement sur tout cela. Pour l'instant qu'il nous suffise de reconnaître la radicalité de l'antagonisme que la théorie de la plus-value met en jeu. Nous verrons bientôt (*Leçon 5*) comment c'est la théorie de la crise qui opère le premier pas en avant vers la théorie du profit.

Nous voici donc à la fin de cette première partie du séminaire. J'aurais envie d'aborder ici au terme de ce premier développement, et muni de cette première conclusion du travail de Marx, de cette première définition achevée de la plus-value et du mouvement de son antagonisme –, j'aurais presque envie d'aborder quelques autres thèmes théoriques très importants. Mais peut-être que tous ces thèmes se réduisent à un seul, fondamental, que l'on peut énoncer ainsi : *la subordination de la loi de la valeur à celle de la plus-value* fait apparaître l'articulation théorique indissoluble qu'il y a derrière la polémique que Marx mène contre les proudhoniens. Cela veut dire que la théorie de la plus-value montre une seule chose : que le socialisme ne peut être qu'une mystification de la concurrence et de l'hégémonie sociale du capital, que – hors de l'idéologie, dans la réalité – le socialisme est aussi impossible que le fonctionnement de la loi de la valeur. Le marxisme des *Grundrisse* est en effet le contraire du socialisme : le socialisme est un hymne à l'équivalence et à la justice des rapports sociaux (construit sur la loi de la valeur); le marxisme fait apparaître la loi de la valeur et le socialisme comme des mensonges. La seule réalité que nous connaissions est celle régie par le vol, l'aliénation et l'objectivation capitaliste du travail vivant, de sa valeur d'usage, de sa créativité. Faire fonctionner tout cela selon la loi de la valeur, en supposant que cela fût possible, ne modifierait rien. Parce qu'il n'y a pas de valeur sans exploitation. Le communisme est donc la destruction en un même temps de la loi de la valeur, de la valeur même, de ses variantes capitalistes ou socialistes. Le communisme est la destruction de l'exploitation et la libération du travail vivant. Du non-travail. Cela et c'est tout. Simplement.

Leçon 5 :

PROFIT, CRISE ET CATASTROPHE

SOMMAIRE

La socialisation de la plus-value : vers une théorie du profit. Ambiguïté et / ou justesse du rapport marxien. 1. Nouvelles conditions (cahier III-IV à VII) pour définir la catégorie du « profit » : circulation, taux et masse du profit. La loi du taux de profit et sa double tension. 2. Le profit subordonné à la loi de la plus-value. Le profit, plus-value objectivée et socialisée. Le profit et la « classe des capitalistes ». Pour une théorie de la subjectivité ouvrière. 3. Passage à la seconde section : la circulation comme forme de la crise. La loi fondamentale de la crise : la crise comme produit de la lutte de classe. 4. De la crise à la catastrophe : le fil rouge de l'irruption de la révolution dans la théorie. 5. Une vérification de la loi de la chute tendancielle du taux de profit. Plusieurs formulations de cette loi. Point de vue de classe. 6. De la théorie du profit dans la crise à la théorie du communisme : conclusions provisoires. L'analyse rebondit.

« Pour ce rapport, tout cela n'est vrai, dans cette abstraction, qu'au niveau où nous en sommes. D'autres éléments viendront s'y ajouter, et le modifieront considérablement. *Tout cela appartient en général à la théorie du profit* » (*Fondements* I, p. 291 / 246-247.) Ainsi s'achève l'analyse du rapport entre plus-value et production, – sur cette nécessité urgente de déplacer le terrain de la recherche, de déplacer l'ensemble du champ de l'analyse. *De la plus-value au profit, c'est-à-dire à la plus-value généralisée et socialisée,* devenue – de catégorie de la production qu'elle était – catégorie sociale. Il faut donc que l'analyse fasse un saut. C'est la productivité du capital, la vigueur de l'expansion de la plus-value à partir du lieu où elle se forme, aux conditions générales de cette formation, qui l'impose. Étant entendu que demeure que cette socialisation, cette clarification des termes du débat, doit respecter les règles générales de la démarche, les critères de la critique de l'exploitation. « Nous sommes bien les derniers à nier qu'il existe des contradictions dans le capital. Nous nous proposons bien plutôt de les mettre en lumière. Mais, pour sa part, Ricardo ne *le fait pas,* puisqu'il soutient que la valeur d'échange ne joue aucun rôle dans la production de la richesse... C'est considérer la valeur d'échange comme purement formelle. » (*Fondements* I, p. 303 / 257.) Non, la socialisation de la plus-value dans le profit n'est pas formelle, c'est un processus qui diffuse socialement la contradiction de la plus-value : contradiction non pas différente de nature, mais plus étendue, plus profonde, plus antagoniste. Ce n'est pas un hasard alors si, entre la première et la seconde section du *livre sur le capital* des *Grundrisse, la théorie du profit* prend forme *en même temps que la théorie de la crise*.

Mais procédons par ordre. Le profit apparaît à Marx comme de la plus-value qui, en se détachant des conditions de la production, semble capable de s'autovaloriser. Cette indépendance que manifeste le capital à l'égard du rapport qui le constitue apparaît comme un paradoxe initial. Un paradoxe puissant aussi : en fait, le capital réussit à conserver la valeur qui a été produite dans le procès de travail et sur la base de cette conservation apparaît, en tant que capital constant et pouvoir, comme force sociale, comme forme des rapports sociaux. Mais justement un paradoxe. « En mouvement, elle se réalise dans du travail vivant, *nouveau* (soit en mettant en mouvement du travail précédemment en sommeil, soit en créant de nouveaux ouvriers grâce à la progression de la population); ou bien elle élargit la sphère de (circulation) des valeurs d'échange, ce qui s'effectue grâce à la production : la valeur d'échange libérée suscite de nouvelles branches de production, c'est-à-dire crée un nouvel objet d'échange, le travail matérialisé se transformant en valeur d'usage nouvelle; ou enfin, on obtient le même résultat en transférant le travail objectivé dans un pays nouveau, grâce à un élargissement du commerce et à l'extension de la circulation. De toutes façons, il faut créer quelque chose de nouveau. » (*Fondements*, p. 299 / 253-254.) On ne peut donc rester prisonnier de ce paradoxe. Au contraire il s'agit de reconnaître que plus la valeur consolide son indépendance, plus elle a d'impact social, plus l'exploitation s'accroît : le *capital* n'est pas seulement exploitation particulière dans la production, il *acquiert aussi gratuitement des dimensions sociales que seule la force de travail vivant produit*. Le travail vivant est subsumé et posé comme condition de la perpétuation de la valeur sociale du capital : « la conservation de l'ancienne valeur est inséparable de l'adjonction d'une valeur nouvelle ». (*Fondements* I, p. 304 / 262.) « Le travail est un feu vivant qui façonne la matière. Il est ce qu'il y a de périssable et de temporel en elle, c'est le façonnage de l'objet par le temps vivant. » (*Fondements* I, p. 313 / 266.) Mais si c'est *« sur la séparation » que « repose l'existence du capital et du travail salarié, le capital ne paie rien pour que soit abolie cette séparation dans le procès réel de la production — sans laquelle le travail ne pourrait s'effectuer »*. (*Fondements* I, p. 317 / 269.) La socialisation de la plus-value signifie donc son extension et l'approfondissement de l'exploitation, un saut du point de vue quantitatif et qualitatif dans sa définition. *Plus-value sociale,* plus-value de capital social, pouvoir du capital sur le travail social, présent et futur. « Pour autant qu'il est déjà en soi du capital, l'argent n'est donc qu'une simple *assignation sur du travail futur* (et nouveau); matériellement ce n'est que de *l'argent*. Pour autant qu'elle existe pour elle-même, la plus-value, l'excédent de travail objectivé, est de l'argent. Mais cet argent est en soi déjà du capital et en tant que tel, *assignation sur du travail nouveau*. A ce niveau, le capital n'entre plus seulement en rapport avec le travail existant, mais encore avec le travail futur. Il ne coïncide pas simplement avec les éléments du procès de production, car c'est aussi de l'argent; mais il n'est plus l'argent sous la forme abstraite de la richesse générale, mais sous forme d'assignation sur la possibilité réelle de la richesse universelle : *la force de travail ou plus précisément la force de travail en devenir*. Pour représenter une telle assignation, son existence matérielle d'argent est indifférente et peut être remplacée par n'importe quel autre titre ou papier. A l'instar du créancier de l'État, chaque capitaliste possède, dans sa valeur nouvellement acquise, une assignation sur du travail futur : en s'appropriant le travail présent, il s'approprie en même temps le travail futur (cet aspect du capital mérite une attention particulière. En effet sa valeur peut subsister indépendamment de sa substance. C'est tout le fondement du système du crédit). Son accumulation monétaire porte donc sur des titres de propriété du travail; ce n'est nullement l'accumulation matérielle des conditions objectives du travail. Il implique donc le travail futur sous forme salariée et de valeur d'usage pour le capital. Il n'y a pas d'équivalent pour la valeur nouvellement créée : la possibilité pour elle, c'est le travail nouveau. » (*Fondements* I, p. 320-321 / 272-273.)

Nous en arrivons ainsi à un moment essentiel dans la construction marxienne de la théorie du profit. Cette construction se fait par-dessus tout et en première instance en dégageant la *nouvelle qualité* de l'exploitation à laquelle donne lieu l'expansion sociale de la plus-value. Cette qualité nouvelle ne peut simplement se définir par référence aux valeurs produites dans le procès de production : elle est aussi constituée, *gratuitement, par la totalité du travail social,* – de celui qui conserve la valeur du capital, comme de celui qui s'est enrichi de la coopération des larges masses; de celui qui puise au potentiel scientifique de la société comme de celui qui provient de la simple augmentation de la population, etc... « En outre, toutes les forces sociales qui se développent avec la croissance de la population et l'évolution historique de la société ne lui coûtent rien. » (*Fondements* II, p. 296 / 651.) Le profit est donc en premier lieu l'expression sociale de la plus-value globale, qui fait partie de l'exploitation gratuite des forces de production sociale.

Ici on s'est demandé sur ce point et à ce sujet, si la théorie du profit ne se trouve pas dans les *Grundrisse* trop aplatie sur celle de la plus-value. Rosdolsky (I. 426, n. 6) note que « dans la section sur le procès de production (*Fondements* I, p. 292-296) au début les expressions " taux de profit " et " taux de plus-value " ne sont pas encore distinguées rigoureusement, se trouvent même identifiées ». C'est vrai (cf. en particulier *Fondements* I, p. 292 sq, 223, 325 sq.) : mais nous ne voudrions pas en faire le reproche à Marx plus que nécessaire. En fait, si le concept de plus-value – dans son origine précise – doit être distingué du concept de profit et sa puissance sociale, il n'en est pas moins vrai qu'il s'agit là d'une distinction qui s'opère à partir d'un même noyau conceptuel, d'une même substance réelle, qui est celle de l'exploitation sociale du capital social. Certes, au point où l'analyse en est arrivée, cette extension – de la plus-value au profit – dans laquelle le profit est expliqué comme plus-value sociale, apparaît comme une exaspération de la tendance. Le profit se trouve subsumé dans la plus-value avant que l'analyse du développement du rapport capitaliste n'ait montré les implications de la socialisation du capital. Cela dit, il faut toutefois immédiatement ajouter qu'en faisant cela (même si c'est dans un passage soudain et dur) Marx montre que, à chaque fois, *la catégorie du profit* ne peut se réduire à la fonction, ni s'*exposer sous la forme de la catégorie de la médiation*. Les conséquences de cette position sont claires : le profit est aussi médiation (et cependant jamais simplement médiation) tant que le capital ne parvient pas à investir de son mode de production la société tout entière. Que le capital devienne historiquement capital social, et le profit ne peut plus être médiation : il est une médiation résolue, il est de la plus-value sociale, il est le sigle capitaliste d'un rapport antagoniste qui implique réellement la société tout entière.

La limite de la première définition du profit tient au moment où les *Grundrisse* sont rédigés, surmontés. Il fallait qu'on se donne des conditions théoriques plus avancées (et en particulier l'analyse des coûts de production, celle de la rotation, en somme qu'on arrive à la définition de la composition organique du capital (cf. *Rosdolsky*, II p. 425-433) pour pouvoir mener à son terme cette élaboration. Qu'il me soit permis d'anticiper un peu dans ce commentaire de texte et de sauter ici à la section : « *Le procès de fructification du capital. Transformation de la plus-value en profit*[1] » (*Fondements* II, p. 271 / 631) dans le *Cahier VII*.

Cette section apparaît comme le sommet de l'analyse du procès de circulation *(Cahier IV-VII)* et la synthèse des résultats de cette analyse et de ceux auxquels arrive, dans les *Cahiers II-IV*, l'analyse du procès de production du capital. L'analyse de la transformation de la plus-value en profit qui est achevée, reprend maintenant, en l'intégrant dans l'analyse de la socialisation (à travers la circulation) les résultats du procès de production : en même temps l'analyse des procès de socialisation est achevée et la déduction du profit de la plus-value n'écrase pas ainsi le concept de l'un sur l'autre, mais au contraire en fait ressortir la différence, – tout en en montrant en même temps la continuité radicale. Sans plus la moindre ambiguïté.

Ici, donc, le capital « se comporte vis-à-vis de la plus-value comme s'il la créait lui-même, comme s'il en était le fondement. La plus-value se présente ainsi comme une valeur à la fois présupposée et créée par le capital. En une période déterminée, – choisie comme unité de ses rotations parce qu'elle est l'étalon naturel de sa reproduction dans l'agriculture –, le capital produit une plus-value déterminée non seulement pour la plus-value créée au

1. Le titre que donne Dangeville est le suivant : « Procès de fructification. Intérêt. Profit. Coût de Production... »

cours d'un procès de production, mais encore pour le nombre de ses rotations ou des reproductions de son procès de production au cours d'une période donnée. Dès lors que la circulation s'ajoute au procès de production immédiat et entre dans le procès total de la reproduction du capital, la plus-value n'est plus le simple rapport du capital au travail vivant (ce rapport direct ne représente donc plus qu'un élément du mouvement total). Le capital apparaît comme augmentant sa propre valeur, c'est-à-dire comme étant lui-même la source et la raison de la plus-value, dès lors qu'il se manifeste comme le sujet actif de tout le procès qu'il fonde – et dans la rotation le procès de production immédiat est effectivement conditionné par le mouvement du capital, indépendamment de son rapport avec le travail. Le capital se présente comme un produit ayant sa propre source de production, valeur produite créant sa propre valeur. En conséquence il mesure sa valeur nouvellement produite à lui-même, en se rapportant à lui-même comme à sa propre condition préalable, sans prendre pour étalon réel le rapport entre le surtravail et le travail nécessaire. Un capital de valeur déterminé crée en un temps donné une plus-value déterminée. Le capital étant posé comme valeur se valorisant, la plus-value ainsi mesurée à la valeur préalable du capital, c'est le *profit*. Considéré sous cet *angle* – non pas de *l'éternité* mais du *capital* – la plus-value est profit. Le capital se distingue en lui-même, en apparaissant comme une valeur qui produit et se reproduit, et comme profit et valeur nouvellement produite. Le produit du capital, c'est le *profit* ». (*Fondements* II, p. 271-272 / 631-632.)

Continuons à définir les concepts sous la forme du profit, la plus-value doit être mesurée sur la valeur totale du capital que suppose le procès de production. « En supposant une même plus-value *(un même surtravail par rapport au travail nécessaire)*, le taux de profit dépend donc du rapport entre la partie du capital échangée contre le travail vivant et la partie formée par les matières premières et les moyens de production. En conséquence, si la portion échangée contre le travail vivant est faible, le taux de profit est bas. *Le taux de profit baisse* donc à mesure que le capital en tant que tel occupe une place grandissante par rapport au travail immédiat, c'est-à-dire que la plus-value relative, ou la puissance créatrice de valeur augmente. » (*Fondements* II, p. 273 / 633.) En conséquence « le taux de profit peut également baisser, alors que la plus-value réelle augmente. De même, il peut augmenter alors que la plus-value réelle baisse ». (*Fondements* II, p. 274 / 633.) Enfin, « si le taux de profit est en raison inverse de la valeur du capital, la *somme de profit* sera en raison directe avec elle ». (*Fondements* II, p. 275 / 634.)

Comme on peut le remarquer, la *distinction* entre concept de plus-value et concept de profit est une distinction qui regarde la qualification de l'exploitation : la plus-value est exploitation du travail vivant, augmentation de sa productivité, exaspération de l'intensité appel à l'ensemble, à la totalité de l'énergie de travail; le profit consolide et fixe la plus-value, il est du travail consolidé sous une forme stable, qui ne se démultiplie pas, il est un vol du travail et de sa productivité, il est indifférence au travail vivant. Mais cette distinction ne concerne pas la *nature* de l'exploitation : plus-value et profit découlent de l'assujettissement du travail vivant – pris comme tel dans le rapport de production, dans le cas de la plus-value, opposé aux conditions de la production, à l'ensemble de l'accumulation, dans le cas du profit. « Le profit n'est qu'une forme plus développée au sens capitaliste de la plus-value. » (*Fondements* II, p. 291 / 648.) Cette distinction ne regarde pas la nature de l'exploitation, tant il est vrai que la contradiction réapparaît à ce moment pour opposer non seulement les exploités aux exploiteurs, comme c'est le cas pour la catégorie de la plus-value, mais pour étendre l'antagonisme au rapport entre travail vivant et travail mort en général, en des termes sociaux et généraux. *Plus le travail est capitalisé,* plus le capital se développe, plus le travail et la productivité sont devenus capital, – et plus le travail vivant s'oppose à ce développement de *façon antagoniste*. Plus le capital apparaît comme créateur de profit, comme source de la richesse indépendamment du travail (et en cela il suppose que toutes les parties qui le constituent sont uniformément productives) – et plus le travail vivant devient étranger, en prenant une forme sociale et compacte, au développement capitaliste. Nous verrons plus loin comment Marx prévoit parallèlement à l'égalisation et à la formation réelle et historique du concept de capital social (la *Vergleichung* des capitaux) que suppose ce développement, un développement égal mais contraire de la classe ouvrière – la *Vergleichung* de la classe ouvrière et sa constitution réelle et historique en force révolutionnaire. C'est là – et nous reviendrons bientôt là-dessus – qu'intervient la loi ainsi dite de chute tendancielle du taux de profit (que Marx achève d'élaborer dans ces pages, pour compléter la théorie du profit) pour montrer comment l'antagonisme d'abord présent dans le rapport qui produit la plus-value s'étend au rapport qui produit du profit.

La loi du taux de profit est *double;* d'un côté elle montre la tendance du capital à subsumer de plus en plus les conditions déterminées (dans le procès de production) et sociales (du procès de circulation) à s'en approprier sous une forme de plus en plus définitive, à transformer la plus-value en élément du profit; d'un autre côté elle fait apparaître le nouvel antagonisme que ce développement, qui va de la plus-value au profit, à de la plus-value sociale, du capital au capital social, détermine. *Le signe à la fois de progrès et de destruction dont la loi du profit est porteuse, est déterminé par son rapport avec le travail vivant*. D'un côté le profit tend à l'expansion la plus féroce et la plus productive, à l'utilisation maximale du travail vivant, à l'augmentation de sa propre masse; d'un autre côté, le profit rencontre comme obstacle à ce niveau les conditions de sa propre production, la tendance féroce et extrême à l'assujettissement, et à l'expansion et l'approfondissement de l'assujettissement du travail vivant. Ces tendances sont toutes deux dominées par le travail vivant : la tendance à l'expansion du profit a le visage du travail vivant directement exploité, mais en cela également créatif; la tendance à la chute du taux de profit a le visage de la *révolte du travail vivant* contre le pouvoir du profit, contre sa constitution même comme séparée, contre le vol et la consolidation du vol en force productive du patron contre la force productive de l'ouvrier, en pouvoir du capital social contre la vitalité du travail social : en cela le *travail vivant apparaît comme force de destruction*. Trop de marxistes ont trop longtemps oublié et étouffé tous les soulèvements de la classe ouvrière qui vérifient cette vérité. Et pourtant, ajoute Marx, « au-delà d'un certain point, le développement des forces productives devient un obstacle pour le capital – et le rapport capitaliste lui-même devient une entrave au développement des forces productives du travail ». (*Fondements* II, p. 276 / 635.) « A tout point de vue, c'est la loi la plus importante de l'économie moderne. En outre elle est essentielle pour la compréhension des rapports les plus complexes. » (*Fondements* II, p. 275 / 634.)

Nous devons mieux expliciter certains aspects du passage de la plus-value au profit. On a vu comment la catégorie du profit, sa différence, sa spécificité, ne constituent cependant pas un élément qui puisse être séparé de la catégorie de plus-value : elle est plutôt une expansion de celle-ci; une extension de l'antagonisme de la loi de la plus-value au niveau social. Pourtant, à l'intérieur de cette identité de nature entre les deux catégories, à l'intérieur du caractère logiquement subordonné de la catégorie de profit par rapport à celle de plus-value, il existe des raisons théoriques qui poussent Marx à développer l'analyse dans le sens de la *transformation*. La première de ces raisons est pour Marx la nécessité de reconstruire socialement, au-dessus de la mystification de l'anarchie du marché, la catégorie du fonctionnement et le concept même de capital. En second lieu, et en relation étroite avec la première raison, apparaît la nécessité de conduire les catégories du capital, et donc l'antagonisme réel (et conséquemment les raisons de l'opposition politique) au-delà des passages et des crises secondaires (liés à l'anarchie du marché) traversés par le procès historique de production capitaliste. De ce point de vue la catégorie du profit est une catégorie qui est formée, méthodiquement en termes historiques, dynamiques, tendanciels. Là où, comme dans le *chapitre VI inédit* du livre I du *Capital*, par tendance on doit comprendre le passage nécessaire *de la subsomption formelle à la subsomption réelle du travail par le capital*. La tendance voit le profit constituer d'abord la médiation, l'égalisation abstraite des plus-values formées dans les diverses branches de production; ensuite, au fur et à mesure, plus le capital investit la totalité de la production sociale, plus le profit réalise la tendance, devient de la plus-value socialement formée, l'exploitation de la société sous le pouvoir du capital. « Au niveau actuel du rapport », le mouvement du profit pousse la société à s'unifier selon la règle de la plus-value. Ensuite, à un niveau plus élevé du rapport, le mouvement du profit est déterminé par la capacité fondamentale qu'il a de se rapporter à la journée de travail – dans le chapitre sur le profit l'analyse ne doit pas porter sur la journée de travail individuelle, mais sur la *journée de travail social;* les catégories de la plus-value peuvent s'appliquer à la critique de la théorie économique de la population : « le nouvel excédent de capital ne peut être mis en valeur que s'il continue son échange avec du travail vivant. Ainsi le capital s'efforcera d'augmenter la *population ouvrière* en même temps qu'il diminue constamment la partie nécessaire du travail de celle-ci (et en met une partie en réserve). Au reste, l'augmentation de la population est un des moyens principaux de diminuer la partie nécessaire. *Au fond tout cela n'est qu'une application de son rapport avec la journée de travail.* Nous y trouvons déjà toutes les contradictions que les théoriciens modernes de la population ont relevées, mais n'ont pas comprises. En même temps, et à mesure que le capital crée du surtravail, il crée et abolit le travail nécessaire : le surtravail n'existe que dans la mesure où le travail nécessaire existe et n'existe pas ». (*Fondements* I, p. 357 / 304.)

Avec le développement du mode de production capitaliste la catégorie du profit se montre moins sous sa configuration actuelle; ou mieux, elle doit être reconduite à celle de plus-value dans les conditions d'une production socialisée. Ici, à ce niveau, *les forces productives* du travail apparaissent, doivent apparaître comme des « *forces sociales* » (*Fondements* I, p. 356 / 304) : « à tous les stades de la production il existe une certaine communauté du travail, un certain caractère *social* de celui-ci, etc. (Il faudra revenir sur ce point) ». (*Fondements* I, p. 354 / 302.) Donc, *la catégorie du profit naît de la médiation des plus-values individuelles,* de l'unité simple de la plus-value, mais tend *dans son développement, sa conclusion à approcher de plus en plus étroitement de la plus-value, de la plus-value sociale.* Il faut écouter les critiques qui sont faites de la conception marxienne du profit (cette catégorie serait par trop décalquée sur celle de la plus-value) tant qu'elles ne prétendent pas tracer une différence qualitative entre plus-value et profit : *il faut au contraire renverser le rapport,* le profit est une catégorie qui tend vers la plus-value en tant que rapport social. En dehors de cela, le profit est une mystification, c'est une catégorie du capitaliste en tant que tel, c'est un « développement ultérieur de l'inversion du sujet et de l'objet qui se vérifie déjà dans le procès de production ». Marx insiste continuellement sur cet aspect de la théorie du profit. D'un côté, de façon critique, il souligne qu' « il est absolument nécessaire d'éclairer ce point, étant donné que le mode de *calcul* de la *répartition* de la plus-value globale entre les divers capitaux – cette opération économique tout à fait secondaire – suscite des phénomènes que les économistes confondent habituellement avec des phénomènes premiers ». (*Fondements* II, note p. 140 / 526.) *Une opération économique secondaire,* est-il dit. Alors d'un autre côté, on ne peut plus se contenter de suivre l'ordre théorique des catégories du discours, il s'agit au contraire de commencer à cerner l'*aspect dynamique, tendanciel, actif du profit,* de dégager l'élément de socialisation de l'exploitation où son essence prend forme et se développe. Or, le profit est toujours profit de *la classe des capitalistes.* (*Fondements* II, p. 286-298 / 644-653.) Avec cette *figure politique du profit* la tendance du développement se trouve anticipée : le profit commence à se concrétiser, pas seulement comme somme des plus-values et nivellement des profits individuels, mais comme force politique, comme pôle d'antagonisme social – pour l'instant politique, mais ensuite, au fur et à mesure de plus en plus chargé de réalité. Ce passage est extrêmement important, il fait la démonstration de façon définitive, que la théorie du profit est une subordonnée de la théorie de la plus-value. Le processus qui conduit à la figure politique du capital sous la forme du profit, est en fait l'homologue – contraire – de celui qui a conduit à la découverte du travail vivant comme *« classe des prolétaires »,* dans la théorie de la plus-value. Certes, Marx a développé une théorie du profit, c'est-à-dire une théorie de la subjectivité du capital, tandis que au contraire, et malgré ses intentions – il n'a pas développé une théorie de la subjectivité de la classe ouvrière – éventuellement sous la figure du salaire. Mais ce déséquilibre dans le développement *littéraire* de l'œuvre de Marx ne peut nous empêcher d'en reconnaître l'*équilibre structurel*. Et de développer nous-mêmes les prémisses qui ont été posées, en reconnaissant dans la journée de travail social, dans sa division entre plus-value sociale et travail social nécessaire, le fondement de la lutte mortelle que les deux classes se livrent. En identifiant dans ces deux espaces la formation de *subjectivités opposées,* de volontés et d'intelligences opposées, de procès de valorisation opposés : en somme une dynamique antagonique dont nous n'avons jusqu'ici développé que les conditions, mais qui est requise par le développement même de ces conditions. Une théorie de la subjectivité ouvrière et prolétaire se dessine donc, comme présupposé et comme but, face à la théorie du profit, à la réalité de tout ce surtravail, extorqué, objectivé, socialisé, dont le capital fait à la fois le moyen de sa propre unification, en tant que classe, et de son pouvoir d'exploitation. Les *Grundrisse* cherchent une théorie de la subjectivité ouvrière tournée contre la théorie toute de profit de la subjectivité capitaliste.

Après cette longue parenthèse, revenons à l'ordre suivi par les *Grundrisse,* c'est-à-dire à la *Seconde section (« Le procès de circulation »)* du *Chapitre sur le capital.* Cette section commence du point de vue de la forme par un *long excursus sur la crise.* A nouveau c'est la crise, la crise actuelle, cette réalité critique qui détermine toute cette œuvre de Marx, c'est son appréciation qui en constitue la genèse : les *Grundrisse* commençaient par cette émotion de la crise, l'approfondissement de la théorie de la monnaie était un niveau privilégié où se manifestait la crise. Ils s'étaient développés autour de la théorie de la plus-value, pour revenir, à travers une première formulation de la théorie du profit et une première reconnaissance des tensions implicites à la loi du taux de profit, à nouveau à la crise, à son explication scientifique. Maintenant, selon le plan préliminaire, le procès de production du capital devrait faire place à l'analyse du procès de circulation, nous devrions passer sur le second versant de la thématique des *Grundrisse*. Au lieu de cela l'attention de Marx s'arrête une fois de plus sur la crise : *avant que ne commence à se dévider dans toute son ampleur l'analyse de la circulation, la circulation apparaît de façon unique, exclusive, comme forme de la crise*. Sommes-nous avec ce nouvel arrêt, ample et profond sur la crise, devant un chemin de traverse dans le développement des *Grundrisse?* Une prévarication de la subjectivité révolutionnaire sur l'ordre de la démarche théorique? C'est sans doute cela, en partie. Mais il y a aussi quelque chose de plus et quelque chose de différent. Un grand pas en avant a été fait dans la première partie des *Grundrisse*, c'est la subjectivisation du procès. Cela veut dire que, avec la théorie de la plus-value et son développement jusqu'aux prodromes d'une théorie du profit, nous avons désormais une grille conceptuelle qui nous permet de mettre au point *le rapport qu'entretient la crise avec le développement et la lutte de classe*. A la différence du capital lequel « n'a aucune conscience de la nature de son procès de valorisation; c'est seulement en période de *crise*, qu'il aurait d'ailleurs vraiment intérêt à en avoir conscience » (*Fondements* I, p. 325 / 277), le point de vue de la classe ouvrière est désormais capable d'appréhender le développement sous la forme de la crise et la crise comme un terrain privilégié de la lutte de classe. La pensée de la crise, cette « idée fixe » de Marx, fait donc irruption ici, au moment où le procès de valorisation du capital devrait se déployer dans la circulation : mais comme le procès de valorisation est dominé par la règle de l'antagonisme de la plus-value, le procès de circulation doit être ramené, et ainsi saisi avant tout dans la crise – dans cette crise qui met en évidence la continuité et l'irruption sans cesse renouvelée de la subjectivité de l'antagonisme. La *Seconde section* du *Chapitre sur le capital*, qui est consacrée justement et précisément au

« procès de circulation », ne commence donc pas là où se trouve son titre, elle ne commence qu'après cet *excursus* sur la crise, une centaine de pages plus loin, ou mieux (comme nous le verrons dans la *sixième leçon*) encore plus loin, après l'*excursus intitulé « Formen »*, une autre centaine de pages après (qui sont peut-être un autre développement de l'intérêt que Marx porte à la définition de la crise). L'analyse de la *crise, comme forme de la circulation,* appartient donc à ce tissu analytique fondamental que la théorie de la plus-value a fabriqué. Il s'agit de rechercher comment fonctionne l'antagonisme précisément du procès de production dans la crise de la circulation. La théorie de la plus-value se poursuit donc en se spécifiant dans la théorie de la crise. Ce n'est qu'avec la fin de cet *excursus* qu'on peut dire que la première partie des *Grundrisse* est terminée.

« Si on le considère de plus près, *le procès de valorisation* du capital – et l'argent ne devient capital qu'au travers de lui – est en même temps son procès de dévalorisation, sa démonétisation (*Fondements* I, p. 558 / 306.) « La dévalorisation reste un élément du procès de valorisation ne serait-ce que parce que, dans sa forme immédiate, le produit du procès n'est pas valeur puisqu'il doit d'abord entrer dans la circulation pour se réaliser en tant que telle. » (*Fondements* I, p. 359 / 307.) « Dans le procès de production, la valorisation s'identifiait purement et simplement à la production de surtravail (objectivation du travail extra) : elle n'a donc pas d'autre *limite* que celle qui est présupposée et comprise dans ce procès, celle-ci lui apparaissant uniquement comme une *barrière* à surmonter. Maintenant, ces barrières se trouvent en *dehors* de lui. » (*Fondements* I, p. 361 / 308.) Nous voici donc tout de suite au cœur du problème. A travers la circulation, les contradictions de la production se trouvent exacerbées : les contradictions sont continuellement reproduites, sous une nouvelle forme, et aussi dépassées – mais « dépassées brutalement uniquement ». (*Fondements,* p. 362 / 309.) « Ce qui dans l'analyse du capital en général nous importe, c'est de faire ressortir que l'*unité de la production et de la valorisation n'est pas immédiate,* ce n'est qu'un procès relié à certaines conditions extérieures comme nous l'avons vu. » (*Fondements* I, p. 364 / 310-311.) Certes « toute limite lui apparaît comme un obstacle à surmonter ». (*Fondements* I, p. 365 / 311.) Le fait que la crise soit immanente au concept de capital est à la fois sa détermination négative et positive. La poussée vers la plus-value relative, la tendance au marché mondial, « la production de besoins *nouveaux,* la découverte et la production de nouvelles valeurs d'usage » (*Fondements* I, p. 365 / 312 trad. mod.), tout cela est une *tension positive,* qui se meut dans les limites du concept, que le capital sait et doit parcourir. A chaque phase de la crise succède ainsi une gigantesque phase de restructuration. « La valeur de l'ancienne industrie est conservée lorsque l'on crée un fond pour une branche nouvelle où le rapport entre le *capital* et le *travail* revêt une forme *nouvelle.* Il faudra donc explorer toute la nature pour découvrir des objets de propriétés et d'usages nouveaux, pour échanger, à l'échelle de l'univers, les produits de toutes les latitudes et de tous les pays, et soumettre les fruits de la nature à des traitements (artificiels) afin de leur donner des valeurs d'usage nouvelles. On explorera la terre dans tous les sens, tant pour découvrir de nouveaux objets utiles que pour donner des valeurs d'usage nouvelles aux anciens objets; on utilisera ceux-ci en quelque sorte comme matière première; on développera donc au maximum les sciences de la nature. On s'efforcera, en outre, de découvrir, de créer, et de satisfaire des besoins découlant de la société elle-même. La production fondée sur le capital crée ainsi les conditions de développement de toutes les propriétés de l'homme social, d'un individu ayant le maximum de besoins, et donc riche des qualités les plus diverses, bref d'une création sociale aussi universelle et totale que possible, car plus le niveau de culture de l'homme augmente, plus il est à même de jouir. » (*Fondements* I, p. 365-366 / 312-313.) « Le capital ressent toute limite comme une entrave, et la surmonte *idéalement,* mais il ne l'a pas pour autant surmontée en réalité : comme chacune de ces limites est en opposition avec la démesure inhérente au capital, sa production se meut dans des contradictions constamment surmontées, mais tout aussi constamment recréées. Il y a plus. L'universalité à laquelle il tend inlassablement trouve des limites dans sa propre nature qui à un certain niveau de son évolution, révèlent qu'il est lui-même l'entrave la plus grande à cette tendance, et le pousse donc à sa propre abolition. » (*Fondements* I, p. 367 / 313-314.)

Surmonter réellement, éviter donc la crise : voilà ce que le capital *ne peut pas.* Les formes phénoménales sous lesquelles la crise se présente sont en réalité double : d'un côté on trouve *la crise de disproportion* (c'est-à-dire la crise de la circulation purement et simplement, crise de déséquilibre des différents éléments qui constituent la circulation du capital), et de l'autre côté, on a la crise de *réalisation* (c'est-à-dire crises relatives à la capacité de consommation là où surproduction et consommation inadéquates – et/ou sous-consommation – s'additionnent). Mais au-delà de ces formes phénoménales, c'est dans la nécessité même de leur reproduction continuelle que réside la loi fondamentale de la crise. Celle-ci s'arrête à nouveau sur la contradiction entre production et valorisation, et non pas telle qu'elle apparaît dans « les moments singuliers du procès ou plutôt dans la totalité des procès qui s'opposent réciproquement ». Il existe une limite que nous ne devons pas chercher dans la circulation ou dans la production en général : nous devons entrer bien plus avant, nous devons arriver à la loi de la production fondée sur le capital. Maintenant, de ce point de vue immanent, la crise dérive : « 1) du travail nécessaire comme limite de la valeur d'échange de la force de travail vive; 2) de la plus-value comme limite du surtravail et du développement des forces productives; 3) de l'argent comme limite de la production; 4) de la limitation de la production de valeurs d'usage à travers la valeur d'échange ».

D'où la *surproduction :* ou bien la floraison improvisée de tous ces moments nécessaires de la production fondée sur le capital; d'où une dépréciation générale comme conséquence de leur oubli. Mais dans le même temps, le but qui s'impose au capital de recommencer depuis le début sa tentative en repartant d'un degré supérieur du développement des forces productives etc., avec comme perspective celle d'un collapsus plus grave *en tant que capital.* (*Fondements* I, p. 373-374 / 319, trad. mod.) La *loi fondamentale de la crise se trouve donc dans le rapport de contradiction entre travail nécessaire et plus-value, et dans le fonctionnement de la loi de la plus-value.*

On peut suivre la violence impressionnante avec laquelle, dans les pages qui suivent immédiatement, Marx met en évidence les effets de la loi fondamentale dans la détermination de la crise. Si le capital est « la *contradiction vivante* » et dynamique, l'ouvrier est la rigidité, la force opposée, *la limite.* La relation se subjectivise peu à peu. Le développement prend de plus en plus la forme de la crise parce qu'il repose (tout comme la crise) en dernière instance, sur « le rapport entre travail nécessaire et plus-value, ou if you please entre les différents éléments du travail objectivé et le travail vivant ». (*Fondements* I, p. 406 / 348.) Le « rapport originaire » – comment diviser ces grandeurs – est le problème qui domine développement et crise du capital. « Rétablir le rapport approprié entre travail nécessaire et surtravail, base de toute la production capitaliste en fin de compte. » (*Fondements* I, p. 404 / 351), c'est l'objectif permanent du capital. La destruction du capital, la dévaluation du travail vivant, l'élaboration de moments « plus justes » (pour le capital) de l'exploitation : voilà pour le capital la crise, voilà le prix qu'il est toujours disposé à payer pour rénover sa domination, sa puissance subjective.

Pourquoi traiter de cela? Si nous poussons un peu plus loin l'analyse des mécanismes de la crise, si nous lisons la loi fondamentale dans les termes dans lesquels la théorie du profit nous a enseigné à la lire, nous trouvons alors ce *rapport politique* qui inverse et soutient l'ensemble de la démarche analytique. L'objectivité des lois montre à nouveau la subjectivité de leur développement. Parce que le rapport entre *plus-value et travail nécessaire* est comme on l'a vu dorénavant souvent, *rapport entre les classes*. D'un côté la chose est simple et franche : « Si le capital apparaît ainsi comme le produit du travail, le produit du travail apparaît tout autant comme capital. Ce n'est plus seulement un simple produit, ni une valeur échangeable, mais du *capital,* travail objectivé dominant et commandant le travail vivant. Le capital apparaît également comme produit du travail, parce que ce produit est *propriété d'autrui,* mode d'existence autonome en face du travail vivant; parce que le produit du travail, le travail objectivé, est doté par le travail vivant d'une âme propre, si bien qu'il se fixe en face de l'ouvrier comme une *puissance étrangère*. » (*Fondements* I, p. 417 / 357.) « Ce procès de réalisation est en même temps procès de réalisation négative du travail. » (*Fondements* I, p. 417 / 358 trad. mod.) Le problème est donc pour le capitaliste entièrement politique. La domination étend l'exploitation dans la production, à la reproduction des rapports de domination : « Le procès de production et de valorisation a pour résultat essentiel la reproduction et la production nouvelle du *rapport entre le capital et le travail, entre le capitaliste et l'ouvrier.* » (*Fondements* I, p. 422 / 362.) Mais de l'autre côté aussi la chose est claire et nette : « Ce qui est reproduit, c'est non seulement l'*existence* de ces conditions objectives du travail vivant, mais *leur existence sous formes de valeurs autonomes appartenant à autrui et opposés à la force de travail vivante.* » (*Fondements* I, p. 426 / 366.) La subjectivité du travail vivant s'oppose de façon antagonique à la consolidation du travail mort en commandement pour l'exploitation, et elle s'y oppose de façon si négative qu'elle va jusqu'à se nier comme valeur, comme essence exploitée, qu'elle va jusqu'à se présenter comme *négation de la valeur* et de l'exploitation. « Le travail vivant apparaît comme *étranger* à la force de travail vivant (comme extranéité), dont il est pourtant le travail et la manifestation, car il a été cédé au capital en échange du travail matérialisé, produit par le travail lui-même. La force de travail se comporte vis-à-vis d'elle-même comme à quelque chose d'étranger, et si le capital était disposé à payer l'ouvrier *sans* le faire travailler, celui-ci saisirait l'offre avec plaisir. » (*Fondements* I, p. 426 / 366.) Mais cela ne suffit pas : la négation se fait *insurrection révolutionnaire,* conscience du renversement : « Reconnaître les produits comme produits siens, juger la séparation de ses conditions de réalisation comme intolérable et forcée – c'est là une prise de conscience immense, qui découle d'ailleurs du mode de production reposant sur le capital – *Le glas du capital sonnera;* ainsi lorsque l'esclave se rend compte qu'*il ne peut plus être la propriété d'un tiers* et qu'il prend conscience d'être une personne, l'esclavage se met à végéter artificiellement et cesse de représenter plus longtemps la base de la production. » (*Fondements* I, p. 427 / 366-367.)

Ici la loi fondamentale de la crise a totalement pris la forme de la loi de la lutte de classe. L'argument ne pourra être repris « par la suite » que dans « le travail salarié » (*Fondements* I, p. 429 / 369.) L'intériorisation de la crise au développement est telle que crise et développement apparaissent comme produit de la lutte de classe.

On ne peut nier qu'une extraordinaire tension subjective et révolutionnaire anime ces pages, et que, peut-être en conséquence, le chemin de traverse qu'on a rencontré entre théorie de la plus-value et théorie de la crise, ne soit ici emprunté et parcouru avec impétuosité. Nous avons vu que quelque important résultat que Marx obtienne, il met en avant la matière subjective et fortement subversive de la théorie, particulièrement dans l'interprétation de la crise. Il faut toutefois souligner tout de suite que ce raccourci n'a (naturellement) pas la même clarté qu'un chemin tracé tout droit. Nous pouvons comprendre les urgences de la subjectivité chez Marx, nous pouvons juger positivement de ses effets, mais nous devons aussi reconnaître qu'*ambiguïtés* et *paradoxes* n'y manquent pas. Il y a un paradoxe en particulier qui frappe : c'est celui qui fait que la subjectivité révolutionnaire maximum semble aller de pair avec la contradiction maximum dans le développement du capital, qui fait que la révolution accompagne la *catastrophe*. La crise recèle la capacité de rendre homologues et contemporaines les deux tendances. Du point de vue de la pratique, ce paradoxe s'explique parfaitement : c'est une opération qui vise à faire converger, à focaliser tous les éléments théoriques et subjectifs sur une action de persuasion précise. Marx et le marxisme sont pleins, et *pour cause,* de ces déclarations politiques d'intentions. C'est un moment de vérification globale, qui clarifie tous les éléments de la critique, et les fait converger sur des moments de vérité pratique, ce que la méthode de la subversion révolutionnaire de la classe ouvrière requiert. Une fois dit cela, il reste que cette concentration de feu, d'autant plus utile qu'elle est plus générale, doit être un résultat plutôt qu'une prémisse. Alors qu'ici l'analogie entre les tendances apparaît comme une prémisse. Il semble qu'à la révolution par le haut que promeut le capital, à son déplacement impétueux, de crise en crise, vers une représentation sociale de son propre pouvoir, doive correspondre une sorte de révolution par le haut du côté ouvrier, – dont la catastrophe par des motivations rationnelles. Et pourtant la brièveté du chemin et ses implications sont chargées d'autres significations que nous devons montrer. Il est facile pour nous d'insister sur la critique : mais il doit être important de réussir à en transformer le sens, – d'autant plus que nous nous trouvons face à une phase, à un versant, et *à un seul,* de l'approche marxienne. Marx lui-même sent les limites du développement théorique. Mais pourquoi ne pas chercher à comprendre aussi la valeur et l'aspect positif de ces limites ? Entrer dans la compréhension de ce terrain signifie retourner au *centre de la méthodologie révolutionnaire de la science marxienne*.

Et alors ? Trouvons-nous là une exaspération de l'objectivisme de Marx ? Est-ce là une conception de la subjectivité qui est purement résiduelle par rapport à la détermination des éléments critiques du développement capitaliste, – de sorte qu'elle en surgit comme Minerve du cerveau de Zeus ? Pire, est-ce là une conception organique du développement capitaliste qui unit au déterminisme de la crise une genèse parasitaire et conséquente du projet révolutionnaire ? Du point de vue de la méthode, nous avons déjà envisagé ces objections possibles. Aucune ne semble être tenable. Parce que la tendance peut bien cacher la violence de l'origine, mais ne peut la supprimer. Parce que la carence des forces historiques adéquates au projet peut bien aplatir celui-ci sur l'horizon de la nécessité de l'histoire, mais ne peut empêcher qu'émerge la violence multilatérale de son développement. L'immanence de l'antagonisme, vue dans l'infiniment petit du concept, peut bien sembler un point : les trajectoires, les lignes antagonistes de son développement n'en sont pas pour cela éliminées. D'un autre côté, si l'on sait lire ces pages, on y note une attention tellement vive et précise à la genèse de l'antagonisme, que seule la précipitation peut nous amener à des conclusions négatives. En somme, ici l'urgence, le fil rouge de l'urgence révolutionnaire dans la théorie a fait précipiter l'analyse, au sens propre chimique, en la cristallisant autour de quelques réactifs peut-être trop essentiels. Mais cette précipitation est là précisément contre toute forme d'objectivisme et de réformisme. On pourra dénoncer les paradoxes et les ambiguïtés qui abondent dans ces pages : si on veut les résoudre d'un point de vue politique on reconnaîtra là un trop-plein de passion révolutionnaire; si on veut les comprendre d'un point de vue théorique, on pourra tout dire, mais on ne peut les comprendre uniquement ou essentiellement avec la clé de l'objectivisme et de l'organicisme. Rosdolsky nous a dit souvent que « le catastrophisme » marxien est la clé d'une marque révolutionnaire. Nous, qui quelquefois avons senti la rage de la défaite et l'exaltation théorique du renouvellement, nous pouvons comprendre tout cela.

De la compréhension à l'interprétation. Il ne suffit pas en fait toutefois, de comprendre. Nous devons y voir plus clair. Prenons un problème crucial, celui de la *loi de la chute tendancielle du taux de profit,* peut-être un des points les plus ambigus et les plus paradoxaux de ce Marx, et essayons de voir si les problèmes rencontrés ne peuvent pas être non seulement compris mais explicitement résolus, si entre les différentes formulations on peut tracer une résultante, – qui soit adéquate au point de vue de classe et répondre aux présupposés méthodologiques marxiens. La raison pour laquelle on choisit ce point dans cette démarche est claire : la loi de la chute tendancielle du taux de profit est en fait celle qui semble le mieux se prêter à l'horrible vivisection des critiques. Si nous réussissons à montrer, à ce sujet, la justesse de la démarche de la recherche marxienne, la continuité qui existe entre loi de la plus-value et point de vue de classe, nous aurons fait un grand pas en avant.

Avec la loi de la chute tendancielle du taux de profit Marx entend, on le sait, démontrer que *les taux de valorisation du capital diminuent proportionnellement à la variation du rapport entre partie constante et partie variable du capital,* là où l'accroissement démesuré de la première comprime la seconde, proportionnellement, et engendre en conséquence une baisse proportionnelle dans l'acquisition d'une nouvelle valeur. En s'accroissant, le capital constant absorbe, *proportionnellement,* de moins en moins de travail vivant, de travail valorisant, même si du point de vue de la quantité, de la masse, il s'en assujettit plus. La masse du profit peut donc augmenter de façon contemporaine à une chute du taux de profit. Selon cette loi, le développement capitaliste *tend nécessairement à la crise* parce que les raisons mêmes qui font assumer au capital progressivement tout le poids de la production, – ces mêmes raisons entraînent la perte de valeur du capital. Quand cette loi prend forme (*Fondements* I, p. 282-292 / 239-247), c'est sous la figure du rapport *établi par la loi de la plus-value,* entre travail nécessaire et surtravail. Sur cette base la loi de la chute du taux de profit dérive du fait que *le travail nécessaire est une grandeur rigide*. Le développement capitaliste pourra bien essayer de comprimer cette grandeur, il pourra multiplier la force productive du travail, mais au bout du compte le surtravail qu'il peut extraire est limité : il y a toujours la rigidité de cette partie nécessaire de la journée de travail qui constitue la limite de la valorisation. Une limite qui croît à mesure que l'accroissement très fort de la production, de la masse du profit trouve devant elle une force de moins en moins disposée à être assujettie, à être comprimée. C'est donc cette rigidité qui imprime son sens primitif à la loi de la chute tendancielle du taux de profit.

En elle on lit ce que dans les pages des *Grundrisse* qui précèdent immédiatement la première formulation de cette loi, Marx a reconnu, c'est-à-dire l'extranéité radicale, *l'autonomie de la classe ouvrière par rapport au développement du capital.* Il faut tenir compte que, dans cette perspective, on peut, à la lumière du développement ultérieur du capital, avancer une hypothèse nouvelle, qui à nous nous semble tout à fait réaliste et largement prouvée par l'expérience de la lutte de classe la plus récente, c'est-à-dire l'hypothèse que la grandeur de la valeur de la partie nécessaire de la journée de travail *non seulement* est de plus en plus rigide, mais en plus tend à être de plus en plus grande, et donc à diminuer – subjectivement, activement – la plus-value extractible. La masse du travail nécessaire est rigide; cette rigidité ouvre la possibilité d'une valorisation plus grande, pour la classe, d'une *autovalorisation ouvrière et prolétaire.* En somme, dans ce Marx, la dévaluation de la force de travail par compression de la partie nécessaire de la journée de travail non seulement n'est pas indéfinie, mais elle est même très délimitée et réversible. Le travail nécessaire peut de façon autonome se valoriser, le monde des besoins peut et doit prendre de l'expansion. La forme de la loi de la chute tendancielle qui en dérive, combine la proportionnalité de la perte de la valeur du capital à la valorisation indépendante de la classe. Dans la loi de la chute tendancielle on trouve une des prévisions les plus lucides de Marx sur l'*approfondissement de la lutte de classe* au cours du développement capitaliste. Les conclusions surgissent à ce propos, ou s'explicitent, quand plus tard, en *reformulant cette loi,* Marx proposera, plutôt que la formule du rapport entre travail nécessaire et surtravail, la formule qui se réfère à *la composition organique du capital* (rapport exclusif capital constant/capital variable) ou celle du rapport entre profit et salaire. Non pas que ces deux formules ne soient pas présentes également dans les *Grundrisse,* mais elles y sont subordonnées aux grandeurs définies par la loi de la plus-value. Quand elles deviennent prépondérantes ou exclusives des autres, le rapport tout entier se trouve déplacé sur un plan économiciste et objectivé de façon fausse. De sorte que quand on interprète la loi de la chute tendancielle du taux de profit en partant de la formule de la composition organique, on arrive à une conception qui *élimine* la lutte de classe comme variable fondamentale et rigide de la théorie; si on interprète la loi sur le modèle du rapport salaire / profit, on arrive à la loi irréaliste de la paupérisation croissante. L'embrouillami des causes antagonistes viendra couronner le tout, nous présentant ainsi une description si peu réaliste de la crise qu'induit la chute du taux de profit, que dans cette crise ce seront ces causes antagonistes qui apparaîtront comme le fait le plus important et caractéristique, et non le développement de la loi elle-même.

Nous étions partis de la nécessité d'interpréter une série d'oscillations de Marx quand il parle de la crise. Nous avions compris *le sens révolutionnaire de son catastrophisme*. Maintenant nous pouvons ajouter que ce catastrophisme ainsi que l'objectivisme et le déterminisme qu'il implique ne peuvent être appréhendés sur le plan théorique que comme ricochet d'une reformulation ultérieure de la pensée marxienne, d'une formulation qui contourne sa propre implantation fondamentale, qui nie la centralité de la loi de la plus-value comme fondement de toutes les autres catégories marxiennes. Si nous sortons de cette formulation, nous pouvons avec raison attribuer le catastrophisme marxien à la seule urgence révolutionnaire de son projet, nous pouvons comprendre le raccourci recherché comme une simple allusion à un proche développement de l'argumentation théorique, nous pouvons diluer les éléments résiduels objectivistes et déterministes en les replaçant dans le contexte du matérialisme militant. Au contraire l'image de la crise apparaît reposer sur le développement intense de la lutte de classe, sur l'extension maximale et vigoureuse de la loi de l'exploitation. A ce niveau, on peut retourner le cadre et reconnaître que plus que jamais à ce stade du discours, *l'immanence de la lutte de classe au développement et à la crise, à la structure du capital,* est évidente. Il y a là une anticipation de ce que nous verrons en étudiant la seconde partie des *Grundrisse*, c'est-à-dire le procès de circulation et la reformulation des catégories de la lutte de classe au niveau du capital social. Pour l'instant nous ne faisons qu'insister sur l'importance de cette approche.

Toujours à propos de la loi de la chute tendancielle du taux de profit, il faut toutefois faire encore une autre remarque. Supposons que, à un certain niveau du développement de la lutte de classe, la rigidification du front prolétaire induise une stagnation et ou une chute du profit. Supposons que cette situation se prolonge un certain temps et que la résistance de classe s'étende de façon socialement homogène. Alors sur ce terrain nous trouverons non seulement une baisse du taux de profit, mais aussi une *baisse* de sa masse. Que la situation décrite ne soit pas irréaliste, les vingt dernières années de lutte de classe dans les pays capitalistes avancés nous le prouvent.

Tout cela est important à souligner parce que cela nous permet de creuser plus profondément la rupture avec toute espèce de schéma économiste, plaqué sur la théorie marxienne. La loi de la chute tendancielle du taux de profit n'est en somme vraie que si on l'interprète à la lumière de la théorie de la plus-value. Sa tendancialité est celle qui s'organise sur l'ensemble des tensions de la classe dans sa lutte contre le travail capitaliste et pour sa propre autovalorisation. Mais il y a plus : ce n'est qu'à ces conditions qu'il est possible d'être « catastrophiste » du point de vue ouvrier. Ce n'est qu'en ne considérant pas le communisme comme inévitable, qu'il sera inévitable. Ce n'est un paradoxe qu'en paroles. De fait, seules la liberté du travail nécessaire, la créativité du travail appliquée à elle-même, sa force à la fois de création et de destruction, forment la vraie limite du capital et la cause récurrente, multiforme de sa crise. Jusqu'à l'irréversibilité de cette crise, quand, dans le rapport fondamental, la masse du travail exploité exproprie les expropriateurs de la masse du travail exploité. Il n'y a pas de théorie de la crise hors de cette perspective.

Mais c'est insuffisant. Le schéma marxien de la crise n'est pas seulement fondamental pour renvoyer toute phénoménologie économique de la crise à son fondement de classe. Il est aussi plein de richesses, comme nous avons commencé à le voir, pour définir la riche *phénoménologie de la crise* sur le terrain de la lutte de classe. Ce qui veut dire : une fois l'étude des causes de la crise reconduite au fonctionnement de la loi de la plus-value, on peut entamer l'analyse des formes de la crise, en tenant compte des éléments méthodiques qui sont propres à Marx. A ce stade, le déroulement de la crise (des crises) apparaîtra comme un tissu d'une énorme quantité de moments dialectiques, de trajectoires critiques, de segmentations significatives. Certes, ce n'est que lorsque nous aurons revus la crise à travers le rapport plus déployé entre production et circulation, que nous pourrons parcourir ce chemin. Il n'en vaut pas moins la peine de souligner l'importance des conséquences d'une telle analyse.

A travers la théorie du taux de profit, des deux tensions dont elle est l'interprète, l'une constructive et civilisatrice, l'autre destructive et coercitive, la doctrine de la plus-value trouve le point ultime et la conclusion de son cours actuel dans une théorie de la crise comme produit de la lutte de classe. C'est ce que nous avons vu dans cette leçon. Avec cela prend fin la première partie des *Grundrisse* et l'élaboration de la doctrine ouvrière de la plus-value.

Que dire? On a, à ce stade, l'impression d'être assis sur une bombe. Quelque premier pétard a déjà explosé, peut-être prématurément, peut-être de façon incohérente. Déjà quelques tracés, quelques tracés ultérieurs ont pu être entrevus. Mais le potentiel de la théorie de la plus-value doit maintenant exploser, et, – en explosant – déplacer le champ de l'analyse. Jusqu'ici nous avons suivi le fil d'une analyse dont nous avons utilisé l'élasticité à sa limite. Nous voici arrivé à un moment où les allusions à la poursuite de l'analyse, à l'horizon nouveau et à la richesse nouvelle qu'elle nous promet, ne sont plus que presque négatives. Le communisme à la lueur de la catastrophe. Le schème dual qui brise, fait éclater chaque catégorie de l'économie politique, en l'exposant au risque de la lutte de classe. La lutte de classe elle-même qui fonde son projet sur la destruction du travail salarié et ici s'ouvre sur un nombre extrême de négations radicales. A ce tournant de l'analyse, nous avons une connaissance exacte de *l'efficacité de destruction et de critique de l'analyse marxienne*. C'est une *pars destruens* d'intensité cartésienne. Tout a été réduit et détruit au nom du principe de la lutte de classe, de la théorie de la plus-value. Et maintenant? Il s'agit de remonter au *combat entre capital social et classe recomposée*. Une remontée qui est une concrétisation, une historicisation de plus en plus précise de l'approche théorique. Une remontée qui doit être un *passage à la politique*. L'allusion en négatif a le droit et le devoir de se faire proposition active et positive. L'allusion au communisme, que la théorie de la crise contient, doit se remplir de contenus. Nous avons devant nous une image du capital qui commence à se déplacer de la production à la circulation; mais la circulation se trouve ici bloquée dans la forme de la crise. Une crise qui pourrait être catastrophique : cela est nécessaire à l'urgence du projet révolutionnaire. Mais supposons que la circulation stabilise son cours, même si c'est sous la forme irréversible de la crise; supposons que cette inhérence de la lutte de classe soit stabilisée et n'apparaisse comme explosive que tendanciellement; supposons enfin que le rapport entre normalisation de la circulation et de la crise et, d'autre part, croissance tendancielle de la classe vers le communisme apparaisse comme une situation de fait, théoriquement appréhendable. La peine que Marx met à accepter ces présupposés (nous le verrons dans les premières pages sur la circulation) nous avons déjà dû la souligner et la voir comme cause du développement soudain de l'*excursus* sur la crise, – moment sacro-saint d'impatience révolutionnaire. Mais il est clair d'autre part que le nouvel espace est celui de la normalisation et du saut en avant ultérieur en termes de socialisation du capital, – et de la lutte de classe. Il faut donc *déplacer l'analyse.* Motivations théoriques et historiques s'accumulent comme toujours sur les passages cruciaux. En se transformant en motivation et intention politique? Si je devais donner une réponse à cette question, je pencherais pour l'affirmative. De fait – et la théorie de la chute tendancielle du taux de profit nous le démontre – Marx a avancé jusqu'à ce qu'il parvienne à l'autonomie radicale de la classe ouvrière. La théorie de l'exploitation, en se socialisant même si c'est plus dans son caractère emblématique que dans la clôture de son expression, a fait apparaître deux forces antithétiques dans le champ. Le tissu politique, à ce stade, devient fondamental si l'on veut former des projets théoriques, il commence à en définir les conditions préjudicielles. Plus la théorie croît en abstraction et compréhension, plus elle a besoin d'un soutien réel. *Il est impossible de penser un déplacement de l'analyse, un saut en avant de l'analyse, qui ne soit lié à un sujet qui fait ce saut.* Sa différence, sa singularité vont être prises comme conditions d'une investigation globale. Cette série de présupposés existe pour Marx : il a bel et bien identifié l'autonomie de classe même si ce n'est que de façon allusive. Non seulement et non pas tant comme partie d'une dialectique qui recompose : dans la théorie de la crise elle se présente comme rupture de toute dialectique, comme fondement de l'indépendance du prolétariat, comme proposition de communisme. Je ne sais si mon argumentation paraît probante. Je sais toutefois, que, avec toute autre, il est impossible de passer le versant qui sépare la théorie de la plus-value de la théorie de la révolution contre le capital social. A moins de ne pas être friand de « théorie ».

Leçon 6 :

CAPITAL SOCIAL ET MARCHÉ MONDIAL

SOMMAIRE

De la théorie de la plus-value à la théorie de la circulation : le second thème fondamental des Grundrisse. *Quelques aspects matériels et méthodologiques de la recherche.* « Les formes qui précèdent la production capitaliste » : *une parenthèse ouverte sur son dépassement. Le fond de la question : la socialisation comme appropriation. De la subsomption formelle à la subsomption réelle. Le « saut qualitatif » du capital social. De l'affirmation à la négation : la socialisation comme obstacle. La « révolution permanente » du capital et sa loi. Limite et obstacle. Vers le marché mondial. L'expansion du capital, résultat et condition. La force collective du capital et sa forme opposée : capital social et lutte de classe. Le moment de synthèse du raisonnement, l'antagonisme atteint le point extrême et le plus adéquat de son développement.*

La crise va donc se trouver *normalisée* dans la théorie de la circulation. La circulation n'est rien d'autre que l'expansion du tissu qui sous-tend la dynamique de l'exploitation. *La théorie de la circulation est la continuation et l'extension de la théorie de la plus-value*. On avait déjà vu apparaître la circulation dans l'*excursus* à propos de la crise, mais ce n'était encore qu'en des termes qui faisaient ressortir le côté négatif de la dialectique de la séparation et mettaient au premier plan les effets destructeurs du point de vue immédiat. Il s'agit maintenant au contraire de prendre en considération la médiation. La circulation est une victoire capitaliste sur la crise. Mais cela ne supprime pas le rapport qui constitue la crise et le capital lui-même, – le rapport de séparation entre les deux classes et leur lutte. Pour normaliser la crise, pour réussir à contenir la logique de la séparation qui la constitue et qui risque à tout moment d'exploser, le capital doit se déployer et se multiplier dans la circulation. Avec une ardeur grandissante. Mais chaque nouvel espace qu'investit le capital et sa circulation est immédiatement investi également par le rapport de classe.

Circulation et reproduction élargie du capital, de la classe ouvrière et de leur lutte. Il est évident qu'ici surgissent immédiatement des problèmes épineux, comme précisément – en général – la définition de l'articulation circulation-reproduction, ou – si l'on veut – la question de la capacité productive de la circulation : nous reviendrons sur ces problèmes plus loin, – pour l'instant nous nous en tiendrons à l'imprécision, toute relative, dont fait preuve Marx en abordant ces thèmes. Ce qui l'intéresse surtout dans l'analyse qu'il conduit ici, c'est la force d'expansion du capital. Il ne s'agit pas simplement d'un procès qu'on peut appréhender en termes quantitatifs. L'expansion a aussi un aspect qualitatif. En fait, en s'élargissant, le capital apparaît de plus en plus comme une force collective, qui assujettit de plus en plus largement les forces productives – et, à l'inverse, montre ainsi sa propre précarité, la précarité de son développement. On est là à un stade supérieur : celui du capital social, de l'assujettissement de la société tout entière. La seconde partie des *Grundrisse*, c'est ce formidable passage qu'opère l'analyse.

Il faut ici ouvrir une parenthèse, et insister sur l'*importance* de cette seconde partie des *Grundrisse*. Reprenons Vygodskij : la découverte de la plus-value introduit la lutte de classe dans la théorie économique, l'analyse de la circulation permet de développer la théorie de la lutte de classe en théorie du sujet révolutionnaire. La théorie de la plus-value (qui a fait l'objet de la première partie des *Grundrisse*) définit la possibilité du sujet révolutionnaire, le dessine en négatif. La théorie de la circulation permet de poser la réalité du sujet collectif de classe, dans une sphère où l'analyse (et la réalité) de la circulation ont normalisé la séparation. Dans cette leçon et dans la suivante, nous étudierons ce passage. Dans les deux suivantes *(8 et 9)* nous aborderons le moment suivant : la théorie du communisme, comme théorie de la réalisation progressive du sujet, comme synthèse de la théorie de la crise et du sujet.

Mener l'analyse en ce sens suppose de mentionner une série de considérations que le texte de Marx ne fait qu'effleurer : il s'agit d'éléments qui caractérisent la méthodologie marxienne mais que Marx n'a toutefois théorisés explicitement que rarement : or, ces éléments jouent, dans ces passages, un rôle tout à fait remarquable. Nous aurons en particulier à nous arrêter sur *la nature constituante des différents déplacements théoriques* que nous avons cernés. Nous aurons à souligner sans cesse l'aspect réel de ces passages. C'est comme si l'analyse marxienne tendait de plus en plus au concret. De la théorie de la plus-value à celle de la circulation, de l'analyse du marché à celle du capital social, de la subsomption formelle à la subsomption réelle, – il y a là un mouvement d'approximation du concret, du politique, de plus en plus net. On a trop souvent lu Marx comme une histoire immédiate du développement capitaliste. Rien n'est plus faux. C'est là, dans ces moments formidables de mutation, dans ces déplacements, que nous trouvons la véritable clé du procès de connaissance, une approche progressive de la complexité du sujet révolutionnaire, du niveau réel de la lutte de classe. Une approche qui fait intervenir un critère fondamental de la méthodologie marxienne : à savoir, saisir le rapport essentiel dans toute sa subjectivité de façon à pouvoir le considérer comme la clé d'une *transformation* réelle. Pour passer de la théorie de la plus-value à la théorie de la circulation, nous emprunterons un chemin où le sujet devient de plus en plus réel, concret, où la structure cellulaire que la théorie de la plus-value décrit, prend corps, devient une espèce de réalité animale achevée. Notre problème, dans cette exposition, sera celui de réussir à marcher au rythme de ce procès. Ce ne sera pas difficile pour nous, si nous suivons simplement l'argumentation marxienne.

Pour Marx par contre, il s'agit d'un chemin difficile. Du simple point de vue formel, Marx entame l'analyse de la circulation (*Fondements* I, p. 358 / 305) en inscrivant en tête : *« Seconde section. Le procès de circulation du capital. »* (Voir note 1.) A la suite de cela, il nous entretient pendant une centaine de pages avec ces excursus sur les crises, dont nous avons vu qu'ils étaient un appendice à la théorie de la plus-value/profit, – il ne commence donc pas encore, il n'entre pas encore dans le vif du sujet. Dans les *Cahiers IV et V*, sans que l'écriture marxienne marque un arrêt dans la continuité du texte, nous nous trouvons devant une autre cinquantaine de pages : *« Formes antérieures à la production capitaliste »* (*Fondements* I, p. 435-479 / 375-413), une autre longue parenthèse encore avant de s'atteler à la tâche annoncée d'entamer la *Seconde Section* (le texte, que contiennent ces cahiers, a probablement été rédigé en février 1858).

Formen est un petit traité sur les procès de production « qui précèdent la formation du rapport capitaliste ou l'accumulation primitive ». Un petit traité qu'on a souvent publié et utilisé de façon indépendante du reste parce que, à première vue, il possède certainement une individualité propre (cf. la traduction italienne de *Girolamo Brunetti*, Rome, 1967); ce traité est impressionnant par la quantité de lectures et d'études qu'il prévoit (l'édition IMEL des *Grundrisse* avertit que, à part le Niebhur fondamental, « il y a encore 50 titres que Marx avait systématiquement mis en fiches pour cette section »). Enfin il pose une série de problèmes particuliers, par ailleurs fort importants (cf. *G. Sofri, Le mode de production asiatique,* Turin, 1969).

Ce n'est pas à nous d'entrer dans le mérite des questions que soulève *Die Formen.* Nous ne devons simplement pas oublier que *cet écrit fait partie organiquement des Grundrisse,* et comprendre donc quelle place il occupe dans le développement du raisonnement de Marx. Comprendre pour-

1. Dans la traduction Dangeville, ce titre n'est pas signalé dans le corps du texte. Par contre il est effectivement présent dans la table des matières. *(N. d. T.)*

quoi cet écrit se trouve à cet endroit précis, en somme quelle est sa fonction dans le système. Il faut alors immédiatement noter que *cette étude est à nouveau une étude sur la crise*. L'analyse de la crise que l'*excursus* avait développée était une analyse ponctuelle et synchronique; celle qui est développée ici est historique, diachronique. La crise que Marx avait analysée sous la forme de la circulation prend dans *die Formen* la figure de la tendance à long terme, de la généalogie. La méthode est parfaite; parfois, en lisant ces pages, j'ai envie de les considérer comme une application directe et immédiate des critères méthodologiques exposés dans l'*Einleitung*. Une sorte d'explicitation historiographique. Il y a là tout ce sur quoi nous nous sommes arrêtés dans la *Leçon 3* : abstraction déterminée – tendance – nouvelle exposition – déplacement. Pourtant la pertinence du texte n'est pas (même en laissant de côté la spécificité de la matière) essentiellement d'ordre méthodologique : il s'agit plutôt du contenu. *Die Formen* est un texte très important pour lire et interpréter le rythme interne des *Grundrisse*, pour pouvoir mettre entre parenthèses cette parenthèse. Il faut donc en revenir au rôle de ce texte dans l'économie des *Grundrisse*, au moment de passer à l'analyse de la circulation et de tous les problèmes théoriques que ce déplacement induit. Ce rôle trouve sa place dans le projet qui vise à perfectionner l'*analyse de la crise* en la développant jusqu'au stade où on ne peut plus négliger ou mystifier *la nature des parties* en jeu, des classes qui forment le tissu du développement et de la crise. C'est là un nouveau pas en avant vers la détermination concrète de la dialectique de la séparation, qu'il ne faut pas sous-évaluer.

Voyons donc quelques points importants de *Die Formen*. Il me semble qu'on peut procéder en déterminant *un axe général* abstrait et *deux positions conséquentes* et subséquentes beaucoup plus concrètes. L'axe consiste dans la définition de *la loi générale du développement historique des modes de production :* une communauté existe, un mode de production est stabilisé tant que sa reproduction est adéquate aux conditions objectives. Mais « la production elle-même, la progression de la population (qui fait également partie de la production) supprime peu à peu et nécessairement ces conditions, les détruit au lieu de les reproduire, etc. – et c'est ainsi que la communauté disparaît en même temps que les rapports de propriété sur lesquels elle reposait ». (*Fondements* I, p. 448 / 386.) Les limites de la production, de la reproduction sont donc déterminées par le degré d'objectivité des conditions et dépendent de *la prédétermination des conditions.* « Certaines sphères peuvent avoir une certaine grandeur. Mais il est évident qu'il ne peut y avoir d'épanouissement entier et libre de l'individu ou de la société, car il serait en contradiction avec le niveau primitif de la base sociale. » (*Fondements* I, p. 449 / 386-387.) Chaque *« formation sociale déterminée » est donc cet ensemble de conditions et de limites dont le rapport est à la fois constitutif de l'existence et en même temps de la crise de ladite formation.* Le sens général de la civilisation est d'aller de la nature à l'histoire, chaque formation est, par définition, « limitée » tandis que le sens du développement tend à considérer comme illimitées les possibilités humaines. « Mais, *in fact,* que sera la richesse une fois dépouillée de sa forme bourgeoise encore limitée si ce n'est l'universalité des besoins, des capacités, des jouissances, des forces productives, etc., des individus, universalité produite dans l'échange universel; si ce n'est la domination pleinement développée de l'homme sur les forces naturelles, sur la nature proprement dite aussi bien que sur sa nature à lui; si ce n'est l'épanouissement entier de ses capacités créatrices, sans autre présupposition que le cours historique antérieur qui fait de cette totalité du développement un but en soi; en d'autres termes, développement de toutes les forces humaines en tant que telles, sans qu'elles soient mesurées d'après un étalon préétabli. L'homme ne se reproduira pas alors comme unilatéralité mais comme totalité. Il ne cherchera pas à demeurer quelque chose qui a déjà été, mais s'insérera dans le mouvement absolu du devenir. » (*Fondements* I, p. 449-450 / 387.)

Voilà ce qui se présente comme l'axe général, abstrait, tendanciel. La loi du mouvement (la loi de la tendance permet de passer du limité à l'illimité) permet de passer de *l'unité à la différence* : « Dans toutes ses formes primitives, la communauté donne aux sujets une unité objective avec leurs conditions de production, ou bien l'existence objective et déterminée présuppose la communauté elle-même parmi les conditions de la production. Ces formes, plus ou moins liées encore à la nature mais résultant déjà du procès historique, correspondent nécessairement à un développement des forces productives qui est limité et ce, par principe. Le développement des forces productives les dissout et leur dissolution représente elle-même un progrès des forces productives humaines. Le travail se fait d'abord à partir d'une base déterminée naturelle pour commencer, puis historique. Mais alors cette base est elle-même supprimée ou tend à disparaître, étant devenue trop étroite pour le progrès du bloc humain. » (*Fondements* I, p. 460 / 396.) Différence et illimité, différence et richesse sont donc des termes qui sont homologues à *la loi générale du développement.* « Ce n'est pas *l'unité* des hommes vivants et actifs avec les conditions naturelles et inorganiques de leur métabolisme avec la nature qui aurait besoin d'une explication ou qui serait le résultat d'un processus historique; c'est au contraire la *séparation* entre ces conditions inorganiques de l'existence humaine et de son activité, séparation qui n'est totale que dans le rapport entre le travail salarié et le capital. » (*Fondements* I, p. 451-452 / 389.) Ainsi qu'on l'a dit, la définition de la loi générale du développement est suivie de *deux lois subordonnées* plus concrètes, c'est-à-dire de l'analyse d'au moins *deux groupes fondamentaux de « for-*

mations », de leur rapport interne, constitutif et des crises qui le font éclater. Ce n'est pas à nous d'approfondir l'analyse des communautés antiques et orientales, qui représente l'une des approches marxiennes d'un type de « formation sociale déterminée », précapitaliste, et il nous semble inutile de souligner que Marx reprend ici la tradition des lumières préromantiques de la « décadence des empires ».

Il nous paraît plus intéressant de creuser le chemin qui conduit Marx à analyser *« l'accumulation primitive capitaliste »*, c'est la seconde subordonnée, parce que ce thème va permettre de clarifier toute une série de présupposés (pour le moins) génériques qui sont à la base de la loi générale dont on vient de parler et des exemples qui s'y rattachent. Lisons ces deux passages : « Voici ce qui, à ce propos, nous intéresse avant tout : le processus de dissolution transforme, certes une masse d'individus d'une nation en travailleurs salariés virtuellement libres, c'est-à-dire en individus contraints de vendre leur travail parce qu'ils sont privés de propriété; mais il n'implique pas que les anciennes ressources et conditions de propriété de ces individus aient disparu. Au contraire, seuls leur utilisation et leur mode d'existence peuvent avoir changé en passant comme *fonds libre* dans d'autres mains ou même en demeurant dans les mêmes. Une chose est claire : le processus qui, *d'une manière ou d'une autre* (fr.) sépare une masse d'individus de leurs anciens rapports positifs avec *les conditions objectives du travail,* en niant ces rapports et en transformant ainsi ces individus en libres travailleurs, ce processus libère aussi virtuellement ces *conditions objectives du travail* (terre, matières premières, subsistances, instruments de travail, argent, ou tout cela à la fois) *des liens qui les attachaient jusqu'ici* aux individus qui sont désormais libres.

« Les conditions objectives du travail sont encore là, mais elles existent sous une forme différente, comme fonds libre, coupé de toutes les anciennes attaches politiques, etc.

En tant que valeurs existant pour elles-mêmes, elles s'opposent maintenant aux individus libérés de toutes attaches et dépourvus de propriété. Le processus qui oppose la masse des travailleurs libres aux *conditions objectives du travail* oppose également ces conditions – le capital – aux travailleurs libres. Le processus historique a séparé des éléments jusqu'alors réunis? Il ne s'ensuit donc pas que l'un des éléments disparaisse, mais chacun se trouve en face de l'autre dans un rapport négatif, le travailleur (virtuellement) libre d'un côté, le capital virtuel de l'autre. La séparation des conditions objectives d'avec la classe des travailleurs devenus libres a pour conséquence que ces mêmes conditions se rendent autonomes au pôle opposé. » (*Fondements* I, p. 467 / 402-403.) « Le procès de valorisation du capital a essentiellement pour but de produire des capitalistes et des travailleurs salariés? C'est ce que l'économie politique vulgaire oublie complètement, car elle ne retient que les choses produites. Puisque dans ce procès, le travail objectivé est posé comme *non-objectivité* de l'ouvrier, comme objectivité d'une subjectivité opposée à l'ouvrier, comme *propriété* d'une volonté qui lui est étrangère, le capital est en même temps, nécessairement, capitaliste. Il s'ensuit qu'il est faux de prétendre, comme le font certains socialistes, que nous pourrions avoir besoin du capital et non des capitalistes. La notion de capital implique donc que les conditions objectives du travail – et elles en sont le produit – prennent la forme d'une *personne* opposée au travail ou bien – ce qui revient au même – apparaissent comme la propriété d'une personne étrangère au travailleur. Dans le concept de capital est donc compris le capitaliste. » (*Fondements* I, p. 478 / 412 trad. mod.) Dans ces pages, l'analyse *qui est entièrement centrée sur la transformation (crise) diachronique apparaît comme constitutive de la lutte de classe au sens moderne du terme*. Les liens entre production et reproduction, bien loin de constituer simplement les termes rigidifiés de la « formation sociale déterminée », sous-tendent le dynamisme de la composition de classe. Le dualisme antagoniste du développement, qui s'était jusqu'ici stabilisé autour d'une définition sociologique de la compatibilité et des limites internes de la formation sociale déterminée, se personnalise, se subjectivise. L'analyse synchronique de la crise, dans l'*excursus* considéré auparavant, nous avait conduit à voir dans la crise le produit de la lutte de classe; ce nouvel approfondissement nous amène de même à « personnifier » les acteurs du rapport de production et à envisager transformations et crises comme les produits de la lutte de ces « sujets » entre eux. Avec l'analyse de l'accumulation primitive, le concept de « formation sociale déterminée » prend la forme du concept de « composition de *classe/s* » : il emprunte à la volonté qui organise ou détruit les rapports de nécessité, le dynamisme nécessaire à l'action des sujets.

Die Formen est un texte qui a fait l'objet de bien des attaques, parce qu'on y voyait la survivance, à l'intérieur des *Grundrisse*, d'un comportement à la fois naturaliste et humaniste de Marx, la transposition d'un premier Marx pré-critique, du jeune Marx dans le Marx de la maturité. On ne peut pas ne pas accorder un certain crédit à ces critiques. La loi générale sent à plein nez la philosophie de l'histoire et la sociologie. Avec l'analyse du monde antique et des civilisations orientales, nous sommes en pleine sociologie de l'histoire. Il faut toutefois reconnaître que l'analyse perd peu à peu de ce caractère ambigu et générique au fur et à mesure qu'on se rapproche du monde capitaliste et de l'accumulation primitive. Les aspects sociologiques de la formation sociale, les critères internes de compatibilité et de limites (critères totalement adéquats à une sociologie fonctionnelle) commencent par fondre pour se dissoudre ensuite totalement dans *la dialectique de la séparation*. Cette dialectique atténue et finit par supprimer l'humanisme du début. La richesse des besoins, la plénitude du développement est plénitude de la rupture, de la séparation. Il y a plus : pour la première fois, la dialectique de classe montre non seulement sa nature séparée, mais, – comme disent les Anglo-Saxons – subit une « implantation » (remplissement), prend une détermination nouvelle, revêt une signification supérieure. Elle devient *dialectique des sujets*. On ne peut sous-évaluer l'importance politique de cette mutation. Il nous faut aussi rendre compte de cette interruption apparente que représente *Die Formen* dans le corps de l'analyse de la circulation : or c'est dans *Die Formen,* que se trouve élaboré, de façon encore intuitive, ce concept de « sujet » dont l'analyse de la circulation devra rendre compte théoriquement. C'est ici qu'est entrevue et d'une certaine façon préfigurée *l'opération de déplacement* que la section sur la circulation se prépare à accomplir. *Die Formen* ne se situe donc pas en dehors du développement des *Grundrisse,* il ne l'interrompt pas. Il constitue au contraire une excellente application de la méthode (l'argumentation, au fur et à mesure qu'elle progresse, corrige les écarts philosophiques et humanistes du début) et du procès matériel : il introduit cette thématique du sujet qui doit élaborer et être élaborée dans le rapport de lutte que constitue la circulation. Et, si on y regarde bien, on verra que le sujet ici n'a rien à voir avec les présupposés humanistes et matérialistes : il est le produit de la lutte de classe, la résultante du rapport entre l'aliénation extrême de l'ouvrier et l'insurrection révolutionnaire, il est le court-circuit qui se produit entre la séparation et l'explosion du renversement (la fin de toute homologie naturaliste) dont seul le rapport différence/totalité peut rendre compte. « Nous verrons plus loin que cette *forme extrême de l'aliénation* contient déjà en *elle* – bien que sous une forme renversée, la tête en bas – la dissolution de *toutes les conditions limitées de la production,* et, en outre, qu'elle produit les conditions illimitées de la production, ainsi que les pleines conditions matérielles du développement entier et universel des forces productives de l'individu. » (*Fondements* I, p. 481 / 414-415.)

L'analyse reprend maintenant son cours explicite : la circulation du capital, son procès. Il s'agit d'étudier la socialisation du capital en tant que conséquence du dynamisme contradictoire de la loi du taux de profit. Dans *une première phase,* l'analyse met l'accent sur le procès de récupération systématique et continuel des conditions sociales de la production par le capital. C'est le moment dialectique thèse, position, affirmation, – dans toute sa puissance et son abstraction.

La circulation de l'argent était un *perpetuum mobile.* On retrouve ce caractère dans la circulation du capital : mais le capital structure matériellement la mobilité, il est mobilité créatrice. « La circulation du capital est à la fois son devenir, sa croissance, et son procès vital. Ce qui est le plus comparable à la circulation du sang, ce n'est pas la circulation formelle de l'argent, mais celle, matérielle, du capital. » (*Fondements* II, p. 7 / 416.) Le capital circule dans le temps et dans l'espace en déterminant des flux de plus en plus cohérents, de plus en plus rapides du point de vue du temps, et de plus en plus intégrés quant à l'espace. Les conditions sociales de la production sont élaborées, organisées et dominées par l'organisation de la circulation, par l'impulsion que le capital lui donne. La circulation est avant tout l'*expansion de la puissance du capital,* mais aussi – pour la même raison – *appropriation* de toutes les conditions sociales et la *valorisation* de celles-ci. Si la circulation ne produit pas de surtravail, elle met toutefois le capital en mesure de produire du surtravail en chacun des points de la circulation. L'appropriation capitaliste de la circulation, appropriation qui est de plus en plus totalitaire, fait de la circulation la base de la production et de la reproduction, jusqu'à un moment *limite* historique où se produit l'*identification* effective (même si elle n'est pas logique) *de la production et de la circulation*. « Le capital tend ainsi à retirer à chaque industrie son fondement naturel et à transférer ses conditions de production dans un réseau de rapports généraux, en transformant ce qui semblait superflu en une nécessité produite historiquement... La base universelle de toutes les industries est représentée par l'échange général, le marché mondial et, en conséquence par l'ensemble des activités, du trafic et des besoins qui le composent. » (*Fondements* II, p. 19 / 426.) A l'intérieur de la circulation que le capital a ainsi investi, le travail lui-même se trouve unifié, non seulement pour ce qui est de sa partie qui est expropriée directement et médiatisée dans le taux de profit, mais aussi en tant que travail nécessaire. La *Vergleichung* produit aussi ses effets sur le travail. « Si l'on considère toute la société comme un seul individu, le travail nécessaire embrasse la somme de toutes les fonctions particulières de l'activité, devenues indépendantes grâce à la division du travail. » (*Fondements* II, p. 17 / 425.) *La circulation du capital transforme continuellement le travail nécessaire en travail « socialement » nécessaire*. La circulation investit donc le capital et, naturellement, les éléments qui le composent, jusqu'à lui imprimer une homogénéité telle qu'elle opère bel et bien un déplacement de sa catégorie. La socialisation du capital est un procès qui, à travers la circulation, engendre une pulsion irrésistible d'expansion, d'appropriation, d'homogénéisation, – au sein du tout social. « Plus les besoins historiques c'est-à-dire *créés par la production sociale et dépendant d'elle* (angl.) apparaissent comme nécessaires, plus la richesse réelle est développée. » (*Fondements* II, p. 18 / 426.)

Il faut toutefois aller plus loin, clarifier au moins certains points. Ce qui veut dire qu'on ne peut absolument pas considérer le procès de socialisation du capital sous un angle formel. Il s'agit là d'un *procès réel*. Dans la circulation, dans la socialisation, le capital s'unifie réellement. Nous devons donc commencer à voir « le niveau où la communauté réelle prend la forme du capital ». (*Fondements* II, p. 23 / 530 trad. mod.) *De la subsomption formelle à la subsomption réelle,* – c'est là un assujettissement effectif, fonctionnel, organique de toutes les conditions sociales de la production et en même temps, du travail en tant que force associée. « Le capital a atteint son niveau de développement le plus élevé, lorsqu'il crée les conditions générales du procès de production sociale, en agissant en tant que *capital* et non en effectuant des *prélèvements sur le revenu social* par voie fiscale. Dans ce dernier cas, le revenu n'est plus du capital, mais un fonds de travail et le travailleur, bien que salarié, a un statut économique différent de celui du salariat proprement dit. Tout cela révèle d'une part le degré d'assujettissement au capital de toutes les conditions de la production sociale et, d'autre part, le degré où, au moyen de l'échange, la richesse reproductive de la société est capitalisée et satisfait sous cette forme aux besoins *posés socialement* par l'individu, c'est-à-dire, non seulement ses besoins personnels, mais encore collectifs, ceux dont le mode de consommation est social par définition. Or, les objets satisfaisants ces besoins sociaux n'aboutissent pas seulement par l'échange – individuel – à la consommation, mais c'est encore par l'échange qu'ils sont produits. » (*Fondements* II, p. 24 / 431.) « Et naturellement, à ce progrès dans la subsomption, correspondent, pour le capital et pour son État, *des formes institutionnelles adéquates*. » (*Fondements* II, p. 23 / 430.)

Il faut encore revenir sur ce développement. La circulation donne lieu ici à un premier effet dans la production. Si « la *continuité infinie* du procès – le passage fluide et facile de la valeur d'une forme en une autre, d'une phase du procès à l'autre, – est une condition essentielle pour la production fondée sur le capital, et ce, à un degré infiniment supérieur à celui de tous les modes antérieurs de production » (*Fondements* II, p. 27 / 433), – elle est aussi la *condition d'un saut,* d'une mutation de nature du capital.

Dans les pages qui portent sur le profit, Marx avait insisté fortement sur les conditions sociales qui garantissent la continuité de la production, du maintien de la valeur, etc. Mais, dans cette analyse, le capital demeurait un sujet qui faisait face à la société et en exploitait (gratis) les conditions destinées à la reproduction. Ici, c'en est fini de cette dualité, de cette séparation. *Le capital constitue la société, le capital est entièrement capital social.* La circulation produit la socialité du capital. Marx prête toute son attention à ce moment, et y met l'accent : « Bien que nous n'ayons pas encore examiné à fond la question, nous apercevons d'ores et déjà qu'il existe *un rapport spécifique entre le capital et les conditions générales collectives, de la production sociale* et que ce rapport diffère des conditions propres au *capital particulier* et à son *procès de production particulier.* » (*Fondements* II, p. 27-28 / 432.) *Il y a là un saut de qualité qui atteint la catégorie du capital.* La société se présente ici comme société du capital. Dans ce passage, toutes les conditions sociales se trouvent subsumées par le capital, elles font donc partie de sa « composition organique ». Et, outre ces conditions sociales, – qui se montrent dans leur immédiateté – nous trouvons – subsumés par le capital – au fur et à mesure, tous les éléments et les matériaux du procès de circulation (argent et échange en premier lieu, comme fonctions de médiations) et tous ceux qui relèvent du procès de production, de sorte que c'est ici que prend forme, et se constitue, *le passage de la manufacture à la grande industrie, à la société usine.* On trouve ensuite les éléments qui relèvent du procès de la structure idéale et institutionnelle : là se trouve en fait l'origine du passage *à l'État du capitaliste collectif idéal,* à sa réalisation. La subsomption réelle du travail et de la société dans le capital, c'est ce passage qui transforme toutes les catégories marxiennes en leur imprimant un dynamisme très fort; c'est un peu la clé de voûte de toute la perspective que trace la recherche marxienne. Eh bien, ce passage est éclairé dans les *Grun-*

drisse avec beaucoup de force et de clarté. C'est un passage qui domine toute l'entreprise de Marx et qui révèle une étonnante prévoyance. Il est pour nous d'une extraordinaire actualité.

On ne peut pas s'en tenir à un simple examen de la force d'expansion du capital. Le capital est rapport, synthèse d'une contradiction, surdétermination d'une séparation. *A la thèse s'oppose l'antithèse,* à l'affirmation la négation. Après avoir mis en lumière la fonction expansive de la circulation, Marx en soumet immédiatement le concept à l'analyse dialectique. « Le temps de circulation détermine seulement la valeur pour autant qu'il est un obstacle naturel à la valorisation du temps de travail. In fact, c'est une déduction sur le temps de travail, autrement dit une augmentation du temps de travail nécessaire. » (*Fondements* II, 32 / 437.) Et plus loin : « *Le temps de circulation représente donc une limitation de la productivité du travail;* il augmente le temps de travail nécessaire et diminue la plus-value, bref c'est un frein, une barrière à l'autovalorisation du capital. Alors que, d'une part le capital doit tendre à abattre toute barrière locale au trafic, c'est-à-dire à l'échange, pour conquérir le monde entier et en faire un marché, il doit tendre, d'autre part, à détruire l'espace grâce au temps... ». (*Fondements* II, p. 32 / 438.) Le temps et l'espace qui formaient le corps de l'expansion du capital dans la circulation apparaissent maintenant comme des obstacles. Des obstacles à supprimer, à détruire, – *en réduisant l'espace au temps,* en imprimant au temps la marque de la rapidité des transferts et des transformations. Mais il n'y a pas que cela. Nous avons déjà vu comment la circulation est tendanciellement la société tout entière. La société, la composition des forces productives et pas seulement leurs déterminations spatio-temporelles abstraites, constituent *une autre série d'obstacles* au plein développement du capital. Le capital se trouve pris dans ces déterminations. Il doit s'en libérer et libérer par là même sa propre puissance – et à nouveau, et toujours, la subversion possible. « Le capital suppose *la production de la richesse* en tant que telle, c'est-à-dire le développement universel des forces productives et le bouleversement incessant de sa propre base, comme conditions de sa reproduction. La valeur d'échange n'exclut aucune valeur d'usage; elle n'a donc pas non plus comme condition absolue tel ou tel type de consommation ou de circulation; c'est pourquoi chaque niveau de développement des forces productives sociales, de la circulation, de la science, etc., n'est à ses yeux qu'une barrière à franchir. Sa présupposition – la valeur – est posée comme produit, et non comme quelque chose de supérieur, en suspens au-dessus de la production. La limitation du capital c'est que tout son dévelopement s'effectue de manière antagonique, et que l'élaboration des forces productives, de la richesse universelle, de la science, etc., apparaît comme une *aliénation* du travailleur qui se comporte vis-à-vis des conditions produites par lui-même comme vis-à-vis d'une richesse étrangère et de sa pauvreté à lui. Mais cette forme contradictoire est elle-même transitoire et produit les conditions réelles de sa propre abolition. Le résultat, c'est que le capital tend à créer cette base qui renferme, de manière potentielle, le développement universel des forces productives et de la richesse ainsi que l'universalité des communications, bref la base du marché mondial. Cette base renferme la possibilité du développement universel de l'individu. Le développement réel de l'individu à partir de cette base, où, constamment chaque *barrière* se trouve abolie, leur donne cette conscience : nulle *limite* n'est tenue pour sacrée. L'universalité de l'individu ne se réalise plus dans la pensée ou dans l'imagination; elle est vivante dans ses rapports théoriques et pratiques. Il est donc en mesure de saisir sa propre histoire comme un *procès* et de concevoir la nature avec laquelle il fait véritablement corps, d'une manière scientifique (ce qui lui permet de la dominer dans la pratique). Dès lors le procès de développement est lui-même produit et conçu comme une prémisse. Mais, il est évident que tout cela exige le plein développement des forces productives comme *condition de la production :* il faut que les *conditions de production* déterminées cessent d'apparaître comme des entraves au développement des forces productives. » (*Fondements* II, p. 34-35 / 440.) La *« révolution permanente »* du capital laisse apparaître le moteur du mouvement. Le cadre se trouve bouleversé chaque fois que nous arrivons à le saisir dans son ensemble. *Ce n'est pas la contradiction mais la séparation qui anime le procès.* L'expansion du capital « semble » être due à une force qui s'exprime, alors qu'au contraire c'est un rapport contradictoire qui de temps en temps trouve un moment de résolution. La règle du mouvement ne repose pas dans ce moment de résolution mais dans la réapparition de la séparation, de l'obstacle. Il devient donc nécessaire maintenant d'approfondir cette analyse de l'obstacle si l'on veut comprendre la cause du mouvement. L'argumentation passe ici de façon rhétorique par trois moments : on pose les conditions transcendantales du mouvement (espace et temps), ensuite on détermine le caractère concret et la négation dans la thématique de l'obstacle comme particularité du surgissement d'antithèses déterminées. Mais encore et à nouveau abstraites. Il faut alors reconduire la synthèse du raisonnement à la base d'où tout émane, à la règle de la lutte de classe. Seule la lutte de classe anime le capital. Le cadre s'est renversé. Il faut donc *retourner aux relations du « travail vivant »,* voir comment l'obstacle trouve sa source. Pour arriver à cette détermination est-il nécessaire d'en passer par la relation de capital? Certainement. Mais pour la briser, pour y saisir le cours contradictoire et pluriel des éléments qui le constituent. Ainsi, « en soi, le temps de circulation est une *barrière* à la valorisation. (Le temps de travail nécessaire est certes aussi une barrière, mais c'est en même temps un facteur de valorisation car sans lui il n'y aurait plus ni valeur ni capital.) C'est un prélèvement opéré sur le temps de surtravail ou une augmentation du temps de travail nécessaire par rapport au *temps de surtravail.* La circulation du capital *réalise la valeur,* alors que le travail vivant *crée la valeur.* Le temps de circulation est simplement une barrière à cette réalisation : c'est dans cette mesure qu'elle freine la création de la valeur. Il ne s'agit pas d'une entrave créée par la production en général, elle est spécifique de la production capitaliste : la tendance à l'abolir, comme la réaction contre elle, font donc partie du développement économique propre au capital; c'est le point de départ du développement des formes du crédit, etc. Le capital représente la contradiction suivante : il cherche constamment à abolir le temps de *travail nécessaire* (ce qui revient aussi à ravaler l'ouvrier au niveau le plus bas, c'est-à-dire à son existence de pure force de travail vivant); mais le *temps de surtravail* n'existe qu'en opposition au *temps de travail nécessaire* si bien que le capital pose le temps de travail nécessaire comme *nécessité* et condition de sa reproduction et de sa valorisation. Le développement des forces productives matérielles va de pair avec le développement des forces de la classe ouvrière : *il abolit d'une certaine manière le capital lui-même.* » (*Fondements* II, p. 36-37 / 441-442.)

La nature radicale de la logique de la séparation chez Marx devient tout à fait évidente à ce stade. Derechef mais avec une force de plus en plus grande à mesure que les catégories croissent en complexité – à nouveau donc, c'est le rapport travail nécessaire/surtravail qui dicte l'articulation du procès : le moment d'expansion du capital est celui des contradictions – qui l'animent. L'articulation du capital est une dialectique des « limites » fonctionnelles au développement du profit, c'est une dialectique de l'exploitation qui peut, qui doit s'arrêter sur la « limite » que constitue l'exploitation maximum, l'expansion maximum du capital. Pour quelle raison le capital a-t-il besoin de s'autolimiter pour se valoriser, cela est clair. Son procès de valorisation est une *stratégie* qui doit tenir compte de la séparation que contient le concept même de capital. La limite du développement a pour fonction stratégique de s'opposer aux « obstacles » de la production de plus-value, – obstacles qui sont définis en première instance dans la circulation, redéfinis, et réactivés dans leurs formes en dernière instance dans la production, au niveau de la séparation entre surtravail et travail nécessaire. « Le capital contraint l'ouvrier à travailler au-delà du travail nécessaire. C'est la seule manière pour lui de se valoriser et de produire une plus-value. Mais, par ailleurs il n'utilise le travail nécessaire que *dans la mesure* où il créera du surtravail et où celui-ci *pourra se réaliser sous forme de plus-value*. Il pose donc le surtravail comme condition du travail nécessaire : la plus-value est la limite du travail objectivé et de la valeur en général. Le capital ne pose donc le travail nécessaire que s'il peut créer une plus-value, car sur la base de la production capitaliste il n'y a pas de travail nécessaire indépendamment de la plus-value. Cette limitation – que les Anglais appellent une *barrière artificielle* – au travail et à la création de valeur découle donc directement du fait que le capital crée du surtravail et de la plus-value. De par sa nature même le capital pose donc des *entraves* au travail et à la création de valeur, ce qui est en contradiction avec sa tendance à les accroître sans limite. Le capital est ainsi une contradiction vivante. » (*Fondements* I, p. 379/324.) On comprend ce que signifie le fait que « le véritable obstacle à la production capitaliste soit le capital lui-même » : *le véritable obstacle à la production capitaliste est le rapport de force que constitue le concept de capital*, c'est la séparation qui produit le développement. De ce point de vue, le concept même de capital devient le concept d'une stratégie, d'un projet de domination qui est constamment réajusté à une production qui règle de façon exactement proportionnée son expansion sur les *impératifs du commandement et du profit*. Limite, mesure, proportion : voilà les éléments qui définissent la stratégie capitaliste, les formes qu'elle revêt. Mais en se figeant cette stratégie limite les possibilités de développement des forces productives à l'intérieur du rapport de domination du capital. Pourra-t-on jamais faire reculer cette limite au-delà des bornes du rapport initial? Non! Le capital peut en l'espèce donner libre cours à sa force de détermination jusqu'à la guerre et à la destruction. Rosa Luxemburg a écrit des pages splendides sur ce rapport limite/obstacle. Quant à nous, nous retiendrons ici l'idée que la limite prend la forme du résultat de la stratégie menée face à l'obstacle que le prolétariat représente nécessairement pour la production de plus-value et la reproduction du commandement capitaliste.

Le procès d'expansion du capital, la « révolution permanente » qu'il doit imposer pour surmonter les obstacles à l'exploitation et pour définir une stratégie gagnante, tendent à la *constitution du « marché mondial »*. Nous avons déjà plus d'une fois rencontré cette extension des conditions de la production capitaliste, cette recherche d'un maximum d'expansion, de bases nouvelles. Nous voudrions nous arrêter maintenant sur ce moment, le prendre en considération comme le fait Marx, montrer un exemple de la façon dont se développe la thématique de la circulation expansive du capital. Soulignons tout de suite que si le profit est l'organisation du capital sous la domination du temps, *le marché mondial est l'organisation du capital sous la détermination de l'espace*. Chez Marx, le procès de constitution du marché mondial suit ainsi les rythmes de formation du profit, aussi bien formellement que matériellement. Les deux concepts tendent à s'identifier : le fait que dans les *Grundrisse* (mais aussi dans les textes suivants) cette identification ne se réalise pas pleinement, n'enlève rien à la formidable actualité de cette hypothèse. Ce qui nous intéresse, c'est introduire ici la notion de la dialectique du *Weltmarkt* parce qu'elle permet une exposition nouvelle du problème de la circulation, exposition où quelques-uns des résultats de la recherche menée jusqu'ici prennent une très forte intensité.

Dans les *Grundrisse,* le marché mondial apparaît dès les premières pages, dans le chapitre sur l'argent, et resurgit ensuite inlassablement à chaque passage fondamental, *bien qu'un livre soit spécialement prévu à cet effet.* Là aussi l'exposition se fait sur un mode trinaire : affirmation, négation, synthèse. Par *affirmation,* nous entendons la description linéaire des procès constitutifs du *Weltmarkt,* « le procès d'autonomisation du marché mondial » (*Fondements* I, p. 97-101/78-81.) Dans cette première approche, celle de l'affirmation, d'autres éléments viennent s'agglomérer de façon assez confuse : ici, par exemple, la description d'un mécanisme matériellement linéaire alterne avec la reconnaissance des obstacles qu'il doit surmonter. L'analyse se fait ensuite plus impatiente. « La formation du marché mondial contient déjà de façon contemporaine les conditions de son trépas. » Suit immédiatement (*Fondements* I p. 99-100/79-80) une page sur le communisme, sur l'individu réalisé. Cette densité de l'analyse ne doit pas prêter à confusion, une même lumière la parcourt, l'éclaire : en fait on y voit se dessiner le moment de la négation comme celui de la synthèse dépassement-subversion. L'argumentation se poursuit. Toutefois, ce n'est pas l'ensemble du développement rhétorique du raisonnement qui nous intéresse : ce qui nous intéresse c'est à nouveau l'émergence de *la thématique de l'obstacle comme thématique fondamentale.* Elle surgit tant sur le plan de la circulation que sur celui de la production : sur le plan de la circulation en tant que procès à la fois de différences et d'*Ausgleichung* successives, sur le plan de la production en tant qu'impossibilité de ramener les termes de cette production à une opération matérielle de péréquation et de médiatisation. Dans un passage sur *« monnaie et marché mondial »* (*Fondements* I, p. 166-170/137-139), Marx souligne en conséquence l'arrêt que la monnaie subit en se confrontant au marché mondial. Au stade du développement de l'impérialisme dont Marx est le témoin, c'est le moins que l'on puisse dire. La difficulté, les obstacles, les différences sont tels que, au stade de l'échange international, « l'argent doit être démonétisé ». Il n'existe qu'à « titre politique », parle « une langue différente » : il perd ainsi sa nature de « signe » pour redevenir « marchandise universelle ». Mais ce moment où les valeurs entrent en récession, génère la crise, parce que le développement capitaliste, même s'il manque d'instruments de contrôle adéquats, tend vers le marché mondial. Le capital ne cherche pas seulement à dépasser ses propres obstacles mais aussi ses propres limites. Toutes les contradictions sont alors réactivées, le « marché mondial » représente à tous les sens du terme une « section finale ». « Le marché mondial constitue à son tour, à la fois la condition et le résultat de tout. » C'est l'*« Aufhebung »*, la crise généralisée de la circulation qui se répercute sur la production. Cette description, qui s'en tient pour l'instant au niveau de la monnaie, n'en est encore qu'à son début; elle est toute provisoire. A la fin du premier volume des *Grundrisse* (p. 379, 412-413/324, 353-354) et au début du deuxième (p. 35/440) l'analyse du rapport *Weltmarkt-Ausgleichung-Aufhebung* en est déjà à un stade supérieur. Le développement linéaire se déroule désormais directement au niveau de la production : dans le sens d'un capital international. Certes, on ne peut pas parler de « capital universel », ce qui représente une *« contradictio in adjecto »*; on peut par contre parler d'un « capital en général » comme terme idéal de la « révolution permanente » des rapports de production capitaliste. Les obstacles sur ce plan, sont déjà des moments de passage réels à des stades d'organisation capitaliste plus avancés. *Le développement linéaire est une simple hypothèse théorique,* la réalité de l'*Ausgleichung,* de la comparaison et de la péréquation des valeurs est au contraire déjà un procès en train de s'accomplir, même s'il rencontre des obstacles. Mais, à nouveau, *le résultat du procès est doté de la valence plus forte de la contradiction.*

Il faut encore faire un pas de plus et reprendre l'analyse. Il y a dans les *Grundrisse,* une tension linéaire vers le *Weltmarkt,* une tension qui figure la puissance d'expansion du capital à la fois sur le plan de la circulation et sur celui de la production, une tension irrésistible. Parfois (surtout quand on lit *On colonialism,* Éd. en Langues étrang., Moscou s. d ou même *L'Inde, La Chine, La Russie* éd. Dangeville, 10/18 Christian Bourgois) on aurait envie de crier au cynisme marxien, tant la linéarité du procès, la fonction civilisatrice du capital se trouvent exaltées. Cette tension est encore présente dans les textes suivants (cf. en particulier *Le Capital*[1] LI, 206, 320-321, 548-550, 559-566 et le chapitre XXIV, Livre III 36, 41, 232, 314-315, 538, 613-615, 617-618, 689, 700, la Ve Section). Mais trop souvent cette lecture est devenue exclusive d'autres : la *théorie des stades de développement,* dans sa version occidentale comme dans sa version orientale, en est la fille. Or, cette tension n'est pas exclusive. *Au contraire* elle est totalement liée à tout un système d'obstacles (ouvriers) et de limites (capitalistes) dont il faut examiner avec attention l'enchaînement. La circulation, l'expansion du capital exigent une récupération incessante et réelle des conditions sociales de la production qui soutiennent sous une forme sans cesse renouvelée l'expansion du capital. Cette récupération est un procès qui va d'obstacle en obstacle : un procès où surgissent sans cesse de nouvelles péréquations, de nouveaux nivellements, des *Vergleichungen* et des *Ausglei-*

1. *Le Capital,* édition en 3 volumes, Éditions Sociales, 1976.

chungen du profit, des déterminations sans cesse nouvelles du profit moyen. *La négation suit l'affirmation* au rythme dialectique du raisonnement. Nous devons maintenant examiner ce procès du capital qui trouve sans cesse de nouveaux équilibres, de nouvelles « limites » qu'il s'impose à lui-même (le capital est toujours une « proportion disproportionnée » ou même une « disproportion proportionnée »); il faut considérer ce procès de deux points de vue. D'un côté il y a la course en avant déséquilibrée du capital, à la poursuite du maximum d'espace à parcourir et occuper : c'est le *stade suprême de l'impérialisme,* – et c'est l'espace sur lequel prend appui le dépassement – subversion de cette phase. D'un autre côté, il y a le fait que cette expansion dans l'espace du capital n'est rien d'autre que *le procès de constitution de plus en plus large du profit moyen :* ici domine la contradiction du profit, l'antagonisme des forces qui le composent. Les deux procès sont collatéraux : dans leur dimension spatiale, extensive, comme dans leur dimension intensive, ils conduisent au troisième terme de la dialectique, à *l'Aufhebung.* Nous savons que cette forme d'exposition est abstraite. Mais elle se réfère au chemin que parcourt le capital quand il tend à s'approprier la totalité du monde. Ici toutes les contradictions se compliquent. Si nous voulons poursuivre l'analyse, nous devons *nous arrêter sur ces complications,* voir comment la dialectique entre *Weltmarkt-Ausgleichung-Aufhebung* trouve des déterminations particulières à chaque fois. La particularité qui surgit est la source d'une formidable richesse pour la recherche. Chaque détermination particulière entraîne le déplacement de l'ensemble de l'analyse. Dans l'horizon limité qui est celui de Marx, le procès impérialiste possède encore une « frontière » indéfinie à parcourir, des réalités nationales à méditer et qui constituent un obstacle effectif à la *Vergleichung,* un horizon de contradictions objectives qui doivent permettre de déterminer la perspective de la crise. Nous, nous avons sous les yeux (et Marx s'approchait déjà dans le livre III du *Capital* de notre hypothèse de lecture) une réalité multinationale de l'exploitation beaucoup plus avancée. Concluons que, plus l'unification capitaliste du monde et la subsomption réelle de la société mondiale sous le capital progressent, plus la thématique de l'extension dans l'espace de l'impérialisme se renverse au profit de l'intensité de l'exploitation, de la cellule de la plus-value, de l'antagonisme de classe. Les termes marxiens demeurent; bien plus ils se vérifient, bien au-delà du moment ponctuel d'où ils tirent leurs déterminations. Le procès d'expansion impérialiste du capital, procès qui tend à constituer des termes moyens de l'exploitation mondiale, est donc un résultat, mais en même temps une condition pour que les prémisses de la subjectivité révolutionnaire puissent réapparaître. L'expansion impérialiste du capital est ainsi une fuite en avant pour tenter d'échapper à l'antagonisme auquel le capital est toujours en proie, en tant qu'il est déterminé comme capital. Les contradictions, les antagonismes sont les moteurs qui animent le capital, qui le poussent vers des degrés de plus en plus élevés de contradiction, d'antagonisme. Chaque résultat est une prémisse, une base nouvelle. Chaque « limite » régulatrice que le capital, dans ce mouvement historique, se pose à lui-même est ce qui permet à de nouveaux « obstacles » de surgir. Le procès indéfini trouve son point d'arrêt dans la lutte de classe. Mais le procès de circulation est lié à une expansion si large et si exaltante qu'elle fait apparaître la circulation du capital pas simplement comme expression de la puissance collective du capital, mais aussi comme lieu de naissance privilégié de la force qui s'oppose au capital. *La thématique du « marché mondial » est l'exemple le plus achevé de la tendance révolutionnaire du développement capitaliste.*

Le « capital social » est la forme où se consolide la force d'expansion du capital à travers et sur la circulation.

Force d'expansion qui – comme on l'a vu – est aussi et avant tout une force collective. *Dans ce rapport le capital social est le sujet du développement.* En posant la circulation, le capital se pose comme socialité, comme capacité de contenir de façon de plus en plus déterminée toute la puissance sociale de la production à l'intérieur de son propre développement. La subjectivité qui, dans cette synthèse, marque le capital est une figure que le capital n'arrive à revêtir qu'à travers un procès de subsomption, d'assujettissement de la société de plus en plus cohérent et exhaustif. *Le mode de production même se modifie.* Tout d'abord le capital recueille les capacités de travail qui sont dans la société et les réorganise dans la manufacture. La grande industrie est au contraire une situation de production où le capital social s'est déjà posé comme sujet, a préfiguré les conditions de la production. Les conditions de travail, le procès de travail sont préordonnés au procès de valorisation : à partir d'un certain moment qui est celui de la constitution du capital en « capital social », on ne peut plus distinguer travail du capital, travail du capital social du procès de valorisation. N'est travail que ce qui produit du capital. Le capital est la totalité du travail et de la vie. « Ce progrès continuel de connaissance et d'expérience – dit Babbage – est notre grande force. Cette progression sociale fait corps avec le capital et il l'exploite à fond. Toutes les formes de propriété antérieures condamnent la majeure partie de l'humanité à être esclave, pur instrument de travail. L'évolution historique et politique, l'art, la science, etc. se déroulent dans les hautes sphères, au-dessus de cette masse laborieuse. Le capital commence par faire prisonnier le progrès historique et le met au service de la richesse. » (*Fondements* II, p. 89/483-484.)

Suivons les articulations de la pensée de Marx. Les pages qui précèdent l'affirmation qu'on vient de citer sont un résumé de la grande analyse qui dans le livre I du *Capi-*

tal et dans le chapitre VI inédit, cherche à décrire de façon détaillée le passage de la manufacture à la grande industrie, de l'assujettissement formel à l'assujettissement réel du travail – il y a en somme un plan succinct mais complet du déplacement continuel des catégories qui s'opère dans ce moment historique que Marx a sous les yeux (de la manufacture à la grande industrie), mais en même temps un exemple de la *méthode* à utiliser pour analyser et caractériser chaque passage suivant (ceux que nous avons, nous, sous les yeux). « L'association des travailleurs, la coopération et la division du travail, ces conditions fondamentales de la productivité du travail, apparaissent comme *forces productives du capital,* de même que toutes les forces productives qui déterminent l'intensité et l'extension pratique du travail. Aussi, la force collective et le caractère social du travail sont-ils la *force collective* du capital. Il en est de même de la science de la division du travail et de l'échange qu'implique cette division des tâches. Toutes les puissances sociales de la production sont des forces productives du capital, et lui-même apparaît donc comme le sujet de celles-ci. L'association des ouvriers, telle qu'elle existe dans la fabrique; n'est donc pas leur œuvre, mais celle du capital. Aux yeux de l'ouvrier prit à part elle apparaît comme fortuite. Il considère sa propre association avec les autres ouvriers et sa coopération avec eux comme des modes d'action *étrangers,* appartenant au capital. Le capital se manifeste sous une forme encore inadéquate, par exemple, chez le petit capitaliste travaillant lui-même. En effet, le capital implique une certaine dimension et concentration. Celle-ci ayant une forme objective, se réalise en une seule main et correspond à un processus d'accumulation des moyens de subsistance, des matières premières et des instruments ou, en bref, de l'argent sous sa forme universelle de richesse. Elle a aussi une forme subjective : c'est l'accumulation des forces de travail et leur concentration en un point, sous le commandement du capital. Il ne peut donc y avoir un capitaliste par ouvrier : il faut un certain nombre d'ouvriers par capitaliste, alors qu'il ne faut qu'un ou deux compagnons par maître artisan. Par ailleurs, le capital productif, ou le mode de production correspond au capital, ne connaît que deux niveaux de développement : la manufacture et la grande industrie. La première implique la division du travail; la seconde, une association des forces de travail (ayant un mode d'activité uniforme) et l'utilisation des forces de la science qui entraîne un transfert de l'association et, pour ainsi dire, de l'esprit collectif du travail aux machines, etc. Dans le premier stade la masse des ouvriers (accumulés) doit être importante, par rapport à la quantité de capital : dans le second, le capital fixe est important par rapport aux ouvriers associés dans leur travail. » (*Fondements* II, p. 83-84 / 479-480.) Marx poursuit en caractérisant de façon plus complète (du point de vue de la terminologie également) le passage de la subsomption formelle à la subsomption réelle. Ici le capital est un sujet réel, il est une *force sociale collective. C'est la circulation qui nous a donné ce premier sujet.* Le raisonnement de Marx se conclut donc en première instance sur cet aspect subjectif de l'antagonisme. Jamais on n'a tant accordé au capital. A juste titre.

Mais si à ce stade on ne peut plus distinguer le travail du capital, ce n'est pas pour cela que le raisonnement prend fin. L'autre sujet, le sujet ouvrier, doit également prendre corps; qu'il soit subsumé par le capital n'en supprime pas l'identité, cela ne fait qu'en dominer l'activité — et le sujet doit apparaître là où la force collective du capital a conduit le procès. *Au capital comme sujet d'un côté doit répondre de l'autre côté le travail comme sujet.*

Surtout, *sujet modifié par le rapport avec le capital.* Au cours de ce procès qui accumule les subsomptions, le capital modifie la composition de classe, et la porte à un degré d'unité de plus en plus fort, sous et à l'intérieur de sa propre domination. Dans un premier temps « l'association (des travailleurs individuels) représente un acte particulier, à côté duquel continuent l'éparpillement et l'autonomie de leurs activités. Telle est *la première condition* pour que l'argent s'échange à titre de capital contre le travail libre. La seconde est l'élimination de l'autonomie et de l'éparpillement de cette multitude de travailleurs : *la force sociale et collective du capital* ne leur fait plus seulement face dans l'*acte de l'échange* – en regroupant un grand nombre d'échanges. Il les réunit à présent sous son commandement en un seul lieu – la manufacture – et ne laisse pas subsister plus longtemps le mode de production antérieur sur lequel il avait établi sa domination : il se met à créer les fondements d'un mode de production qui lui est adéquat. Il entreprend l'*association des ouvriers dans la production,* association qui se réalise tout d'abord en un lieu collectif, au moyen de surveillants. *Le capital va créer lui-même l'enregistrement, la discipline accrue, la continuité et la dépendance au sein de la production.* D'emblée le capital s'épargnera ainsi certains *faux frais de production* (cf. Gaskell qui se réfère particulièrement au développement de la grande industrie en Angleterre). Dès lors, le capital apparaît à la fois comme la force collective des ouvriers, la force sociale du travail et comme l'unité qui les soude ensemble : il est la force qui crée l'unité ». (*Fondements* II, p. 85-86 / 481.) Il n'est pas encore possible ici, du simple point de vue ouvrier, de distinguer le travail du capital (c'est le lieu du syndicat).

Mais en second lieu, la situation se transforme. Nous avons une unité ouvrière qui est créée par le capital, mais cette unité a permis de sortir de l'isolement des travailleurs individuels et nous a amenés à cette unité qui est celle des intérêts, qui est *la base matérielle de l'unité politique*. « Le capital ainsi se présente dès l'origine comme force *collective* et sociale qui abolit le parcellarisme d'abord dans l'échange avec le travailleur, pas dans le travail lui-même.

Le parcellarisme des travailleurs implique encore une relative autonomie de ceux-ci. Leur subordination pleine et entière au capital, leur séparation complète d'avec les conditions de production supposent donc qu'ils soient regroupés autour d'un seul capital qui devient leur seule terre nourricière. » (*Fondements* II, p. 88 / 483.)

Faisons un dernier pas. Ce progrès objectif, dominé par le capital, commence à laisser apparaître à un autre niveau une *subjectivité de classe*. Un saut qualitatif intervient : l'unité des comportements de classe commence à se suffire à elle-même. La socialisation du capital doit se confronter à l'antagonisme de classe qui prend corps. La subjectivité ouvrière est pleinement démontrée du fait que 1) l'unité que le capital a construit permet aux ouvriers de casser le rapport d'échange avec le capital. *Au rapport d'échange succède dans le procès capitaliste, le rapport de force* entre les classes. « Si la concurrence lui permet de marchander et de discuter avec le capitaliste, l'ouvrier mesure ses prétentions au profit du capitaliste pour réclamer un certain quota de la plus-value qu'il a créée. C'est ainsi que la *proportion* devient un élément réel de la vie économique. En outre, dans la lutte des deux classes – qui s'engage nécessairement lorsque la classe ouvrière se développe – la mesure de leur distance réciproque qui s'exprime dans le salaire en tant que proportion, prend une importance décisive. L'apparence de l'échange disparaît dans le procès de production fondé sur le capital. » (*Fondements* II, p. 97 / 491 trad. mod.) 2) La subjectivité ouvrière est également démontrée du fait que le rapport d'échange ne vaut pas *entre* ouvriers. Nous verrons plus longuement cela dans notre prochain séminaire : contentons-nous de le rappeler simplement pour l'instant, mettons-le en avant en tant qu'élément essentiel pour achever de détruire le rapport d'échange entre ouvriers et capital.

Le chapitre sur la circulation trouve ici une première conclusion. La tendance capitaliste s'accompagne de la tendance ouvrière, l'élargissement dans la circulation du rapport d'échange s'accompagne parallèlement de la destruction du rapport d'échange. La constitution du capital social va de pair avec l'apparition de la classe sociale des travailleurs. Ceux-ci sont d'abord unifiés par le capital au stade où il en est de son développement social, puis par eux-mêmes – dans leur composition matérielle et leur identité – par la destruction du rapport d'échange comme base de l'existence associée des ouvriers. Nous avons ainsi assisté à l'explosion de la *forme qui s'oppose* à la force collective du capital, à son expansion : un nouveau sujet a fait son apparition. De ce nouveau sujet, Marx nous a fait la généalogie, il nous a présenté un modèle d'analyse qui propose un déplacement continuel de la recherche et de la réalité. La composition organique du capital *ne comprend pas mais* indique en filigrane la composition politique de la classe ouvrière comme son protagoniste extérieur. *A nouveau la dialectique de la séparation se pose au centre de la démarche logique et du développement réel.* La synthèse de l'analyse de la circulation nous fournit un développement extrême et parfaitement adéquat de l'antagonisme. Il n'est encore qu'une possibilité. Mais avançons avec Marx, dans les *Grundrisse* et nous nous trouverons devant des développements étonnants.

Leçon 7 :

LA THÉORIE DU SALAIRE ET SES DÉVELOPPEMENTS

SOMMAIRE

A. A nouveau la forme antithétique du développement capitaliste : une articulation essentielle des Grundrisse. *B. Le livre sur le salaire et la polémique qu'il suscite : sa place centrale dans la genèse et le développement de la pensée marxienne. Le livre sur le salaire comme fondement et comme développement. Du salaire au sujet. C. Circulation et petite circulation. Argent et petite circulation. La logique de la séparation dans la théorie de la circulation : la théorie du salaire, trame de la théorie du sujet; elle permet de donner un nouveau fondement à la théorie. D. Le chapitre* sur les machines : *la logique de la séparation à l'œuvre. Puissance collective de la subjectivité et constitution de l'individu social de la révolution communiste. E. Notes en guise de conclusion : les métamorphoses de la théorie de la valeur, le parcours de la subjectivité, la méthodologie confirmée.*

Nous devons creuser l'analyse menée dans la *Leçon 6* et les conclusions de cette leçon. La forme antithétique du développement capitaliste, l'explosion de la logique de la séparation pouvaient de fait apparaître plus comme une description que comme une démonstration. Il s'agit maintenant d'atteindre le niveau de la *Neue Darstellung,* le niveau où l'ensemble des termes de la démonstration se déplace. Il s'agit de voir que le caractère antithétique du capital n'est pas seulement un résultat : il est aussi un résultat, mais *cette forme antithétique est en fait la clé, la caractéristique générale du développement.* Dans certains de ses aspects, le procès constitutif qui nous a conduits à la définition du capital social doit être carrément renversé. Tout cela est absolument évident si l'on s'en tient à la simple cohérence de l'approche marxienne qui, comme on l'a souvent répété, propose sans cesse tout au long du chemin que parcourt l'argumentation, la thématique de la plus-value comme loi à faire fonctionner totalement. C'est elle qui donne au concept de capital social la marque très forte de la dualité et de l'antagonisme, c'est elle qui permet ce second moment d'explication de la loi, à savoir : plus la socialisation capitaliste s'étend, plus son caractère antagonique s'approfondit (qualitativement) et augmente (quantitativement). La synthèse des catégories spatio-temporelles intègre la contradiction fondamentale de la loi du profit. La structure littérale même des *Grundrisse* se fonde sur cette intégration par paliers successifs. Nous entrons ici dans la phase de conclusion de l'argumentation, c'est-à-dire là où les effets expansifs de la théorie de la valeur ou de l'exploitation, après avoir subi dans l'*excursus* sur la crise et dans *Die Formen* une première contraction synchronique et catégorielle, puis une seconde diachronique et historique, – après avoir donc subi ces contractions nécessaires à l'exposition et à l'exemple, se développent dans un nouvel espace, qui est un espace social, collectif et général... *La règle de l'opposition doit apparaître dans toute sa nouveauté et avec toute sa force.* Le procès de valorisation, lorsqu'il atteint cette dimension totalitaire, doit laisser apparaître l'*autovalorisation* prolétaire, doit laisser se développer dans toute sa puissance son antagonisme. Nous aurons l'occasion d'analyser longuement cette articulation de la pensée marxienne, dans les pages qui suivent. Son caractère résolutoire apparaîtra clairement. On pourrait dire que les *Grundrisse* s'achèvent avec ce *chapitre sur les machines* (qui est précisément dans cette leçon le terme de notre analyse), et donc que le rythme logique de l'argumentation marxienne atteint ici sa plénitude. Ce qui suit le *chapitre sur les machines* (il y a encore pratiquement tout le cahier VII) est plutôt un complément à ces conclusions, l'approfondissement et le prolongement de fils du raisonnement qui proviennent d'autres *tranches* (fr.) de l'argumentation, précédentes ou partielles, – très importantes certes, mais non pas essentielles. Nous voici donc à une articulation fondamentale, au centre de cette *seconde partie*, de ce second versant de l'analyse des *Grundrisse* que représente *la théorie de la circulation*. Reprenons donc le texte là où nous l'avions laissé à la fin de la *Leçon 6*. La progression de l'argumentation marxienne donne ici l'impression d'une large houle. L'argumentation procède par vagues qui viennent et se retirent. La vague qui se retire maintenant nous avait amené au capital social, et en se retirant elle laisse apparaître pleinement son antithèse : *la subjectivité ouvrière*. Allons donc à la recherche de cette catégorie de la logique de la séparation, sous sa forme la plus élevée, là précisément où la condensation du capital est la plus forte : c'est là la démarche même de Marx.

Que le travail nécessaire, la créativité qui en émane, se cachent sous la forme du salaire, c'est ce qu'enseigne en s'y appesantissant la théorie de la plus-value. Cette réalité cachée, mais unique et puissante en tant que force productive, court partout où fonctionne la loi de la plus-value, en épouse tous les mouvements. Ce qui veut dire que, pour atteindre la subjectivité ouvrière, éclairer son rôle, il faut avant tout *creuser la forme du salaire,* briser l'enveloppe qui dissimule la vitalité de la valeur, en pomper la substance et lui donner l'apparence de la productivité du capital. Cela veut dire en substance, cerner les lois du mouvement du salaire, qui, en se posant de façon indépendante (ou relativement indépendante) de celles du mouvement général des marchandises, renvoient à la réalité particulière qui se trouve recouverte. C'est ce projet qui est présent, comme on l'a vu, dans le « plan » des *Grundrisse,* c'est-à-dire dans le plan prévu par Marx pour le développement de sa recherche. Or, dans la rédaction du *Capital,* on n'en trouve plus trace. Ce livre spécifique qui devait être consacré au salaire disparaît du *Capital* en tant que livre particulier : pourquoi? Roman Rosdolsky (I, 92-99) s'est posé la question explicitement, ou plus exactement il s'est posé deux questions : 1. Quels étaient les thèmes qui devaient rentrer dans ce livre? 2. Pourquoi Marx renonce-t-il à *« un livre sur le travail salarié »* particulier? La réponse de Rosdolsky à la première question est satisfaisante, celle qu'il donne à la seconde l'est moins. Nous le verrons un peu plus loin. Voyons d'abord quels sont les thèmes qui devaient être inclus dans ce livre sur le travail salarié? Une longue et soigneuse analyse permet d'en faire la liste. En voici l'essentiel :

Fondements I, p. 211 / 175 : le salaire comme forme d'existence de la classe prolétaire face – dans la circulation – aux deux autres classes.

I, p. 231-233 / 193-194 : les formes du salaire. Le salaire aux pièces : démystification de l'illusion de participation qu'il contient.

I, p. 354 sq. / 302-304 : le rapport salaire/population globale et le rapport travail nécessaire/plus-value. Vers le paiement du travail nécessaire comme paiement de la reproduction d'un tout social.

I, p. 373 / 319 : du travail nécessaire comme limite de la valeur d'échange de la force de travail vivante (rigidité du salaire vers le bas?)

I, p. 385-386 / 329 : à l'opposé, sur les lois de l'abaissement du salaire au-delà des limites du travail nécessaire. Évolution historique des formes du salaire.

I, p. 428-429 / 368-369 : de nouveau à propos de l'évolution historique des formes du salaire : démystification du salaire en tant qu'apparence d'échange entre équivalents. La force de travail, « propriété » du travailleur.

Fondements II, p. 11 / 420 : la « petite circulation » ou le salaire comme revenu dans la sphère de la circulation.

II, p. 109-111 / 501 : salaire et excédent de travailleurs.

II, p. 360 / 702 : l'hypothèse d'un minimum du salaire. Fluidité de cette hypothèse dans le développement de l'analyse.

En tenant compte de ces points et d'autres problèmes (fondamentaux comme celui de la réduction du travail concret au travail abstrait et de la réduction des travailleurs humains singuliers à du travail moyen simple et indifférencié) (sur la question du travail qualifié voir aussi

Rosdolsky, II, 580 sq.), Rosdolsky passe à la résolution du second problème proposé et conclu que Marx a laissé tomber le livre particulier sur le travail salarié parce que « la séparation rigide entre les catégories du capital et celles du travail salarié, telle qu'elle était prévue dans l'ancien plan, n'était apparue tenable que jusqu'à un certain point et qu'ensuite il avait paru nécessaire de l'abandonner. « Ce qui veut dire que les thèmes recensés doivent être considérés comme des éléments subalternes dans l'analyse du capital. »

Mais ceci n'est pas vrai. Ce n'est pas vrai, comme nous l'avons déjà en partie souligné çà et là, pour quelques-uns de ces thèmes, ce n'est pas vrai non plus pour les autres, comme nous allons le voir maintenant : mais ce n'est pas vrai non plus d'une façon générale, parce que tous ces éléments doivent être considérés comme subordonnés non pas aux lois du capital mais aux lois de la lutte de classe, comme il nous est déjà arrivé de le voir : « La proportion devient un élément réel de la vie économique... dans la lutte des deux classes – qui s'engage nécessairement lorsque la classe ouvrière se développe – la mesure de leur distance réciproque, qui s'exprime dans le salaire en tant que proportion, prend une importance décisive. L'apparence de l'échange disparaît quand le procès de production fondé sur le capital se développe. » (*Fondements* II, p. 97 / 491, trad. mod.)

Il nous faut à ce stade reposer le problème. Rosdolsky, par une remarque qu'il fait et qui pour lui est secondaire, nous y aide. Il note que la réduction du travail concret au travail abstrait et la réduction des travailleurs singuliers au travail social moyen, n'exigent pas, à strictement parler, un chapitre sur le salaire. Ces réductions tenaient à l'élaboration de la théorie de la plus-value, elles étaient donc *à la base de la théorie du capital.* Réductions fondamentales, oui, fondations véritables : pourquoi se répéter? On peut répondre à la question rhétorique de Rosdolsky. Il faut se répéter parce que le caractère fondamental de la découverte marxienne de la plus-value (et des réductions qui la fondent) *ne peut pas* s'épuiser dans le livre sur le capital. Parce que chaque fois que cet élément fondamental apparaît, il imprime un rythme logique différent à l'analyse : *logique de la séparation* contre dialectique omnirésolutive. Peut-être faut-il dire de ce point de vue que si *« le livre sur le salaire »* n'a pas été écrit, ce n'est pas parce qu'il représente – au niveau de la théorie du capital – un problème déjà résolu, mais parce qu'au contraire, *toute la théorie du capital ne peut se fonder et se développer qu'en passant par la théorie du salaire,* qu'elle s'y réfère donc sans cesse, qu'elle la contient. Mon point de vue est extrême, je le sais : dès la *Leçon 1*, je regrettais déjà l'absence de ce « livre sur le salaire », qui introduisait un élément essentiel d'ambiguïté. Mais à présent, nous voilà en mesure de montrer que cette ambiguïté a certes fait trébucher la quasi-totalité des interprètes de Marx, mais non pas Marx.

Revenons au cœur du problème. *Le chapitre sur le salaire* fonde *celui sur le capital* dans l'exacte mesure où le travail concret se transforme en travail abstrait, le travail distinct et qualifié en travail moyen simple. Cette transmutation n'est pas une synthèse achevée, une donnée sur laquelle construire : c'est une *tendance,* – et une tendance antagoniste. Le travail productif, la force de travail ne sont pas un moteur immobile d'où le capital serait créé : ils courent au contraire tout au long des articulations du capital, ils animent de façon contradictoire toutes les objectivations du capital. La formation du rapport de force entre les classes – à un certain niveau du développement capitaliste – exprime de façon réelle et collective ce qui était déjà présent dans le rapport capitaliste dès le début. La circulation du capital intervient – spatialement et temporellement (selon la moyenne) – pour permettre au dualisme du concept d'éclater et de prendre la forme d'une dualité de sujets. Mais toujours sur la même base, celle d'un procès continu qui ne s'arrête jamais. Il n'y a pas une seule catégorie du capital que l'on puisse soustraire à cet antagonisme, à ce flux en perpétuelle scission. On peut d'autant moins subordonner une supposée théorie du salaire à la théorie du capital. Quand en fait, le salaire intervient dans le livre I du *Capital,* en réinvestissant de nombreux thèmes explicitement abordés dans les *Grundrisse* –, il intervient comme « variable indépendante ». Ses lois dérivent de la condensation en un sujet de la révolte contre le travail que contient le développement capitaliste, et se posent immédiatement comme règles d'indépendance. Le système de catégories tout entier, tel qu'il existe au moment où intervient le salaire, doit en conséquence changer. Il faut passer de l'extraction de la plus-value absolue à l'organisation de l'extraction de la plus-value relative, de la subsomption formelle à la subsomption réelle de la société par le capital. La hausse de la valeur du travail nécessaire qui résulte de la lutte sur le temps de travail et de sa réduction, commande *un déplacement général* des formes catégorielles mêmes de l'accumulation et de la reproduction capitaliste. Le fondement de la théorie du capital est continuellement assujetti à cette dynamique.

Ceci en ce qui concerne les catégories. Mais cela ne suffit pas. Le fait que le salaire doive apparaître, toujours et malgré tout, comme une variable indépendante du procès du capital engendre une *séquence d'effets* que nous pouvons suivre à tous les niveaux du développement. Le chapitre sur le salaire n'est pas seulement le fondement implicite mais la *trame même du développement* de la théorie marxienne du capital. A peine est-on parvenu à définir les premiers thèmes catégoriels, qu'aussitôt entrent en jeu leurs variations historiques et leurs déterminations particulières : le point de vue du salaire domine ici. L'opposition est donnée dès le début : « L'échange d'une portion du capital contre la force de travail vivante doit être considérée comme un moment particulier puisque le marché du travail est régi par d'autres lois que celles du marché des denrées par exemple. » (*Fondements* II, p. 11 / 420.) Le problème essentiel ici n'est autre que celui du travail nécessaire qui se consolide de plus en plus pleinement, à des niveaux de plus en plus irréversibles. Tout cela « rentre dans la section sur le salaire, etc. ». Qu'est-ce que cela signifie « des lois différentes »? Cela signifie que la logique de la séparation prévaut, cela signifie que le salaire est, quant à ses quantités sociales, *une grandeur indépendante,* et qui varie de façon indépendante, cela signifie que sa rigidité est une donnée irréversible de l'analyse. Certes : cette rigidité aussi va se fluidifier. Admettons, par exemple, pour obtenir une constance quelconque de la loi du profit que le travail nécessaire soit fixé au minimum nécessaire du salaire. En fait ce n'est là qu'une hypothèse totalement abstraite. En réalité, il faut étudier historiquement la rigidité qui se fonde sur un rapport de force réel. « De toutes façons, les prémisses stables deviendront toutes fluides au cours de l'analyse. » (*Fondements* II, p. 360 / 702.) En pratique donc, « la mesure du travail nécessaire peut différer selon les époques et les pays ». Pour le capital, au contraire, « à chaque époque donnée la mesure doit être considérée et maniée comme une unité fixe ». « L'examen des autres variations trouve tout à fait sa place dans le chapitre sur le travail salarié. » (*Fondements* II, p. 702 trad. mod. la phrase manque dans l'édition française.) Mais le contraste entre ces affirmations contradictoires laisse poindre une potentialité, – *la réalité de la lutte de classe. Le salaire est une variable indépendante dans l'exacte mesure où pour le capital la quantité, la qualité, en somme la valeur du travail nécessaire « doivent » être une dimension fixe.* La contradiction que constitue le rapport capitaliste évolue à l'intérieur de ce rapport contradictoire. Il n'y a pas d'alternative : le capital ne peut être mû que par la logique de la séparation. Le pôle de la séparation est formé par le salaire, par cette masse de travail nécessaire dont le capital doit fixer la valeur à tout prix, – et qui est au contraire mobile, variable, qui n'est pas une détermination finale de l'échange, mais *une résultante de la lutte* de classe, quand elle ne réussit pas à être dictature de la classe ouvrière et prolétaire. C'est l'indépendance qui détermine la lutte, en fixe les possibilités et le développement. C'est la lutte qui consolide les valeurs du travail nécessaire et les pose comme entités historiques : signe d'un ensemble de besoins, de comportements, de valeurs acquises que seule la lutte réussit à modifier et à porter en avant, – selon les possibilités que le travail vivant recèle, en fonction des transformations historiques qu'il subit, possibilités qui ont toutefois partie liée avec les transformations productives du capital. Examinons cette *puissance du travail vivant :* sous la forme du salaire, elle ne montre que l'aspect mystifié de son existence, cette fixité que le capital exige pour le mesurer. Mais dès que nous dépassons cette nécessité que le capital impose, nous percevons dans le salaire, au-delà du salaire, la palpitation du travail vivant dans toute sa réalité sociale, avec toute la puissance de son antagonisme. Et cela à tous les stades du raisonnement de Marx. Nous percevons continuellement ces pulsations, sans relâche dans chaque moment du développement capitaliste. La complexité du problème étourdit. Dans la mesure où nous n'acceptons pas les positions objectivistes de l'*école des chapitres,* des revendications infinies de la force que possède le capital pour posséder et commander le développement tout entier – eh bien, dans cette mesure même, il nous semble qu'on ne peut pas non plus emprunter ici le *chemin de la subjectivité* qui impute le capital à l'objectivation *tout court* (fr.). Mais ce ne sont pas là les tensions historiques – simplifications terribles – qui nous intéressent.

Ce qui nous intéresse, c'est au contraire l'ambiguïté du procès, l'absence de solution au bout de sa démarche, l'épuisement de toute loi du commandement à son niveau. Dans les *Grundrisse*, on peut lire chaque passage théorique à l'intérieur de cette *variabilité extrême du rapport de force*. Nous pouvons avec raison regretter ici l'incertitude dont fait preuve *le Capital* sur cette question : celui-ci ne donne qu'un éclairage fragmenté, il ne montre que des moments de ce tout singulier qu'est le développement des catégories. Ce qu'il ne nous donne pas – alors que les *Grundrisse* nous le donnent – c'est le cadre global, le tableau de fond où se situe cet antagonisme. Le salaire, la quantité de travail nécessaire, ne sont pas seulement le fondement du développement capitaliste, ils en déterminent aussi, de façon générale, les lois fondamentales. La voilà donc *la fonction créative du travail nécessaire*, sa variabilité irrésistible *vers le haut*. De condition qu'elle était, la théorie du salaire devient règle du développement. On ne peut pas lire les *Grundrisse* (comme anticipation du cours de l'histoire) sans en induire que la séparation domine tout le procès. Quant à la séparation du point de vue ouvrier et prolétaire, elle est la consolidation d'une réalité donnée historiquement; là, c'est la force productive du sujet libre qui domine.

L'analyse progresse encore. Le voile de mystification qui recouvrait le travail quand il avait la forme du salaire a été déchiré, – il faut maintenant achever de l'arracher. Tous les éléments que nous avons soulignés au fur et à mesure convergent ici pour former une combinaison riche de créations. Et en premier lieu, *la puissance du travail vivant*, véritable clé de toute la dynamique de la production, moteur de la transformation de la nature en histoire. Souvenons-nous comment, dès les premières pages de l'analyse, quand l'argent commence à représenter le lieu raréfié mais puissant du commandement social, le travail vivant commence à s'ériger inlassablement en face. Et comment, en se développant, il prend la forme de l'*abstraction réalisée*, de la société ouvrière, du médiat de la production. *Le fil rouge du travail abstrait dessine un procès constitutif*. Plus le travail s'abstrait et se socialise – c'est là le second élément qui concourt à déplacer l'analyse – plus la sphère des besoins s'élargit. Le travail crée ses propres besoins et impose au capital de les satisfaire. L'évolution progressive des besoins donne une concrétisation à l'unité, aux différentes unités composées que la progression du travail abstrait et social engendre. Le *salaire* se forme sur ces besoins – pour *mystifier* l'individualité désormais claire des masses de travail nécessaire que ce procès a consolidé. Troisième élément : cette individualité tend à se faire subjectivité. Ce qui veut dire que la connexion entre les besoins, la matérialité individuelle de leur composition veut et doit s'animer. Le rapport avec le capital brise la sujétion à la nécessité économique, s'anime précisément de la seule façon dont la matière puisse s'animer : en tant que comportement, *en tant que puissance*. Cette puissance est subjectivité, elle est irréductible. Le capital est contraint de se reconnaître comme rapport, proportion, règle imposée à une séparation. *La forme du rapport embrasse les deux côtés de la lutte*. La lutte de classe, la politique sont désormais au centre de la théorie économique. *Si la théorie de la plus-value introduit dans la théorie économique le fait de l'exploitation, la théorie marxienne de la circulation y introduit la lutte de classe*. C'est à ce stade qu'on comprend pleinement ce que c'est chez Marx que ce *livre sur le travail salarié*. C'est le raisonnement théorique qui progresse de l'économique au politique, c'est l'immersion du politique dans l'économique et vice versa. La théorie de la plus-value avait fait apparaître et décrit la cellule de la société bourgeoise; ici il s'agit d'analyser et de dévoiler le rapport organique, développé, mûr du capital. Tous les fils se nouent. Comme nous le verrons, par la suite, les fruits de cette découverte sont inestimables. Il a pu être pénible de franchir la ligne de faîte qui permettait d'accéder à ce second versant de l'œuvre marxienne : on pourra maintenant progresser plus facilement, de vastes paysages se rouvrent devant nous. Le thème du *livre sur le travail salarié* est donc celui-là et celui-là seul : *du salaire au sujet, du rapport capitaliste à la lutte de classe*. Marx n'a pas écrit de livre particulier sur le salaire comme prévu parce que toute son œuvre est une reprise incessante de ce thème. Sans relâche, elle cherche à approcher la lutte de classe, la subversion, la révolution. Il reste maintenant à voir comment le sujet ouvrier développe sa logique indépendante.

Reprenons l'analyse du texte au point où nous l'avions laissé à la fin de la *Leçon 6. Le chapitre sur « la petite circulation »*. Nous trouvons ici un exemple immédiat de la *possibilité de renverser* la lecture du capital *du point de vue de la subjectivité*. Que cette possibilité se réalise dépend évidemment de l'état des rapports de classe historiques : ce que nous voulons souligner ici, c'est que ces termes dessinent la possibilité théorique (tendancielle) d'une indépendance prolétaire au sein du capital.

« Au sein du procès d'ensemble de la circulation, nous pouvons distinguer la grande et la petite circulation. La première embrasse toute la période depuis le moment où le capital sort du procès de production jusqu'au moment où il y retourne. La seconde est continue, et se déroule en même temps que le procès de production : elle porte sur la partie payée en salaire et échangée contre la force de travail. » (*Fondements* II, p. 188 / 565.) *Quelles sont donc les caractéristiques* de cette seconde et petite circulation ? Quels en sont les effets ? Avant tout la petite circulation est la sphère où se détermine et se *reproduit la valeur du travail nécessaire*. « Le temps de travail contenu dans la force de travail, c'est-à-dire le temps nécessaire pour produire la force de travail s'échange selon le principe d'équivalence contre le travail nécessaire à la reproduire ou à la conserver, si nous supposons que le niveau des forces productives reste constant. » (*Fondements* II, p. 188-189 / 565-566.) Cette production et reproduction-conservation de la force de travail sont posées dans la circulation mais de façon particulière. Ce qui signifie que « la circulation de la portion de capital transformée en salaire accompagne le procès de production et apparaît à ses côtés comme un rapport de force économique : les deux sont simultanés et entremêlés ». (II, p. 190 / 566.) Ce qui veut dire encore que le *rapport capitaliste, l'échange, l'exploitation n'affectent en rien l'indépendance du sujet prolétaire*. Mieux : l'enchevêtrement qui naît du dualisme des formes de la circulation est caractéristique de l'émergence d'un sujet irréductible, que rien ne peut apaiser. Les valeurs qui ont partie liée avec le sujet influent sur le cours capitaliste. « C'est le seul moment de la circulation du capital où la consommation intervient directement. » (*Fondements* II, p. 190 / 567.) Consommation productive? La question n'est pas de s'engager sur ce terrain incertain. Il faut simplement et toujours souligner l'aspect immédiat et insoluble de la relation. Elle est présente dans toute la réflexion marxienne : « Le capital circulant semble donc être ici directement au service de la consommation individuelle des ouvriers et satisfaire en général la consommation immédiate en revêtant la forme du produit fini. D'un côté, le capital apparaît comme présupposition du produit; d'un autre côté, le produit fini apparaît comme la présupposition du capital; du point de vue historique, cela signifie que le capital n'a pas inauguré le monde, mais a trouvé devant lui une production et des produits qu'il s'est mis en devoir de soumettre à son procès. Mais, une fois en marche, partant de lui-même, il se crée et se reproduit constamment sous les différentes formes du produit consommable, de matière première et d'instrument de travail. Ces produits apparaissent tantôt comme ses conditions préalables, tantôt comme son résultat. En se reproduisant, le capital crée ses propres conditions. En raison du rapport du capital à la force vivante du travail et aux conditions de subsistance de celle-ci, le capital circulant est déterminé également quant à sa valeur d'usage. » (*Fondements* II, p. 190-191 / 567 trad. mod. pour la dernière phrase.)

Quant à la valeur d'usage : voilà donc ce qui fonde le caractère insoluble de la relation. Le travail nécessaire touche les produits et les transforme, par sa propre consommation, en valeur d'usage. Seul le travail nécessaire a cette capacité d'opposer à la valorisation capitaliste une *résistance* qui est sa propre (la même) conservation et reproduction. Une résistance qui ne consiste pas simplement à se présenter comme point immobile, mais comme cycle, comme mouvement, comme croissance. « Le paiement du salaire est un acte de la circulation qui se déroule parallèlement au procès de la production et simultanément à lui. » (II, p. 192 / 568, trad. mod.). *Simultanéité et parallélisme marquent l'indépendance du sujet ouvrier, sa propre autovalorisation face à la valorisation capitaliste.* Les économistes modernes dessinent ce rapport entre les deux formes opposées de valorisation, sous l'aspect d'*une double spirale,* d'un double *moulinet* de parallèles convergentes : ils savent bien combien la crise marque ce procès, procès qui est toujours possibilité de crise. Qui l'est d'autant plus que croît la puissance du côté prolétaire de la relation. Le rapport n'est plus dialectique, c'est une relation antagonique, toujours dominée, mais riche de risques et d'insurrections. Le capital ne peut se soustraire à cette relation. Il doit la recomposer, et pour se faire se plier au rapport, non seulement dans sa forme abstraite mais aussi dans ses contenus. « La petite circulation entre le capital et la force de travail. Elle accompagne le procès de production; c'est un contrat, un échange, un trafic; une condition préalable pour engager le procès de production. La partie du capital consacrée à cette circulation – *l'approvisionnement* – représente le capital circulant par excellence (grec). Non seulement la forme en est déterminée, mais encore sa valeur d'usage; c'est dire que son contenu – produit consommable et entrant directement dans la consommation individuelle – représente une partie de sa forme déterminée. » (II, p. 194 / 570.) La double face du salaire (II, p. 94-95, 148-149, 288) se dissout. Elle apparaît plutôt comme une *seconde* face, complètement refondue sous l'aspect du *revenu* ouvrier; elle nie ainsi toute complémentarité par rapport au capital et s'érige au contraire en opposition à lui. L'insistance de Marx sur cette dynamique de la petite circulation est très importante pour nous. L'hypothèse théorique est comme d'habitude rigide *et* flexible : rigide dans la tendance qui indique; flexible dans les rapports historiques qu'elle enregistre. De ce dernier point de vue, nous ne saurions nous étonner de ce que Marx revienne ici souvent sur les conditions réelles du procès et insiste, ponctuellement, faisant preuve d'un sens aigu de l'histoire, sur le fait que le capital domine la petite circulation dans la phase qui lui est présente, et la récupère à l'intérieur de la grande circulation. Mais ceci n'enlève rien à la force d'opposition avec laquelle apparaît la petite circulation : non seulement comme fait, mais comme dynamique, comme procès, comme tendance. C'est ce passage du fait à la dynamique qui caractérise la petite circulation. Nous avons vu abstraitement la force créative du travail se faire sujet, nous pouvons maintenant voir comment s'opère concrètement ce passage. La petite circulation est l'espace dans lequel la sphère des besoins qui tient au travail nécessaire se déploie. C'est ainsi qu'elle prend forme, se constitue de façon dynamique, se consolide dans la composition de la force de travail, de la classe ouvrière, se reproduit et s'élargit, se définit enfin comme potentiel de lutte.

Différents problèmes surgissent ici. Le *premier* est d'approfondir l'articulation constitutive ici décrite. Le *second* sera d'analyser les conséquences opposées qui découlent de cette première apparition sous une forme achevée du sujet prolétaire. Ce n'est pas le lieu d'approfondir ces points : en ce qui me concerne, j'ai essayé d'en formaliser quelques-uns dans la dernière partie de mon livre, *La forma Stato* (Feltrinelli, Milan, 1977). Nous aurons par moments à y revenir, mais toujours nécessairement à la hâte. Nous devons cependant retenir que nous tenons ici l'un des *points centraux* dans le débat politique du marxisme. C'est sur la façon dont il faut développer ces questions que les marxistes révolutionnaires *se divisent*. Peu m'importe pour le moment de savoir de quel côté on se situe (à supposer que de semblables situations théoriques existent); je veux seulement souligner que sur ces questions on doit se séparer. Pour Marx le jugement historique porté sur la phase de l'autovalorisation est *objectif*. Pour nous, au niveau de composition (et de force) qu'a atteinte la classe ouvrière et prolétaire, il est devenu totalement *subjectif*. Ce qui veut dire que chaque rapport est sous-tendu par la volonté, que chaque détermination fonde un développement, que chaque épisode est significatif d'une tendance. En outre, la base de l'autovalorisation s'est élargie au point qu'on puisse définir le projet révolutionnaire comme *construction d'une force opposée appuyée sur la dynamique de classe. Une dynamique de pouvoir*. De pouvoir : parce que la valeur d'usage est pour le prolétariat revendication et pratique immédiate du pouvoir. Le travail nécessaire ne peut être défini – même si c'est de façon purement abstraite – qu'en termes de pouvoir : rigidité, irréversibilité, prétention, volonté subversive d'insurrection. Valeur d'usage. Valeur d'usage indispensable pour définir la petite circulation. Le dualisme est total du point de vue de la tendance : nouvelle proclamation de pouvoir. Le dualisme est actualité de la crise pour le capital et sinon précarité du développement.

Regardons bien. Nous sommes là au-delà du marxisme.

C'est sur ces propositions qu'une bonne partie de la vulgate marxienne ne comprend plus Marx, ce sont ces problèmes théoriques qui mènent – au minimum – à regretter la scission de la pensée marxienne entre une position objectiviste (économie) et une position subjectiviste (politique) et à dénoncer – par suite – le manque d'une perspective politique adéquate et suffisante. Marx est ainsi voué à l'objectivisme et à l'économisme, et interprété comme alibi à la paralysie de la pensée et de l'action révolutionnaire. Il devient nécessaire dès lors de revendiquer *l'unité de la pensée marxienne,* au-delà du marxisme, au-delà de l'orthodoxie d'une tradition asphyxiante. On ne veut pas nier ainsi que des considérations partielles puissent trouver des aspects de la pensée de Marx apparemment séparés de l'unité du projet. On ne veut pas nier non plus qu'on ne puisse lire ainsi de nombreuses pages de Marx (surtout celles rassemblées et publiées dans le cercle allemand de la IIe Internationale), purement et simplement à travers la grille de l'objectivisme. Nous avons nous-mêmes souvent relevé le gap qui existe entre les *Grundrisse* (et l'unité qui marque leur projet) et *Le Capital* (dont le déroulement n'est pas sans chutes de la dialectique). Ce que par contre nous voulons dire, c'est qu'il n'y a pas de possibilité de donner une interprétation générale de la pensée marxienne en s'appuyant sur des considérations objectivistes et en renvoyant purement et simplement son analyse à l'économie. C'est de ce point de vue que nous critiquons radicalement la vulgate montante du marxisme, avec ses aspects parfois catastrophistes et consolateurs, objectivistes et opportunistes, et en tout cas toujours économistes. Nous devrons aller à l'encontre de quelques *topoi (lieux communs)* de l'interprétation marxienne courante? Eh bien allons-y. Nous avons tout à y gagner. Considérons par exemple, pour rester sur ce thème de la petite circulation et de l'autovalorisation prolétaire, le traitement marxien des ainsi nommés « schèmes de reproduction » dans le livre II du *Capital*. Il est clair que la logique de la séparation que nous voyons à l'œuvre dans les *Grundrisse* nie que ces schèmes puissent réellement fonctionner, ne les considèrent que comme une approximation, la plus adéquate possible à une réalité qui est au contraire profondément morcelée et traversée par l'antagonisme. Ce qui ne signifie pas qu'il faille jeter aux ordures ces schèmes : cela signifie simplement qu'ils peuvent servir à *approcher* la circulation productive et son concept du point de vue de l'unité économique, ou, tout bonnement de l'unité *comptable* du procès. Faire de ces abstractions qui se situent à un très haut niveau d'abstraction, des schèmes destinés à interpréter la lutte de classe, en chercher – d'une façon négative ou positive – la cohérence logique, pour en tirer une force nécessaire pour reconnaître des espaces ou des objectifs de la lutte de classe, c'est une erreur et une mesquinerie. Ce tissu tout d'une pièce, sur lequel croît, de façon antagonique, la reproduction est tout autre, nous l'avons longuement vu. Tout autre et bien plus riche.

Le *concept d'autovalorisation*, avec toute sa densité, nous renvoie au concept d'*argent*, tel qu'il se trouve élaboré dans les premières pages des *Grundrisse*. Une figure générale, sociale, abstraite et antagonique. Des deux côtés on a des formes qui s'opposent de façon contradictoire. *Il faut souligner l'aspect antagonique de la relation*. L'argent est la grande médiation du développement capitaliste (la théorie quantitative a partie liée avec cette fonction) et même il représente le commandement du capital dans cette médiation qu'est le rapport de classe qui le constitue (la théorie keynésienne de la monnaie représente cet aspect). Confrontés à l'autovalorisation, ces fonctions pour ainsi dire déteignent. *La petite circulation semble repousser d'elle-même les fonctions de l'argent*, toutefois l'argent peut fonctionner chez elle en termes de circulation marchande simple. Sur cette face de la petite circulation, la séquence

AMA' n'est pas valable : l'argent qui s'échange entre prolétaires est valeur d'usage. *L'argent se subordonne à l'autovalorisation.* Naturellement l'analyse semble abstraite et pleine d'utopie si elle ne tient pas compte de ce qu'une relation contradictoire s'installe entre forces collectives. Elle l'est beaucoup moins dès qu'on la place à ce niveau. Il est par exemple impossible aujourd'hui d'apprécier la relation antagonique de classe qui imprègne les fonctions sociales d'exploitation du capital (État entrepreneur, dépenses publiques etc.) si on ne tient pas compte de ces dimensions du problème. *La réduction de l'argent a une fonction de pur et simple commandement* d'un côté de la relation, *équivaut à sa subordination (relation) à l'autovalorisation de l'autre côté de la relation.* Et cela toujours dans des termes qui s'opposent. Eh bien, c'est tout cela que Marx commence à aborder de façon théorique dans ces chapitres. Les conditions sont toutes données : l'émergence de la subjectivité des deux classes, le caractère général et social de leur formation, la nature antagonique de leur confrontation dans la circulation et la reproduction. La possibilité de définir de façon nouvelle les catégories du capital, en partant de l'enseignement marxien, de donner de nouveaux fondements et une formulation nouvelle et adéquate aux dimensions du *capital social* de notre époque, repose donc sur cette thématique : argent (commandement — autovalorisation, plus que sur tout autre moment marxien. Ce n'est qu'en prenant pour point de départ cette thématique que nous pourrons peut-être appréhender l'actuel antagonisme de classe dans ses dimensions réelles. C'est là aussi que nous trouverons la possibilité de hausser le tir de l'analyse de façon à comprendre les mécanismes politiques du capital et le *problème du pouvoir.* Au cœur de cette relation, le rapport capitaliste est immédiatement rapport politique de pouvoir. La même chose vaut du point de vue de la classe ouvrière. Ce qui veut dire que, après avoir vu la théorie marxienne du salaire devenir possible puis prendre forme avec l'élaboration de la théorie du sujet, nous allons maintenant pouvoir la prendre comme point d'appui pour réviser et fonder les plus importantes *catégories de la théorie de la lutte de classe.* Il s'agit donc de faire fonctionner la logique de la séparation à tous les niveaux, il s'agit d'appréhender la crise comme moment constitutif de chaque apparition, de chaque concrétisation du capital, il s'agit de passer en revue tout le plan du *Capital* et de le confronter point par point aux modifications introduites par le développement de la lutte de classe aujourd'hui. En ce qui me concerne, je suis toujours stupéfait de voir la puissance des intuitions de Marx à ce sujet, l'extraordinaire anticipation dont font preuve les *Grundrisse.* Mais cela ne dispense pas de s'atteler au travail de création que nous devons fournir ici.

Résumons. Il me semble que la théorie marxienne du salaire, les ouvertures théoriques qui en découlent permettent de définir le moment fondamental où la théorie de la lutte de classe s'introduit dans la théorie de la circulation. Une fois les déterminations sociales du capital et sa force de progrès solidement assises et passées en revue, surgit la règle de l'antagonisme. Des effets importants s'ensuivent. Avant tout du point de vue de l'analyse de la classe ouvrière : peu à peu se dessine une direction subjective qui prend de plus en plus de matérialité, pour finir par déterminer la composition réelle de la classe. Le chemin sur ce point est ouvert, et nous verrons dans les pages qui suivent comment Marx le parcourt. En second lieu la logique de la séparation dessine l'espace général où l'analyse se déploie, espace où se trouvent formulées quelques anticipations tendant à refonder – déplacer les principales catégories. Il ne nous reste plus maintenant qu'à suivre le développement de la pensée marxienne dans les *Grundrisse,* dans les pages qui suivent immédiatement l'analyse de la « petite circulation ».

En nous appuyant sur ces acquis, nous pouvons maintenant aborder *« le chapitre sur les machines »*, c'est-à-dire lire le plus haut exemple de l'usage de la dialectique antagoniste et constitutive qu'on puisse trouver, bien sûr dans les *Grundrisse,* mais peut-être dans toute l'œuvre de Marx. Le chapitre sur les machines couvre les dernières feuilles du cahier VI et le début du cahier VII (*Fondements* II, p. 209-218 / 582-600); ce chapitre fut rédigé à la fin février 58 et se situe, on l'a déjà dit, au faîte de la tension théorique de Marx dans les *Grundrisse.* C'est certes également un moment de conclusion du point de vue logique. Désormais le procès du capital s'est manifesté à travers une série d'éléments critiques, tant du point de vue de la construction synchronique des catégories que du point de vue de leur détermination historique, diachronique : jusqu'à ce que l'antagonisme en vienne à prendre la figure de la subjectivité ouvrière, que à ce point limite il s'ouvre au procès de subversion. Il s'agit ici de nouer les fils, de recueillir l'ensemble du procès dans toute sa richesse. Reprenons depuis le début et allons de l'avant.

L'analyse repart de la dialectique du *travail vivant.* Celui-ci se trouve immédiatement inséré dans « l'unité dynamique constitutive du procès de travail » unité qui s'approfondit, en changeant de forme, au fur et à mesure que le capital, à travers la machine, ou « le système automatique des machines » subsume le travail. Le système automatique des machines est « mû par un automate qui est la force motrice se mettant elle-même en mouvement. Cet automate se compose de nombreux organes mécaniques et intellectuels, ce qui détermine les ouvriers à n'en être plus que des organes conscients. Dans la machine – et davantage encore dans le système du machinisme automatique, le moyen de travail est transformé, jusque dans sa valeur d'usage et sa nature physique, en un mode d'existence correspondant au capital fixe et au capital en général. La forme de moyen de travail immédiat qu'il avait dans le procès de production capitaliste est dépassée pour une forme posée par le capital et qui est en conformité avec lui-même. La machine n'a plus rien de commun avec l'instrument du travailleur individuel. Ce qui fait sa spécificité n'est pas du tout, comme dans l'instrument de travail, de médier l'activité de l'ouvrier face à l'objet. En effet l'activité se manifeste bien plutôt comme le seul fait de la machine, l'ouvrier surveillant l'action transmise par la machine aux matières premières et la protégeant contre les dérèglements. Avec l'outil, c'était tout le contraire : le travailleur l'animait de son art et de son habileté propre, car le maniement de l'instrument dépendait de sa virtuosité. En revanche, la machine, qui possède l'habileté et la force à la place de l'ouvrier, est elle-même désormais le virtuose, car les lois de la mécanique agissant en elle l'ont dotée d'une âme. Pour rester constamment en mouvement, elle doit consommer par exemple du charbon et de l'huile (matières instrumentales), comme il faut à l'ouvrier des denrées alimentaires. L'activité de l'ouvrier, réduite à une pure abstraction, est déterminée en tous sens par le mouvement d'ensemble des machines : l'inverse n'est plus vrai. La science contraint, de par leur construction, les éléments inanimés de la machine à fonctionner en automates utiles. Cette science n'existe donc plus dans le cerveau des travailleurs : au travers de la machine, elle agit plutôt sur eux comme une force étrangère, comme la puissance même de la machine. L'appropriation du travail vivant par le travail objectivé – de la force et de l'activité valorisantes par la valeur en soi – est inhérente à la nature du capital. Or, dans la production basée sur la machinerie, elle devient le fait du procès de production lui-même, tant pour ce qui est de ses éléments physiques que pour ce qui est de son mouvement mécanique. Dès lors le procès de production cesse d'être un procès de travail, au sens où le travail en constituerait l'unité dominante. Aux nombreux points du système mécanique, le travail n'apparaît plus que comme être conscient, sous forme de quelques travailleurs vivants. Éparpillés, soumis au processus d'ensemble du machinisme, ils ne forment plus qu'un élément du système, dont l'unité ne réside pas dans les travailleurs vivants, mais dans le machinisme vivant (actif) qui, par rapport à l'activité isolée et insignifiante du travail vivant, apparaît comme un organisme gigantesque. A ce stade, le travail objectivé apparaît réellement dans le procès de travail comme la puissance dominante vis-à-vis du travail vivant, alors que, jusque-là, le capital n'était que la puissance formelle et s'appropriait ainsi le travail. Le procès de travail n'étant plus qu'un simple élément du procès de valorisation, il se réalise, même du point de vue physique, une transformation de l'outil de travail en machinisme, et du travailleur en simple accessoire vivant de celle-ci; il n'est plus qu'un moyen de son action. Comme nous l'avons vu, le capital tend, de toute nécessité, à augmenter les forces productives et à diminuer au maximum le travail nécessaire. Cette tendance se réalise avec la transformation de l'instrument de travail en machinisme. Au sein de celle-ci, le travail objectivé apparaît, physiquement, comme la force dominante en face du travail vivant : non seulement il se l'approprie, mais encore il le domine activement dans le procès de production réel. Dans le capital fixe développé en machinerie, le capital qui s'approprie l'activité productrice de valeur agit en un procès reliant la valeur d'usage du capital à celle de la force de travail. Ainsi, la valeur objectivée dans le machinisme s'y présente comme la condition préalable : en face d'elle, la force valorisante de l'ouvrier individuel s'efface, étant devenue infiniment petite. La production en grande série, inhérente au système du machinisme, élimine tout rapport du produit avec le besoin direct du producteur, et donc la valeur d'usage immédiate. La forme et les conditions de sa production exigent que le produit ne représente qu'un simple rapport pour la valeur d'échange, son utilité n'en étant qu'une condition. Dans la machinerie, le travail objectivé n'est pas un simple produit servant d'instrument de travail, c'est la force productive elle-même. Pour le capital, le développement du moyen de travail en machinisme n'est pas du tout fortuit, c'est la transformation historique des instruments de travail traditionnels en moyens adéquats à la forme capitaliste. L'accumulation du savoir, de l'habileté ainsi que toutes les forces productives générales du cerveau social sont alors absorbées dans le capital qui s'oppose au travail : elles apparaissent désormais comme une propriété du capital ou plus exactement du *capital fixe,* dans la mesure où il entre dans le procès de travail comme un moyen de production effectif. Le machinisme apparaît donc comme la forme la plus adéquate du capital fixe, et celui-ci, comme *la forme la plus adéquate du capital en général,* si l'on considère le capital dans son rapport avec lui-même. Mais il se trouve que, dans la mesure où le capital fixe est attaché à une valeur d'usage particulière bien déterminée, il ne correspond plus à la définition du *capital* qui, à titre de valeur, est indifférent à toute forme déterminée de valeur d'usage. Le *capital circulant* sera donc la forme la plus adéquate pour le capital fixe, dans son mouvement et dans son rapport avec l'extérieur. » (*Fondements* II, p. 211-214 / 584-586 trad. mod. par endroits.)

Le simple commentaire de ces pages supposerait de reprendre tout ce qui a été dit jusqu'ici : cela n'en vaut donc pas la peine. Il vaut mieux souligner quelques points particuliers qui apparaissent ici et comprendre comment Marx les utilise pour aller au-delà. Le premier point est d'ordre intensif : *le procès de travail est pris comme simple élément du procès de valorisation.* Le second point est d'ordre extensif : *le capital productif s'étend dans la circulation.* La subsomption ne peut être (dans le même moment) subsomption réelle de la société. De la société : c'est-à-dire des forces productives sociales, dont la science la première. « L'ensemble du procès de production n'est plus alors subordonné à l'habileté de l'ouvrier, il est devenu une application technologique de la science. » (*Fondements* II, p. 214 / 587.) Et Marx continue, en insistant sur la subsomption des forces productives sociales – dans leur totalité – sur leur aspect totalement fonctionnel au développement du capital. Vient le moment où le système tout entier se déplace et avance. D'abord du point de vue d'une analyse intensive, c'est-à-dire quant au procès de travail et à sa subsomption au procès de valorisation. Ici, le déplacement des catégories signifie la dissolution capitaliste de la valeur d'usage ouvrière.

« Dans la mesure même où le temps de travail – la simple quantité de travail – est posé par le capital comme le seul principe déterminant, le travail immédiat et sa quantité cessent d'être principe déterminant de la production – de la création des valeurs d'usage – et sont réduits quantitativement à des proportions infimes, qualitativement, à un rôle certes indispensable, mais subalterne eu égard à l'activité scientifique générale, à l'application technologique des sciences naturelles et à la productivité générale qui découle de l'organisation sociale de l'ensemble de la production – productivité générale qui se présente comme don naturel du travail social (encore qu'il s'agisse de produit historique). C'est ainsi que le capital, comme force dominante de la production œuvre lui-même à sa dissolution. » (*Fondements* II, p. 215 / 587-588.) Ensuite, en second lieu, du point de vue d'une analyse extensive. Ici le capital circulant apparaît comme capital productif en prenant *la forme de la planification* et du contrôle de la reproduction de la société. La subsomption de la société s'est faite production même de la société. Le déplacement est total. « Le maintien du travail dans une branche de la production en vertu du travail qui est fourni en même temps dans une autre branche apparaît comme ce qui caractérise le capital circulant. » (*Fondements* II, p. 215-216 / 586 trad. mod.) « Cet échange de son propre travail avec autrui n'apparaît pas jusqu'ici médié et déterminé par la coexistence simultanée du travail des autres, mais par l'avance que lui fait le capital. Le fait que l'ouvrier puisse procéder à l'opération vitale consistant à se nourrir pendant la reproduction apparaît comme une caractéristique de la portion de capital circulant qui est cédée à l'ouvrier et du capital circulant en général. Cette consommation n'apparaît pas comme un échange vital entre les forces de travail qui coopèrent mais comme l'échange nutritif du capital, le mode d'existence du capital circulant. Ainsi toutes les forces du travail sont transposées en celles du capital : dans sa partie fixe, est absorbée sous forme matérialisée la force productive du travail (indépendante et extérieure à lui); dans sa partie circulante, on trouve d'une part que l'ouvrier lui-même a produit les conditions de renouvellement de son travail, et d'autre part, que l'échange des conditions de son travail s'effectue grâce à l'existence du travail dans d'autres branches. Mais tout cela se passe comme si le capital faisait les avances à l'ouvrier et assurait la simultanéité de l'activité dans toutes les branches. (C'est en réalité dans le chapitre consacré à l'accumulation qu'il faudra traiter de ces deux points.) Sous la forme circulante, le capital se pose comme l'intermédiaire entre les divers travailleurs ». (*Fondements,* II, p. 216 / 588, trad. mod. au début.)

A ce stade, *l'appropriation capitaliste de la société est totale.* La subjectivité du capital se trouve violemment activée. Les machines et la science l'ont constituée et produite. Mais la scission à l'intérieur de la catégorie n'est pas supprimée pour autant. L'antagonisme doit se reproduire également au niveau du pouvoir le plus élevé, le déplacement de la dialectique antagoniste doit être totalement mis à nu et jouer pleinement à ce stade. On pourra critiquer tant qu'on voudra cette façon marxienne de procéder par grandes *tranches* de discours qui font preuve d'une relative extériorité les uns par rapport aux autres, cette façon quelque peu mécanique d'enchaîner les développements. Nous aimerions parfois trouver une dialectique plus intérieure, plus subtile, plus raffinée. Nous nous passerions de ces déplacements improvisés qui surgissent soudainement et nous laissent sans haleine, rappelant à quelques-uns la saveur d'un certain « catastrophisme ». Il nous semble pourtant difficile d'imaginer qu'on puisse développer une argumentation logique aussi puissante, une capacité aussi incroyable de prévision du développement capitaliste, en des termes qui ne soient pas nécessairement rigides – mais ils sont en même temps forts, puissants, dotés d'une formidable tension scientifique. Ici la pensée possède une musculature qu'on ne peut réduire à une simple caricature. La scission réapparaît donc et le procès se rouvre. *La scission s'opère à l'intérieur du procès :* « A mesure que la grande industrie se développe, la création de richesses en vient à dépendre moins du temps de travail et de la quantité de travail utilisée, que de la puissance des agents qui sont mis en mouvement pendant la durée du travail. L'énorme efficience de ces agents est, à son tour, sans rapport aucun avec le temps de travail immédiat que coûte leur production. Elle dépend bien plutôt du niveau général de la science et du progrès de la technologie ou de l'application de cette science à la production ». (*Fondements* II, p. 220-221 / 592 trad. mod. au début.) Mais de l'intérieur du procès où elle était la scission se déplace soudain à l'extérieur et prend la forme d'une subjectivité indépendante. Dans les conditions du procès décrites jusqu'ici « la richesse réelle se développe maintenant d'une part, grâce à l'énorme disproportion entre le temps de travail utilisé et son produit et, d'autre part, grâce à la disproportion qualitative entre le travail, réduit à une pure abstraction et la puissance du procès de production qu'il surveille : c'est ce que nous révèle la grande industrie. Le travail ne se présente pas tellement comme une partie constitutive du procès de production. L'homme se comporte bien plutôt comme un surveillant et un régulateur vis-à-vis du procès de production. (Cela vaut non seulement pour le machinisme, mais encore pour la combinaison des activités humaines et le développement de la circulation entre les individus.) Le travailleur n'insère plus, comme intermédiaire entre l'objet et lui, l'objet naturel transformé en instrument; il insère à présent le procès naturel, qu'il transforme en un procès industriel, comme intermédiaire entre lui et la nature inorganique, dont il s'est rendu maître. Mais lui-même trouve place à côté du procès de production, au lieu d'en être l'agent principal. Avec ce bouleversement, ce n'est ni le temps de travail utilisé, ni le travail immédiat effectué par l'homme qui apparaissent comme le fondement principal de la production et de la richesse; c'est l'appropriation de sa force productive générale, son intelligence de la nature et sa faculté de la dominer, dès lors qu'il s'est constitué en un corps social; en un mot le développement de l'individu social représente le fondement essentiel de la production et de la richesse. *Le vol du temps de travail sur lequel repose la richesse actuelle* apparaît comme une base misérable par rapport à la base nouvelle, créée et développée par la grande industrie elle-même. Dès que le travail, sous sa forme immédiate, a cessé d'être la source principale de la richesse, le temps de travail cesse et doit cesser d'être sa mesure, et la valeur d'échange cesse donc aussi d'être la mesure de la valeur d'usage. *Le surtravail des grandes masses* a cessé d'être la condition du développement de la richesse générale, tout comme *le non-travail* de quelques-uns a cessé d'être la condition du développement des forces générales du cerveau humain. La production basée sur la valeur d'échange s'effondre de ce fait, et le procès de production matériel immédiat se voit lui-même dépouillé de sa forme mesquine, misérable et antagonique. C'est alors le libre développement des individualités. Il ne s'agit plus dès lors de réduire le temps de travail nécessaire en vue de développer le surtravail, mais de réduire en général le travail nécessaire de la société à un minimum. Cette réduction permet ensuite que les individus reçoivent une formation artistique et scientifique, etc., grâce au temps libéré et aux moyens créés au bénéfice de tous. Le capital crée une contradiction en procès : d'une part il pousse à la réduction du temps de travail à un minimum et d'autre part il pose le temps de travail comme la seule source et la seule mesure de la richesse. Il diminue donc le temps de travail sous sa forme nécessaire pour l'*accroître* sous sa forme de travail superflu. Dans une proportion croissante, il pose donc le travail superflu comme la condition – question de vie ou de mort (fr.) – du travail nécessaire. D'une part, il éveille toutes les forces de la science et de la nature ainsi que celles de la coopération et de la circulation sociales, afin de rendre la création de la richesse indépendante (relativement) du temps de travail utilisé pour elle. D'autre part, il prétend mesurer les gigantesques forces sociales ainsi créées d'après l'étalon du temps de travail, et les enserrer dans des limites étroites, nécessaires au maintien, en tant que valeur, de la valeur déjà produite. Les forces productives et les rapports sociaux – simples faces différentes du développement de l'individu social – apparaissent uniquement au capital seulement comme des moyens, et des moyens pour produire sur une base limitée. Mais en fait ce sont les conditions matérielles capables de faire éclater cette base ». (*Fondements* II, p. 221-223 / 592-594, trad. mod. par endroits.)

Le premier résultat que produit la logique de la séparation est de déplacer le rapport travail nécessaire / plus-value pour le situer au niveau de capacité du capital à subsumer la société, et de *transformer le rapport entre deux subjectivités achevées, opposées,* hostiles au point de se détruire réciproquement. *Impossible* pour le capital qui vit de l'exploitation, *possible* pour le prolétariat dont la puissance devient immense dans la mesure même où le capital cherche à en détruire l'identité. Le capital recherche une diminution continuelle du travail nécessaire pour augmenter la part de plus-value extorquée, mais plus il y réussit individuellement, sur la masse des travailleurs pris un à un, plus le travail nécessaire profite à la collectivité et se rapproprie en les absorbant les grandes forces collectives que le capital voudrait déterminer de son côté. *La compression du travail nécessaire individuel est expansion du* travail nécessaire collectif, et construit un *« individu social »,* capable non seulement de produire mais de *jouir* de la richesse produite. Après une première analyse, Marx revient sur l'argumentation, refait à l'envers le chemin par-dessus lequel il avait d'abord sauté, reprend à nouveau pour chaque catégorie les fils qui permettent de déplacer l'analyse, redéfinit la loi de la valeur à ce niveau de complexité. Indices, allusions souvent, indications précises nous permettent d'aller plus avant dans notre recherche. Chaque fois, les catégories fonctionnent de façon renversée : au surtravail, moteur du développement, s'oppose le non-travail, au capitalisme, le communisme. « Quoi qu'il en soit, *le capital crée une grande quantité* de temps disponible, en dehors du temps de travail nécessaire à la société en général et à chacun de ses membres en particulier, autrement dit, une marge d'espace pour le développement de toutes les forces productives de chaque individu, et donc aussi de la société. Cette création de temps de non-travail apparaît, pour le capital et les systèmes antérieurs, comme un simple temps de non-travail, du temps libre pour quelques-uns. Mais en ce qui concerne le capital, celui-ci augmente le temps de surtravail de la masse par tous les moyens de la science et de l'art, parce que sa richesse est directement fonction de l'appropriation du temps de surtravail, *son but étant directement la valeur,* et non la valeur d'usage. Il est ainsi, malgré lui, l'instrument qui crée les moyens du temps social disponible, qui réduit sans cesse à un minimum le temps de travail pour toute la société et libère donc le temps de tous en vue du développement propre de chacun. Cependant, il tend toujours lui-même *à créer du temps disponible* d'un côté, *pour le transformer en surtravail* de l'autre. S'il réussit trop bien à créer du temps disponible, il souffrira de surproduction, et le travail nécessaire sera interrompu, parce que le *capital* ne peut plus mettre en valeur *aucun surtravail.* Plus cette contradiction se développe, plus il se révèle que la croissance des forces productives ne saurait être freinée davantage par l'appropriation du surtravail d'autrui. Les masses ouvrières doivent donc s'approprier elles-mêmes leur surtravail. De ce fait *le temps disponible* cesse d'avoir une existence contradictoire. Le temps de travail nécessaire se mesure dès lors aux besoins de l'individu social, et le développement de la force productive sociale croît avec une rapidité si grande que, même si la production est calculée en fonction de la richesse de tous, *le temps disponible* croît pour tous. La richesse véritable signifie, en effet, le développement de la force productive de tous les individus. Dès lors, *ce n'est plus le temps de travail,* mais *le temps disponible qui mesure la richesse. Si le temps de travail est la mesure de la richesse,* c'est que la richesse est fondée sur la pauvreté, et que le temps libre *résulte de la base contradictoire du surtravail;* en d'autres termes cela suppose que tout le temps de l'ouvrier soit posé comme du temps de travail et que lui-même soit ravalé au rang de simple travailleur et subordonné au travail. C'est pourquoi la machinerie la plus développée contraint aujourd'hui l'ouvrier à travailler plus longtemps que ne le faisaient le sauvage ou lui-même, lorsqu'il disposait d'outils plus rudimentaires et primitifs. » (*Fondements* II, p. 225-226 / 595-596.)

On a voulu voir, dans cette *revendication* farouche de Marx d'un *communisme qui soit libération de l'exploitation,* la marque de l'individualisme et de la compassion humaniste. Quand même cela serait, nous n'y verrions aucun mal. Toutefois, ce n'est pas le cas. Ce n'est pas le cas, parce que, toujours si on en reste à cette question des catégories, il faut rappeler que la destruction communiste de la loi de la valeur (ou mieux, son renversement), supprime et nie les éléments individuels de productivité individuelle sur laquelle – du point de vue capitaliste et de l'analyse marxienne qui lui correspond – elle se fonde. Le *déplacement* est ici totalement achevé. Au capital social correspond l'ouvrier collectif. A nouveau la dimension temporelle appelle et implique la dimension spatiale, extensive. « Le développement de la grande industrie a pour conséquence que sa base, à savoir l'appropriation du temps de travail d'autrui, cesse de représenter ou de créer la richesse. Le travail immédiat en tant que tel cesse d'être le fondement de la production puisqu'il est transformé en une activité qui consiste essentiellement en surveillance et régulation; tandis que le produit cesse d'être créé par le travailleur individuel immédiat et résulte plutôt de la *combinaison* de l'activité sociale que de la simple activité du producteur. » (*Fondements* II, p. 226-227 / 596-597.) *Dans la révolution communiste, l'individu est social.* Social mais concret, il est exaltation et surdétermination, expansion de la jouissance, fondement de son expansion. « La véritable économie (épargne) porte sur le temps de travail (minimum et réduction à un minimum des frais de production); mais il se trouve que cette économie correspond au développement de la force productive. Économiser ne signifie donc pas *renoncer à la jouissance,* mais développer la puissance et les capacités de la production, et donc en même temps les capacités et les moyens de jouissance. La capacité de jouissance est une condition de jouissance, et même son moyen premier : cette capacité correspond au développement d'une disposition individuelle et d'une force productive. Économiser du temps de travail c'est accroître le temps libre, c'est-à-dire le temps servant au développement complet de l'individu, ce qui agit en retour sur la force productive du travail et l'accroît. Du point de vue de la production immédiate, le temps économisé peut être considéré comme servant à produire *du capital fixe, un capital* fixe fait homme (angl.). Il va de soi, au demeurant, que le temps de travail immédiat ne peut rester enfermé dans des antithèses abstraites au temps libre, – comme c'est le cas dans l'économie bourgeoise. Le travail ne peut devenir jeu, comme le voudrait Fourier, qui a eu le grand mérite de démontrer que le but ultime exige que l'on élimine non seulement la distribution actuelle, mais encore le mode de production, même sous ses formes les plus développées. Le temps libre – pour le loisir aussi bien que pour les activités supérieures – transformera tout naturellement celui qui en jouit en un individu différent et c'est cet homme transformé qui se présentera ensuite dans le procès de production immédiat. L'homme en devenir trouve dans le procès de production immédiat aussi bien une discipline que matière à exercices d'application, un savoir expérimental qu'une science créatrice. L'homme accompli, lui, n'y trouve qu'une science déjà objectivée dans la société et dont son cerveau est déjà empli. Mais à ces deux stades de l'histoire humaine, il s'agit toujours d'un exercice, dans la mesure où le travail réclame une pratique manuelle ainsi qu'une liberté de mouvement, comme cela se voit dans l'agriculture. » (*Fondements* II, p. 229-230/599-600.)

Il est temps d'avancer quelques conclusions à propos de cet important livre sur le salaire – c'est-à-dire sur le déploiement de la logique de la séparation. On peut maintenant dessiner dans sa totalité le chemin que parcourt la forme antithétique du développement capitaliste. En premier lieu, en partant de la théorie de la plus-value, c'est-à-dire en des termes qui relèvent de la trame théorique de la première partie des *Grundrisse* ou en découlent, trame théorique dont nous voyons qu'elle se trouve complètement renversée dans la seconde partie. *La théorie de la plus-value est renversée.* Là où, dans le chemin que parcourt le capital, c'est le travail qui est commandé par le surtravail extorqué, *dans le chemin que parcourt le prolétariat révolutionnaire, le surtravail réapproprié est commandé par le travail nécessaire.* Dans la première partie des *Grundrisse,* la théorie de la valeur nous était apparue comme une subordonnée abstraite de la théorie de la plus-value, du point de vue de la classe exploitée. Ici, la théorie de la valeur n'est plus seulement subordonnée, mais elle subit, dans cette subordination, un formidable déplacement, et est soumise de ce fait à une métamorphose fondamentale. Ce qui veut dire que, quand la théorie de la valeur ne réussit pas à se mesurer à une quantité de temps de travail ou à une dimension individuelle du travail, quand un premier déplacement l'amène à se confronter au temps social et à la dimension collective du travail, à ce moment *l'impossibilité de mesurer l'exploitation modifie la figure de l'exploitation.* Le vide qui s'opère dans la théorie de la valeur, l'évacuation de tout élément de mesure qui ne soit une référence générique à la laboriosité sociale, la libération de la laboriosité sociale et sa constitution en individualité collective, ne suppriment pas la loi de la valeur mais la réduisent à être une formalité. Mais formalité ne signifie pas inefficacité. Formalité ne signifie pas manque de sens. La *forme de la loi de la valeur* est au contraire efficace et douée de sens, mais efficacité et sens lui viennent seulement de son *irrationalité,* de la fin de la fonction progressiste et rationalisatrice de l'exploitation. La forme est la base vide, misérable de l'exploitation.

La *forme de la valeur est pur et simple commandement, pure et simple forme de la politique* – de l'inessentialité essentielle dirait le Jeune Marx en termes hégéliens. Nous sommes ici au point culminant d'un procès dans lequel les rapports de force – fondés rationnellement – réglés et compris dans le développement du capital – se trouvent renversés. Où le rapport de rationalité s'inverse. *L'inversion est totale.* La loi de la valeur continue à régner, mais en termes renversés. Le non-travail, le refus du travail deviennent du point de vue ouvrier, la base à partir de laquelle opérer l'inversion de la loi de la valeur et réinterpréter la loi de la plus-value. La seconde partie des *Grundrisse* est ce procès en acte. Nous aurions pu intituler notre leçon : *« Les métamorphoses de la loi de la valeur »*, et la prochaine, que nous consacrerons au *« concept de communisme »*, aurait pu s'appeler également « Le refus du travail »; enfin la neuvième leçon dans laquelle nous traiterons des mécanismes de la *« reproduction élargie »* pourrait avoir aussi pour titre : *« L'autovalorisation ouvrière »*. En somme, ici on a déjà rapidement parcouru l'ensemble du chemin de la libération et du communisme. Mais quand on parle de ce chemin, on parle d'un sujet qui lui est lié. Qui possède matériellement et comme pouvoir les clés du renversement de la loi de la plus-value. Cependant, avant toute chose souvenons-nous du résultat auquel nous sommes parvenus, c'est-à-dire de cette loi de la valeur qui s'est vidée, qui s'est réduite à n'être qu'une forme vide du commandement capitaliste. Vide et efficace. Efficace et irrationnelle. Irrationnelle et cruelle.

Que signifie, du point de vue de la classe, posséder la clé du renversement de la théorie de la plus-value? Il y en a qui ont pensé, que cette proposition permettait de dire ceci : le capital, quand il *y a renversement, devient valeur d'usage ouvrière*. Cette affirmation est *fausse*. Qui cherche à la prouver, travaille dans le cadre de la logique de la séparation, et se trouve pris dans le dualisme du rapport capitaliste. D'un autre côté c'est s'arrêter devant l'opération du renversement : ce qui veut dire qu'on ne renverse pas le rapport capitaliste, mais le concept, la catégorie du capital. On ne scinde pas définitivement le rapport capitaliste, mais on attribue globalement une valence opposée à son concept, en hypostasiant une volonté supérieure au rapport. En l'imaginant. En s'illusionnant. En mystifiant. En mystifiant parce que de cette façon le comportement ouvrier apparaît comme « l'équivalent » du comportement capitaliste? Le comportement ouvrier devient commandement sur le rapport capitaliste, et non destruction – par le travail nécessaire – de l'appropriation capitaliste du surtravail. C'est là *un procédé typiquement sophiste :* tant qu'il s'agit de critique, le capital est un rapport qu'il faut briser; quand on passe de la critique à la théorie, le capital devient alors quelque chose à dominer. Mais cela n'est possible que pour le capital qui peut objectiver sa propre négation, ce qui n'est pas possible à la classe ouvrière qui nie ce qui est sa négation. C'est possible au capital qui mystifie le rapport et l'enferme dans l'objectivité, ce ne peut l'être au sujet ouvrier qui dévoile la mystification et pose le rapport au premier plan.

Nous insistons sur cette critique pour différentes raisons. En premier lieu pour la fausseté des résultats qui dérivent du point de vue que nous venons de critiquer : ce point de vue hypostasie le capital lorsqu'il en fait une valeur d'usage ouvrière, alors que ne peut être valeur d'usage ouvrière que la partie accumulée du surtravail qu'il est possible de se réapproprier, la partie qui peut être réduite à du non-travail, de la liberté ouvrière, de l'autovalorisation, cette partie qui est négation, c'est-à-dire richesse de la négation. En second lieu, parce que le point de vue critiqué parvient à donner une autonomie à la politique, d'une façon qui est tout à fait mystifiée : la politique n'est pas dans ce cas la nouvelle forme de la loi de la valeur, mais une relation supérieure au capital et indépendante. Dans les *Grundrisse,* il n'y a pas de relations supérieures au capital qui ne soient des fonctions du rapport capitaliste, de la figure que prend le commandement quand ce rapport se développe. Le briser de l'intérieur, ne pas chercher de points d'appui extérieurs, le fracasser en partant de la subjectivité ouvrière comme négation et à la fois richesse potentielle (qui est toutefois déjà utilisée dans son aspect global, par le capital); en somme *approfondir la rupture du rapport capitaliste de l'intérieur de ce rapport;* en s'appuyant sur l'essence contradictoire de la loi de la plus-value : c'est le seul chemin que nous trouvons dans Marx, dans les *Grundrisse* aussi bien que dans toute son œuvre. Ce n'est que là que nous pouvons repérer les contradictions, les césures, et que nous pouvons – comme nous l'avons ouvertement dit – préférer des parties à d'autres. Mais pas parce que dans d'autres, on ne trouve pas la même unité de la *critique de l'économie politique* et de la *critique de la politique* que nous voyons dans les *Grundrisse*. Au point où nous en sommes, et cela ressort encore de la polémique menée ici, nous commençons à bien maîtriser *la subjectivité, l'acception marxienne de la subjectivité, son cheminement ouvrier et prolétaire*. L'accentuation de la séparation, implicitement contenue, comme élément de définition dans la théorie de la plus-value, que nous montre la théorie du salaire, le développement et le dynamisme qui donnent au pôle ouvrier, libéré du rapport capitaliste dans la théorie du salaire, la théorie de « la petite circulation », le déplacement général que subit ce terrain antagoniste à travers les théories du machinisme, du capital social, de la subsomption sociale réelle et globale, – eh bien, tout cela conduit à la théorie de l'*individu social* et du *communisme* comme *négation du rapport capitaliste*. *Non* comme inversion du commandement du capital, *mais* comme inversion du rapport entre travail nécessaire et surtravail, comme négation et réappropriation du surtravail. Le chemin de la subjectivité est tout intérieur au rapport capitaliste, il ne cherche pas à imaginer des alternatives, mais sait, en creusant sa séparation, détruire le rapport. Le chemin de la subjectivité est un chemin intensif, il est une recomposition continuelle et cohérente de négations successives, il hausse le travail nécessaire au point où cela détruit le surtravail.

Dans cette intensité qui caractérise la séparation, se trouve le maximum de liberté. L'individu social est la *multilatéralité*. Le maximum de différence est la plus haute approche du communisme. Quand le rapport capitaliste est parvenu au point où il explose, la négation libérée n'est pas une synthèse, elle ne connaît – absolument pas – même pas d'équivalences formelles. *Le pouvoir ouvrier n'est pas le renversement du pouvoir capitaliste; même formellement.* Le pouvoir ouvrier est la négation du pouvoir du capital, il est la négation du pouvoir centralisé et homogène de la bourgeoisie, des classes politiques du capital. C'est la dissolution de toute homogénéité. Le schéma méthodologique « pluriel », multilatéral, triomphe. On ne peut appuyer sur la subjectivité libérée un schéma de fonctionnement de la réalité sociale qui soit uniforme et aplati. Le surtravail a donné un aspect uniforme au projet capitaliste, le salaire a préconstitué la figure du capital. Quand le *salaire* en se développant devient *autovalorisation* et *réappropriation* du surtravail, c'est la fin de toute règle profitable du développement. Il n'y a plus de profit parce que la productivité du travail ne se traduit plus en capital. Il n'y a plus de rationalité capitaliste. La subjectivité ne libère pas qu'elle-même, elle libère plutôt une totalité de possibilités. Elle dessine un horizon. La productivité du travail est fondée et répandue socialement. Elle est à la fois un magma qui agglomère et recompose tout et un réseau de ruisseaux de jouissance, de propositions et d'inventions qui parcourent la terre rendue fertile par le magma. La révolution communiste, l'émergence dans toute sa puissance de l'individu social fait la richesse des alternatives, des propositions, des fonctions. De la liberté. Jamais le communisme n'était apparu autant synonyme de liberté, que dans les pages des *Grundrisse* que nous venons de commenter.

Leçon 8 :

COMMUNISME ET TRANSITION

SOMMAIRE

Problème du communisme et problème de la transition dans les Grundrisse. *Synthèse des parcours? Critique de cette synthèse et de la façon de poser le problème.* a) *A propos de l'humanisme de Marx. Nouvelle proposition thématique : transition plutôt qu'utopie, ou démystification et inversion. Les grands thèmes dynamiques; de la préhistoire à l'histoire, le communisme en train de se faire.* b) *Démystification et développement des catégories de la critique de l'économie politique. Les grands thèmes matériels. Le contenu du communisme. De la démystification à l'inversion, des thèmes matériels à la forme de la transition.* c) *Transition et subjectivité. Transition et praxis constitutive. La puissance de l'inversion : la suppression du travail;* d) *Le refus du travail comme mode de production communiste. La dialectique rendue au capital et l'utopie détruite.*

Du marché mondial au communisme. Là où nous en sommes de notre raisonnement, après toute l'insistance mise à faire ressortir la dimension subjective du procès, ce type de parcours apparaît comme un véritable paradoxe. C'est pourtant un parcours que Marx indique plus d'une fois : ainsi dans le plan des *Fondements* (I, p. 169/139) et dans le plan des p. 211/175 : « Enfin, le marché mondial. La société bourgeoise domine l'État. Les crises. Dissolution du mode de production et de la forme de société fondée sur la valeur d'échange. Le travail individuel posé réellement sous une forme sociale et vice versa. » Le communisme surgit de l'intensité des contradictions que le concept de marché mondial contient : à la fois moment d'intégration capitaliste maximum et moment d'antagonisme maximum, synthèse des déterminations temporelles et spatiales du procès du capital. *Posé, en ces termes, le problème du communisme ne connaît pas le problème de la transition,* il ne connaît pas le problème de la subjectivité : il peut les poser comme moments internes du capital, comme symptômes, comme détours de l'objectivité, il ne peut les poser comme problèmes spécifiques. La question « qu'est-ce que le communisme » qui traverse le discours marxien des *Manuscrits* jusqu'à l'*Idéologie allemande* de façon tout à fait centrale (et on ne peut oublier à ce propos que c'est une question qui se trouve également au centre de la pensée de Hegel depuis les *Umrisse der Nationalökonomie* de 1844), cette question semble donc plus être, dans la forme sous laquelle elle est posée, un objectif, qu'avoir un rôle méthodique, être un transcendantal de la recherche qu'en être le moteur. Qu'est-ce que le communisme? Comment s'opère le passage à cette « forme supérieure du mode de production que nous appelons communisme? La réponse qu'on donne à ces deux problèmes prend traditionnellement la forme *d'un procès unique, interne à la dialectique du capital.* Le communisme serait au-delà d'un saut, d'une catastrophe auxquels aurait conduit le développement antagonique du capital. Le problème de la transition disparaît devant celui de la définition du communisme et ce dernier se présente comme transcendance par rapport au développement capitaliste. Ce qui paradoxalement unifie le chemin du communisme et celui de la transition, c'est leur commune négation du capital, le côté objectif de cette négation. Les deux constituent en quelque sorte un après.

Évidemment cette façon de poser le problème ne me plaît guère. Elle me semble irréaliste et pleine d'utopie. Surtout, cette position me paraît se situer très à l'écart de l'ensemble du développement des *Grundrisse,* tels que nous les avons lus jusqu'ici. Tous les points de la thématique qui définit le communisme proviennent ici de l'antagonisme croissant du développement capitaliste, leur développement suit les différentes déterminations de la subjectivité, de sa constitution en termes globaux et antagonistes, à l'intérieur de l'inversion radicale de la loi de la plus-value. C'est ainsi que je peux comprendre l'insistance subjective du discours marxien sur la catastrophe comme une détermination prospective marquée par la passion révolutionnaire. C'est autour de ce concept de crise et de catastrophe que se nouent, nous l'avons déjà vu, les éléments qui concourent à la genèse même des *Grundrisse*. Une fois cela dit, le problème reste toutefois entièrement ouvert. *Confondre les parcours cela veut dire nier une autre caractéristique fondamentale de la pensée de Marx.* Penser la transition sous la forme du communisme cela revient en réalité à *supprimer le problème de la transition,* cela signifie (tant bien que mal) le découper en deux tronçons, l'un qui sert d'introduction et s'insère à l'intérieur du capital, dans les interstices de ses contradictions, l'autre qui vient en conclusion et se déroule dans un au-delà de la catastrophe, dans la pleine liberté du communisme. Or nous, ce qui nous intéresse, c'est *le procès de libération,* c'est-à-dire ce qui se trouve à mi-chemin entre cette introduction et cette conclusion. Superposer les deux parcours a une énorme incidence théorique : celle d'homogénéiser les deux concepts, de supprimer toute possibilité, de séparer la substance logique et la qualité historique et de les hypostasier en une quelconque dialectique des stades et de la hiérarchie. En superposant les deux parcours on reconnaît implicitement le caractère communiste du procès de libération. Mais quel intérêt si cette superposition ne m'offre aucun espace pour déterminer un procès de libération ?

Creusons les *Grundrisse* sur cette question du communisme : nous devons maintenant avancer notre hypothèse. Et c'est celle qui surgit de toute la recherche que nous avons menée jusqu'ici, et que nous devons encore vérifier ici : *ce n'est pas la transition qui se donne (et s'efface) sous la forme du communisme, mais c'est le communisme qui prend la forme de la transition.*

Rosdolsky (II p. 477-502) quand il traite le problème du communisme chez Marx, souligne, mises à part les deux caractéristiques habituellement mises en valeur (centralité du communisme dans l'œuvre de Marx et de Engels, lutte *à la fois* contre l'opportunisme et l'utopisme) l'importance et la pertinence qu'ont chez Marx, dans la méthode dialectique *en même temps* sa parenté *avec* et sa divergence *d'avec les utopistes*. C'est dire que pour Rosdolsky, la dialectique marxienne est entièrement traversée par *l'utopie positive,* par la force de l'utopie, simplement tempérée par la conscience d'avoir à lui donner nécessairement une forme matérialiste. Il n'est pas étonnant qu'un Rosdolsky, un marxiste grandi à l'école du communisme de gauche des années 20, sache voir chez Marx la fonction importante de l'utopie positive! Et on ne peut dénier une certaine force à cette suggestion : l'utopie positive délimite toujours de façon très précise le camp des révolutionnaires de celui des opportunistes. La remarque n'est pourtant pas entièrement convaincante. Car elle ne voit pas, elle ne souligne pas suffisamment l'indétermination de la synthèse proposée et du procès dialectique. Cette dialectique qui fait corps avec le communisme, avec obstination, mais qui n'en recueille pas le procès, est une clé par trop générale et générique : elle risque ici de renouveler cet « ensorcellement de la méthode » au nom duquel toute distinction – et le procès que seules les différences peuvent animer – s'amenuise, s'aplatit jusqu'à disparaître. D'un côté on a un *aplatissement* du communisme, de son concept qu'on réduit aux dimensions de la logique objective, du déterminisme; d'un autre côté et en sens contraire, on trouve le « saut », la qualité nouvelle, le politique et le volontaire pris dans toute leur plénitude et leur violence. Rappelons-nous par exemple – comme par ailleurs le fait Rosdolsky (p. 489, n. 29) – les positions de Marcuse : d'un côté la consistance grandissante du pouvoir capitaliste sur le travail, terrible Moloch en train de prendre forme; de l'autre côté à nouveau un « ensorcellement » mais qui n'est plus celui que produit la méthode déterministe mais le « saut qualitatif » dans *l'au-delà*. A l'exaltation capitaliste de l'organisation du travail s'oppose l'abolition du travail. Les dés sont jetés, le romantisme à la Marcuse satisfait. Pourtant le problème n'est pas là; il ne s'agit pas de détailler ce saut : il faut tout renverser, le procès, son antagonisme, la logique constitutive, l'apparition de la subjectivité, et tout ce qu'il y a entre l'organisation du travail et son abolition. La méthode marxienne ne repose pas sur le paradoxe, mais sur l'unité totale et originaire de l'économie et du politique, sur la capacité d'en parcourir le chemin *selon le point de vue de la transformation*. En second lieu la méthode marxienne s'affirme par un déplacement continuel des termes de l'analyse, déplacement qui découle de la multiplicité des formes que les rapports de force revêtent. Les catégories se modifient en fonction des modifications des sujets, c'est-à-dire en fonction – et c'est le troisième point important – des déterminations historiques du procès. Il s'agit non pas de définir la transition dans les termes du communisme, mais tout au contraire, après avoir homogénéisé les deux termes (ce qui ne signifie pas qu'ils soient identiques) de *définir le communisme par la transition* : quand on a ainsi reposé le problème, c'est la question du *sujet*, de sa lutte, de son déplacement, du procès qui constitue globalement le communisme qui passe au premier plan.

Si au contraire on accepte la *fiction* marxienne de la transition sous la forme du communisme, on est inévitablement renvoyé à des positions qui n'ont rien à voir avec la dialectique. C'est là que convolent satisfaits tous les modèles d'*humanisme*. Un humanisme générique qui règne là où la méthode de la tendance semble être incapable de se transformer en méthode du déplacement : la tendance devient le déploiement organique de la nature humaine (même si elle est définie historiquement). L'orgie de totalité, de renaissance, de plénitude à laquelle on se livre, a fort justement soulevé l'indignation. Althusser n'a pas tort de considérer comme un signe décisif de bon marxisme le fait de tracer des limites claires et d'exclure de la théorie cette insipide criaillerie. Mais n'exagérons pas non plus l'importance de ces éléments, n'introduisons pas des classifications ultérieures fictives dans le cours de la pensée marxienne! Nous aurons l'occasion de revenir sur le soi-disant humanisme de Marx : mais il est intéressant de le voir dès à présent pour ce qu'il est – un fruit de l'impatience de la théorie, un usage de l'utopie positive destiné à homogénéiser la transition et le communisme, le *résidu, contradictoire,* de la méthode matérialiste de la séparation, de la méthode constitutive de la subjectivité. *Dire que le communisme prend la forme de la transition cela veut dire pour nous suivre le fil rouge qui sert de trame à la subjectivité antagoniste.* En écartant l'humanisme, on a voulu écarter en même temps du champ théorique la subjectivité. On s'est trompé. Le chemin du matérialisme passe justement par la subjectivité. Le chemin de la subjectivité est celui qui donne sa matérialité au communisme. La classe ouvrière est subjectivité, subjectivité séparée, qui anime le développement, la crise, la transition, le communisme.

Nous devons donc prendre ce thème du communisme dans les *Grundrisse,* et le débarrasser de toute considération, méthodologie qui (fussent-elles longuement justifiées par la fiction marxienne) ne placent pas au premier plan le procès matérialiste de la subjectivité. La *synthèse des parcours* que proposait Marx – le parcours qui passe par le déterminisme du marché mondial et celui du saut vers le communisme – doit se *scinder* et se *renverser,* on ne peut confronter ces parcours que si on analyse les déterminations qui représentent subjectivement le procès de transition. Il faut résolument démystifier et renverser toute espèce de nécessité, de déterminisme attribués au procès de transition.

Qu'est-ce que ça veut dire *démystifier?* Cela veut dire suivre la formation du communisme à travers tous les moments particuliers de la critique de l'économie politique. De ce point de vue, les *Grundrisse* sont fondamentalement une œuvre de démystification. « Notre méthode met en évidence les points où il faut introduire les faits historiques et où l'économie bourgeoise, au travers du mode purement historique de son procès de production, se rattache aux modes de production antérieurs. Mais, il n'est pas nécessaire d'écrire *l'histoire réelle des rapports de production* pour analyser les lois de l'économie bourgeoise. En fait, la juste conception et la déduction de ces lois en tant que rapports surgis au cours de l'histoire, nous amènent sans cesse à établir des comparaisons évoquant le passé de ce système, – comme pour les données des sciences naturelles. Ces évocations, en même temps que la juste conception du présent, nous donnent la clé du passé : cela représente tout un travail que nous espérons pouvoir aborder un jour. En outre cette juste conception nous fait découvrir le mouvement du devenir et les points qui font pressentir l'abolition de la forme actuelle de production et préfigurent la société future. Si les phases prébourgeoises apparaissent sous l'angle *purement historique,* c'est-à-dire comme des présuppositions abolies, les conditions actuelles de la production se manifestent dans le mouvement de leur *abolition* et donc sous la forme des *conditions historiques* d'un mode nouveau de la société. » (*Fondements* I, p. 424-425/364-365.)

Le chemin que parcourt la catégorie apparaît clairement : en progressant dans l'histoire, elle prend continuellement les phases historiques comme conditions, le présent comme histoire, le présage du futur comme mouvement en devenir. Nous devons donc examiner, même si c'est un peu à bâtons rompus, *les grands thèmes dynamiques* de la formation du communisme. C'est le moment où les catégories de la critique de l'économie politique sont démystifiées – nous verrons plus loin le moment où ces catégories s'inversent du fait de la reconnaissance pratique à laquelle se livre le sujet.

En s'appuyant maintenant sur cette approche et sur la méthodologie telle qu'on l'a exposée et délimitée, on peut traverser sans difficultés de nombreux passages qui permettent de spécifier la définition marxienne du communisme, et son évolution historique : presque tous les chapitres que nous avons lus incluent une *logique du communisme*. A commencer par le *chapitre sur l'argent*. Là où l'argent est considéré comme un rapport social (*Fondements*, 93-102/74-82), (souvenons-nous bien de ces passages : c'est de la très forte puissance de l'extranéation qu'engendre la « loi des trois stades », qu'émerge la force d'une alternative radicale), eh bien, là où l'argent apparaît comme un rapport social collectif, au-delà de la mystification qu'il présente, se dessine en filigrane la troisième phase du développement de l'individualité : « La troisième étape, c'est la libre individualité fondée sur le développement universel des hommes et sur la maîtrise de leur productivité sociale et collective aussi bien que dans leurs capacités sociales. » (*Fondements* I, p. 95/76.) Quelques-uns des traits caractéristiques de l'argent – la socialité, la représentation de la productivité collective, la mesure et le signe du patrimoine social – sont immédiatement *renversés*. On dirait que la catégorie « argent » ne vit que de la possibilité de se renverser. Démystifier cela veut dire comprendre la catégorie comme renversement. C'est ce qui se passe avec la catégorie de « l'argent » : celle-ci renvoie à la possibilité, à la nécessité du renversement, se déploie pour le contrôler eu égard à la violence de cette tension, de cette rupture. (Et, entre parenthèses soulignons le sens fondamentalement antihumaniste de termes tels que « individu universel ». Ce terme dépend plus sur le renversement de la brutalité des rapports d'argent, de leur force de socialisation, que sur une quelconque considération naturaliste ou historiciste, que sur une quelconque considération continuiste. *La séparation* est radicale et sert non seulement de clé pour opérer le *renversement*, mais aussi de *matrice de constitution*. Si on veut vraiment trouver de l'humanisme et de l'ambiguïté dans la pensée de Marx, il faut aller les chercher dans ces moments où le procès dialectique semble, feint de fonctionner en termes de recomposition et de sublimation.) L'idée du communisme, pour en revenir donc à notre raisonnement, fonctionne comme pôle de rupture pour chaque catégorie du capital, comme son antithèse critique. Ici, quand il s'agit de l'argent, l'idée de communisme prend la forme du renversement d'une socialité parvenue à son point d'achèvement, comme l'est celle de l'argent. *Le passage de la préhistoire à l'histoire,* qui est aussi passage à la domination de l'homme sur la nature et sur l'histoire, qui est passage au communisme, repose sur la totale *facticité* de l'opération : c'est l'efficacité du sujet libéré qui s'oppose et renverse l'efficacité mystifiée de la socialisation capitaliste.

Fondements I, p. 450 / 387-388 : voilà à nouveau un exemple de ce que le thème du communisme recèle de renversement, de critique des catégories. Ici c'est la catégorie de « l'échange universel », la catégorie même du « monde bourgeois » qui est renversée. « Mais, au fait, que sera la richesse une fois dépouillée de sa forme bourgeoise encore limitée? Ce sera l'universalité des besoins, des capacités, des jouissances, des forces productives, etc. des individus, universalité produite dans l'échange universel. Ce sera la domination pleinement développée de l'homme sur les forces naturelles, sur la nature proprement dite aussi bien que sur sa nature à lui. Ce sera l'épanouissement entier de ses capacités créatrices, sans autre présupposition que le cours historique antérieur qui fait de cette totalité du développement un but en soi; en d'autres termes, développement de toutes les forces humaines en tant que telles, sans qu'elles soient mesurées d'après un *étalon* préétabli. L'homme ne se reproduira pas comme unilatéralité, mais comme totalité. Il ne cherchera pas à demeurer quelque chose qui a déjà été, mais s'insérera dans le mouvement absolu du devenir. Dans l'économie bourgeoise et l'époque correspondante, au lieu de l'épanouissement entier de l'intériorité humaine, c'est le dépouillement complet; cette objectivation universelle apparaît comme totale, et le renversement de toutes les entraves unilatérales comme sacrifice du but en soi à un but tout à fait extérieur. C'est pourquoi, le juvénile monde antique apparaît comme un monde supérieur. Et il l'est effectivement partout où l'on cherche une figure achevée, une forme et des contours bien définis. Il est satisfaction à une échelle limitée, alors que le monde moderne laisse insatisfait, ou bien, s'il est satisfait, il est *trivial.* » Le *monde bourgeois est vide, aliénation et trivialité, le communisme est richesse des besoins, expansion, universalité abstraite, qui cherche à se concrétiser, des besoins. La catégorie abstraite renvoie au renversement concret. La préhistoire à l'histoire.* La *« vraie communauté »*, qu'on trouve quelques pages plus loin (*Fondements* I, p. 460 / 396) forme la trame de la catégorie du progrès de la société bourgeoise : elle l'est dans la mesure où elle en est le renversement. Et plus loin : « Nous verrons plus loin que cette *forme extrême de l'aliénation* contient déjà *en elle* – bien que sous une forme renversée, la tête en bas – la dissolution de toutes les conditions limitées de la production, et, en outre, qu'elle produit les conditions illimitées de la production ainsi que les pleines conditions matérielles du développement entier et universel des forces productives de l'individu. » (*Fondements* I, p. 481 / 414-415.) C'est ici que surgissent les termes à la fois magiques et marqués par le sceau de l'infamie, « sous forme renversée », « la tête en bas », termes dont on a parfois voulu donner une explication exhaustive ou métaphysique : quant à nous, le cours de notre analyse ne peut nous conduire à une explication plus claire, – il est évident que ces termes sont ceux du langage qui parle de renversement des catégories, de tension révolutionnaire vers leur dépassement, totalement à l'intérieur du développement. La trame du renversement est partout, partout le point de vue du sujet ouvrier impose sa force.

C'est quand nous parvenons aux moments où la description que fait Marx du développement capitaliste, en tant que développement de la force productive du capital et conclusion de la préhistoire humaine, est la plus forte et la plus complète, – par exemple dans *Fondements* II, p. 83-84 – que les grands thèmes dynamiques du communisme qui trouvent leur source dans l'exaspération de la séparation que recèle le rapport capitaliste apparaissent avec la plus formidable clarté. Relisons les pages citées : le capital, avec toute la force d'expansion qui est la sienne étend le travail abstrait à l'ensemble de la société, poussant la coopération et la division du travail à ses plus extrêmes limites. Chaque catégorie de ce passage est *double :* ainsi la coopération comme la division du travail est à la fois richesse des besoins et déplacement incessant du concept d'individualité. Mais cette duplicité n'est pas fausse, il ne s'agit pas d'une concurrence; *elle est double de part en part.* De sorte que le développement capitaliste est l'image renversée du procès communiste, image d'autant plus défigurée et folle que la progression du capital est avancée. Quand l'opposition atteint son point extrême, que la subversion reste le seul chemin à parcourir, le travail humain associé achève sa palingénésie. Nous ne devons pas, avec l'ironie de mise dans ce cas, nier la valeur de termes tels que palingénésie et catastrophe : à ce niveau du développement, le capital est trop laid.

Plus loin, Marx analyse la loi (et la mystification) fondamentale du développement capitaliste, *la loi de la concurrence,* et ce faisant il insiste sur la puissance de la liberté capitaliste : mais cette liberté a *une base étroite.* « Il s'agit en fait seulement du développement libre à partir d'une base limitée – sur la base de la domination du capital. Ce type de liberté individuelle est ainsi en même temps la suppression la plus totale de toute liberté individuelle, où l'individualité est complètement subjuguée par les conditions sociales, qui prennent la forme de puissances matérielles et même d'objets supérieurs – la forme de choses indépendantes des individus mêmes et de leurs relations. » (*Fondements* II, p. 168 / 545, trad. mod.) La loi de la concurrence est elle aussi une esquisse de ce que le développement du capital recèle de force d'opposition et de séparation : le communisme, une force qui renverse tout.

Démystifier les catégories du capital signifie mettre à jour les *lois du mouvement* de l'histoire. La loi fondamentale est celle qui construit la possibilité du communisme. De ce point de vue, pour en rester à la démystification, le communisme est *en train de se faire*. Il est en train de se faire en tant qu'antithèse radicale et extrême. Le thème de la liberté et de la richesse des besoins, du développement contradictoire des formes de la production, le thème – enfin – de la crise, se croisent ici. Ils sont présents à l'intérieur de chaque catégorie comme son renversement : ici, quand on parle de communisme, le renversement est *puissant et synthétique*. La forme contradictoire a l'allure d'un obstacle insurmontable, d'un obstacle qui grandit au fur et à mesure que la « révolution permanente » du capital se réalise. Il n'y a pas de solution à ce procès. Aucun équilibre capitaliste ne tient. Encore moins une proposition qui se voudrait socialiste : théorie de la propriété d'État, de la planification, de l'égalité dans l'exploitation relèvent au même titre de la révolution permanente du capital. Il n'y a pas d'équilibre possible, fût-il celui d'une catégorie, quand chaque élément de la synthèse idéale est invalidé par l'antagonisme. Ceci se produit parce que le développement de l'opposition est au moins aussi tendancieux que l'est le développement du capital. L'une et l'autre ont des objectifs : nous savons quel est celui du capitalisme, celui de la classe ouvrière et prolétaire nous commençons à le voir comme renversement des pôles. Ce n'est pas assez. Dans les *Grundrisse,* au-delà de cette réaffirmation des catégories (renversement des catégories du capital, nouveau fondement ouvrier de ces catégories) nous pouvons lire encore des passages où ce terme de démystification commence à se *constituer en sujet* et à inverser le procès qui consiste à définir le « communisme » comme résidu, – incompressible, mais résidu quand même – pour en faire le moteur d'une alternative.

Nous devrions ici commencer à parler du *sujet*. Mais nous ne sommes pas encore en mesure de le faire. Avançons donc avec Marx, à pas mesurés. Prenons donc, avant tout, le grand thème dynamique et antithétique du communisme : son modèle renversé. Mais il manque encore la recherche et *la définition des contenus du communisme*. Avant d'aborder à nouveau le thème du sujet communiste, il faut éclaircir le *caractère* antithétique mais aussi la *racine* antithétique du communisme. Cet enracinement antithétique consiste dans la synthèse de la libération des forces productives et de l'apparition du sujet antithétique. *Libération des forces productives?* Qu'est-ce que ça veut dire? Cela veut dire qu'à un certain niveau du développement capitaliste, le commandement du capital cesse d'être nécessaire. « Le capital représente une condition du développement des forces productives aussi longtemps qu'elles ont besoin d'un élément externe qui d'une part, leur donne une impulsion, et d'autre part les tiennent en laisse. Leur disciplinement est superflu et leur devient intolérable à un niveau donné de leur développement; il en a été de même pour la discipline corporative, etc. » (*Fondements* I, p. 372-373 / 318.) *Apparition du sujet antithétique*. Qu'est-ce que ça veut dire? Cela veut dire que le communisme ne peut se fonder que sur la naissance, entre les chaînes du développement, d'une *individualité collective nouvelle*, qui invente de *nouvelles règles* de production et de développement. *Le sujet libéré ouvre un monde nouveau* de besoins déployés, collectivement. « La plus-value, c'est d'abord la valeur en sus de l'équivalent. Par définition, l'équivalent c'est la valeur identique à elle-même. Jamais plus-value ne peut jaillir de l'équivalent : elle ne peut donc avoir sa source dans la circulation, mais dans le procès du capital lui-même. Toutefois, la chose se présente autrement encore; si l'ouvrier n'a besoin que d'une demi-journée de travail pour vivre un jour entier, il lui suffit de travailler une demi-journée pour mener sa vie d'ouvrier, la seconde moitié de la journée de travail, c'est du *travail forcé, du surtravail.* Ce qui est de la plus-value pour le capital est pour l'ouvrier du surtravail au-delà de ses besoins immédiats nécessaires à le faire vivre en tant qu'ouvrier. Le grand rôle historique du capital est de *produire ce surtravail,* travail superflu du point de vue de la simple valeur d'usage, de la simple subsistance. Le capital a accompli sa fonction historique lorsque d'une part, les besoins sont assez développés pour que le surtravail en sus de ce qui est nécessaire soit devenu lui-même un besoin général et découle des besoins de l'individu lui-même; et d'autre part, que le zèle au travail imposé par la sévère discipline du capital aux générations successives soit devenu le bien commun de l'humanité nouvelle; enfin, que les forces productives du travail dont le capital accélère le progrès à coup de fouet, dans sa frénésie d'enrichissement sans limites et dans les conditions qu'il pourrait seul réaliser, soient développées au point que la possession et la préservation de la richesse générale exige : 1° que la société tout entière se fixe un temps de travail moindre; 2° que la société travailleuse affronte scientifiquement le procès de sa reproduction sans cesse croissante, dans une plénitude toujours plus grande. Autrement dit : l'homme ne fera plus les travaux qui peuvent être faits à sa place. Le capital et le travail ont un rapport semblable à celui de l'argent et de la marchandise : l'un est la forme générale de la richesse, l'autre est uniquement la substance destinée à la consommation immédiate. Dans sa course éperdue à la forme générale de la richesse,le capital pousse le travail au-delà des limites de ses besoins naturels et crée de la sorte les éléments matériels pour le développement d'une individualité riche, aussi universelle dans sa production que dans sa consommation, et dont le travail n'apparaît plus comme travail, mais comme plein développement de l'activité : sous sa forme immédiate, la nécessité naturelle y a disparu, parce qu'à la place du besoin naturel a surgi le besoin produit historiquement. C'est pourquoi *le capital est productif,* autrement dit un *rapport essentiel au développement des forces productives sociales.* Mais, il cesse de l'être à partir du moment où le développement de ces forces productives trouve une barrière dans le capital lui-même. » (*Fondements* I, p. 272-274 / 231 trad. mod., par endroits.)

Le travail ne se présente donc plus comme travail, *le travail qui se libère est libération du travail.* Le contenu du communisme consiste donc dans un renversement qui supprime en même temps l'objet renversé. Le communisme n'est renversement du travail qu'en tant que *ce renversement est suppression :* du travail. Libération des forces productives : certes, comme dynamique d'un procès qui conduit à l'abolition, à la négation sous sa forme la plus totale. L'échange de la libération du travail contre le dépassement du travail forme le centre, le cœur de la définition du communisme. Il ne faut pas avoir peur d'insister encore sur ce moment théorique : la libération du travail vivant exalte sa puissance créatrice, l'*abolition du travail est ce qui le vivifie de part en part.* Le contenu, le programme du communisme sont un développement des besoins universels qui ont surgi sur la base collective mais miséreuse de l'organisation du travail salarié, mais qui, de façon révolutionnaire signifie l'abolition du travail, sa mort définitive.

Nous avons ainsi avancé dans cette définition du projet communiste. Nous avons pu en saisir non plus seulement la force de renversement, que ce soit sur le plan de l'histoire ou sur celui de la théorie, mais aussi le *contenu* de ce renversement. Il faut maintenant aller plus loin. Les conditions ont suffisamment mûri pour qu'on puisse voir ce renversement devenir dynamique, de par lui-même, indépendant et autonome. Le sujet communiste surgit comme conclusion à ce renversement.

De la démystification du procès *à son inversion*. Il ne s'agit plus du chemin qui va de la préhistoire à l'histoire, mais de la révolution dans son aspect synchronique et ponctuel. L'inversion recueille la subjectivité comme résultat de la démystification et en fait la condition du communisme. *La transition apparaît comme la forme exclusive de la formation du communisme.*

Deux ordres de considérations sont à développer ici. Le premier a trait à la méthode. Ici il s'agit par-dessus tout de voir que la méthode de Marx parvient à sa définition la plus achevée. C'est quand Marx aborde la thématique du communisme que la méthode exposée dans l'*Einleitung* trouve sa pleine application. Elle fonctionne à plein quand le communisme prend la forme de la transition. *Il n'y a pas d'autre exposition possible du communisme que sous la forme de la transition.* Sinon c'est un concept ineffable. Toutes les catégories marxiennes sont des catégories du communisme. Elles échappent ainsi à la possibilité d'un « usage scientifique » – au sens bourgeois du terme – mais aussi à un usage réformiste. Les catégories marxiennes ne sont pas seulement traversées par une dualité permanente et irréductible. Mais cette dualité se présente sous la forme de l'antagonisme, et l'antagonisme sous la forme du renversement. Se servir des catégories marxiennes veut donc dire les pousser à ce renversement nécessaire, se laisser pousser à cette formidable expérience. Les catégories marxiennes sont des *catégories subversives;* des catégories qui relèvent d'un procès de subversion. Les catégories sont prises dans la logique de la tendance antagoniste dont le développement est fait de déplacements successifs du système des catégories. La théorie interrompt le procès historique jusqu'à rendre impossible sa continuité, à le remodeler complètement en procès de rupture et de transformation. Il n'y a pas que les catégories matérielles (argent, travail, capital etc.) qui soient révolutionnaires, il y a aussi celles qui relèvent du mode ou de la méthode (limite, obstacle, procès, transformation etc.) : Dans le croisement qui s'opère, le concept devient élément d'un faire, mouvement qui en se développant prend la forme d'un antagonisme, d'une puissance antithétique. La transformation, à l'intérieur de cette logique de la rupture, est constitutive de l'opposition prise à son niveau le plus fort. La logique matérialiste – en tant qu'elle est adéquation au réel – est riche de la puissance de création du réel, de la lutte de classe. Le communisme n'est, du point de vue de la méthode, *concept* que dans la mesure où il est un terme dynamique de transformation.

Le second ordre de considération regarde *la concrétisation historique* de la thématique de la transformation qui est inhérente au concept. Nous devrions à nouveau refaire le parcours théorique tout entier, déjà examiné quant à ses autres aspects, et voir comment ce parcours est, à chaque moment, pour chaque catégorie, marqué par cette démarche du faire révolutionnaire. Nous n'en verrons cependant que quelques éléments essentiels. (*Fondements* I, p. 96-97 / 77) : nous sommes encore dans l'analyse de « l'argent comme rapport social ». Toutes les oppositions semblent s'effacer dans son universalité. Tant et si bien qu'il y a des gens – comme les socialistes, comme les proudhoniens – pour considérer l'argent comme la « contre image » du communisme. Rien de plus faux : la catégorie n'est l'image que d'une essence opposée. « Cependant, au sein de la société bourgeoise fondée sur la valeur d'échange, il se développe des rapports de distribution et de production qui sont autant de mines devant la faire éclater. Les innombrables formes contradictoires de l'unité sociale ne sauraient être éliminées par de paisibles métamorphoses. Au reste, toutes nos tentatives de les faire éclater seraient du don-quichottisme, si nous ne trouvions pas, enfouies dans les entrailles de la société telle qu'elle est, les conditions de production matérielles et les rapports de distribution de la société sans classes. » (*Fondements* I, p. 96-97 / 77.) Ceci, pour ce qui concerne l'argent, la valeur d'échange par autonomasie. Mais cela vaut également pour le travail. (*Fondements* I, p. 109-110 / 88-89) : nous sommes là au cœur de l'analyse sur l'élaboration du concept de travail abstrait, et donc de la médiation entre le temps de travail et la production sociale. Les formes sont d'autant plus antithétiques que la médiation progresse. Le communisme apparaît comme le concept du renversement du travail, de sa soustraction au commandement; ce qui semblait la conclusion d'un procès – la constitution de la production sociale – a pour seul effet d'en produire un autre, la libération sociale du sujet. Le sujet commence donc à se constituer. Pour se débarrasser définitivement de son caractère antithétique et devenir hégémonique, il ne lui manque qu'un élément : la *reconnaissance*. S'il découvre que les produits du travail sont les siens, condamne la dissociation de ses conditions de réalisation et juge qu'on lui impose une situation intolérable, l'ouvrier aura acquis une immense conscience, qui découle d'ailleurs du mode de production reposant sur le capital. *Le glas du capital sonnera;* ainsi, lorsque les esclaves se rendirent compte qu'*ils ne pouvaient être la propriété de tiers* et qu'ils prirent conscience de leur personne, l'esclavage se mit à végéter artificiellement et cessa de représenter la base de la production. » (*Fondements* I, p. 426-427 / 366-367.)

Reconnaissance, conscience, révolution. C'est le moment dans la méthode où l'« obstacle » se matérialise. Ce passage est extrêmement important parce que c'est là que *la subjectivité apparaît comme élément spécifique et organique de la composition matérielle de la classe :* la subjectivité qui s'exprime ici est un élément, bien sûr révolutionnaire, mais qui se situe de fond en comble à l'intérieur de la structure contradictoire des rapports de production. Le sujet est en mesure de se développer, de se libérer des rapports de production en tant qu'il les libère et les domine. L'autovalorisation du sujet prolétaire, contrairement à la valorisation capitaliste, prend la forme de l'*autodétermination* en se développant. Marx suit ce procès. Il tente de le cerner par approximation. Il saisit l'autodétermination dans la capacité qu'a le corps social de se présenter comme activité régulatrice de l'universalité (par ex. *Fondements* II, p. /505). Mais cette façon de voir le procès de transition comme un procès qui s'enracine dans la science en tant qu'activité régulatrice de toutes les forces naturelles et matérielles, c'est effectivement une approximation. Il faut aller au fond des choses : la *science,* incorporée au travail, sa force productive, subsumée par le capital, ne *doivent être libérés* plus radicalement que dans la mesure où le procès contradictoire qui en fonde le développement est à son terme. Ce n'est qu'à ce très haut niveau d'intégration qu'il y a la possibilité d'une rupture suffisamment profonde et efficace pour construire une perspective d'autodétermination. L'approximation, l'allusion ne tiennent pas : souvent (*Fondements* II, p. 33-34 / 439) la façon dont Marx aborde la science est à coup sûr humaniste et scientiste, et l'approfondissement de la nature contradictoire du concept de science s'en trouve affaibli. Mais cela ne se produit pas, l'analyse est même très expressive et très puissante à ce moment, quand la force antithétique, le procès de l'autodétermination prolétaire partent de la définition des plus hauts niveaux de subsomption de la société (et donc aussi de la science) dans le capital. Revoilà à nouveau le *Fragment sur les machines* (voir *Leçon 7*). *Le communisme a la forme de la subjectivité, le communisme est une praxis constitutive.* Il ne reste rien de capitaliste qui ne soit détruit par l'impétuosité du développement du nouveau sujet. Celui-ci fait preuve d'une telle force de bouleversement subjectif que tous les vestiges de l'ordre ancien en sont emportés. La transition est un procès constitutif au sens plein, qui repose entièrement sur l'espace que définissent les alternatives les plus radicales. *Marx au-delà de Marx*. Au-delà du déterminisme vulgaire? Au-delà de toute hypothèse renvoyant à l'homogénéité. La conscience révolutionnaire la plus ingénue trouve ici de quoi s'exalter de façon sublime. *L'inversion de l'inversion* que le capital a opéré contre le travail, est, dans *le Fragment sur les machines,* non pas une opération de renversement, mais une opération de constitution. L'inversion capitaliste, avec l'aliénation, ne joue pas seulement sur la distribution, mais se trouve au fondement même du mode de production : l'inversion de l'inversion atteint ce fondement.

Reprenant, toujours dans le *« Cahier VII »* l'examen de ce rapport, Marx fait ce raisonnement : « Dire qu'au fur et à mesure du développement des forces productives du travail, les conditions objectives – le travail objectivé – s'accroissent, c'est une tautologie pure et simple. En effet, que signifie force productive croissante du travail, sinon qu'il faut un travail immédiat toujours moindre pour créer un produit plus grand et que par conséquent; la richesse sociale prend de plus en plus la forme des conditions de travail produites par le travail lui-même. Dans le système capitaliste, le développement n'avantage que l'un des éléments de l'activité de la société; le travail objectivé, qui devient le corps toujours plus gigantesque de l'autre élément, le travail subjectif et vivant. En effet – et cela a une grande importance pour le travail salarié –, les conditions objectives du travail deviennent de plus en plus autonomes en opposition au travail vivant, à mesure qu'elles prennent une grande extension, et que la richesse sociale augmente par tranches toujours plus grandes en faisant face à l'ouvrier comme puissance étrangère et prédominante. On met le ton sur le processus d'objectivation, et non sur l'aliénation, l'extériorisation et la propriété (dévolue non pas à l'ouvrier, mais aux conditions de production personnifiées, c'est-à-dire au capital) de cette gigantesque puissance matérielle que le travail social a lui-même dressé en face de lui, alors qu'il constitue l'un de ses éléments propres. Aussi longtemps qu'au niveau du capital et du travail salarié, la production de ce corps objectif de l'activité s'effectue en opposition à la force de travail immédiate, ce processus d'objectivation aura le caractère de l'aliénation pour l'ouvrier ou de l'appropriation du travail d'autrui pour le capital. Ce renversement et cette inversion sont bien réels, ils n'existent pas simplement dans l'esprit des travailleurs et des capitalistes. Mais, il est manifeste que ce processus d'inversion correspond à une nécessité *historique*. Il est nécessaire pour le développement des forces productives à partir d'un certain point de départ historique ou d'une base déterminée. Mais, ce n'est en aucune manière une nécessité *absolue* de la production; elle serait bien plutôt éphémère. En effet, le résultat et le but (immanent) de ce procès est de détruire et de transformer cette base ainsi que cette forme de développement. Les économistes bourgeois sont si embourbés dans les notions caractéristiques d'une seule phase historique déterminée du développement de la société, que la nécessité de l'*objectivation* des forces sociales du travail leur apparaît indissolublement liée à la nécessité de leur aliénation par rapport au travailleur. Dès lors que le travail vivant a perdu son caractère *immédiat,* individuel, subjectif ou tout à fait extérieur, et que l'activité des individus se présente de plus en plus sous forme directement universelle ou *sociale,* les éléments objectifs de la production dépouillent leur forme aliénée. Dès lors, ils sont produits en tant que propriété et corps organique de la société, où les hommes se reproduisent en ayant une individualité sociale. Mais, il faut que les conditions d'un tel mode de reproduction de leur vie ou de leur procès vital de production soient tout d'abord créées par le procès économique et historique lui-même. Cela est vrai des conditions objectives aussi bien que subjectives, qui ne sont que les deux faces opposées de ces mêmes conditions. L'absence de propriété du travailleur et la propriété du travail objectivé sur le travail vivant (c'est-à-dire l'appropriation du travail d'autrui par le capital), expriment les deux pôles opposés d'un même rapport et représentent les conditions fondamentales du mode de production bourgeois. Il ne s'agit nullement d'éléments contingents ou indifférents. Ces modes de distribution sont les rapports de production eux-mêmes, mais seulement *sub specie distributionis*. J. S. Mill prétend donc de façon absurde que « les lois et les conditions de production de la richesse tiennent du caractère des vérités physiques... Ce n'est pas le cas pour la distribution des richesses qui est une pure question d'institutions humaines ». Les « lois et les conditions » de production de la richesse et les lois « de distribution de la richesse » représentent les mêmes lois sous des formes différentes; toutes deux varient et disparaissent au cours du même procès historique, dont elles constituent de simples éléments. Il n'est pas besoin d'être particulièrement sagace pour comprendre qu'en partant par exemple du travail libre ou salarié, né de la dissolution du servage, les machines ne peuvent surgir qu'en opposition au travail vivant, en étant la propriété d'autrui et une puissance ennemie. Bref, de toute nécessité, elles doivent, à titre de capital, s'opposer à l'ouvrier. Il est tout aussi facile de saisir que les machines continuent d'agir comme agents de la production sociale, lorsqu'elles deviennent par exemple la propriété des ouvriers associés? Dans le premier cas, leur mode de distribution (c'est-à-dire le fait qu'elles n'appartiennent pas aux travailleurs) est absolument une condition du mode de production fondé sur le travail salarié. Dans le second cas, une autre distribution s'effectuerait sur une base productive nouvelle, surgie du procès historique. » (*Fondements* II, p. 377-380 / 715-717.)

On ne pouvait développer plus clairement la thèse marxienne. Le sujet révolutionnaire *surgit* à ce stade *du* rapport avec le capital. L'inversion que celui-ci – le sujet – effectue à l'encontre du capital est une opération qui n'est *même plus* de la réappropriation. Réappropriation est un terme qui devient insuffisant et ambigu là où il a de nouvelles fondations. *L'autodétermination du sujet modifie donc qualitativement le procès.* Le sujet déploie sa force jusqu'à se réapproprier le travail objectivé même – qui jusqu'ici était l'ennemi du travail vivant, et est désormais dominé par le travail vivant. Il n'y a plus d'espace, à ce stade de l'analyse pour les thèmes de démystifications : l'inversion thématique est si radicale qu'elle porte à une distance incommensurable de la misère de l'exploitation.

Nous nous rapprochons ainsi du terme du discours marxien sur le communisme dans les *Grundrisse*. Comme nous l'avons vu, *le communisme n'est en aucun cas un produit du développement capitaliste, il est l'inversion radicale,* il est la démystification qui devient renversement du développement capitaliste. Le communisme n'est ni la téléologie du système capitaliste ni sa catastrophe : c'est un nouveau sujet qui prend forme, qui transforme la réalité et détruit la société. Communisme est donc un concept qu'on ne peut formuler que sous la forme de la transition. Le mouvement de l'inversion est puissant, il l'est tellement que la forme de la transition n'est pas simplement antithétique, mais bien constitutive d'un nouveau sujet, d'une possibilité de transformation totale. Pour marquer de la façon la plus rigoureuse cette transformation, Marx insiste sur l'abolition du travail. Le travail qui se libère est libération du travail. La créativité du travail communiste ne comporte aucune relation avec l'organisation du travail capitaliste. Le travail vivant, en se libérant en reconquérant *la valeur d'usage de lui-même,* contre la valeur d'échange, ouvre un univers de besoins dont ce n'est qu'éventuellement que le travail peut être une partie. Et dans ce cas, il s'agit du travail comme besoin essentiel, collectif, non mystifié, communiste : au lieu du travail comme construction capitaliste. Le renversement est total, il n'*autorise aucune espèce d'homologie*. C'est un sujet nouveau. Riche et joyeux. *C'est Marx qui le dit :* il n'est nul besoin d'exagérer, c'est Marx qui le dit dix fois, cent fois. La seule chose drôle de l'affaire c'est la honte que trop – presque tous – les marxistes éprouvent à répéter – à lire ces passages. Pour le reste il n'y a rien de drôle, il n'y a que la peine énorme de la lutte pour abolir le travail.

Partant de là, on peut faire quelques remarques sur les conséquences qu'entraîne cette façon d'aborder le communisme. C'est-à-dire : le lieu central qu'occupe le concept d'abolition du travail dans la thématique de la transition impose d'examiner les conditions théoriques spécifiques de cette imbrication. Il faut maintenant, face à tous les stéréotypes qui ont cours, poser le problème du rapport entre *communisme et planification*. Que vient faire ici ce problème dans l'imbrication de « l'abolition du travail et de la transition ». Il ne fait aucun doute que Marx considère la planification comme une qualité du communisme. Toutefois trop souvent, en se fondant sur Engels, on a compris ce rapport en termes simplement de socialisation (étatisation) des rapports de production d'un côté; et de l'autre en termes de « rationalité économique supérieure ». Il est évident si on regarde les *Grundrisse* qu'il ne s'agit pas de cela. Le communisme n'est planification que dans la mesure où il est abolition du travail. *La planification est une expression (et une condition) du caractère associé du travail qui doit supprimer l'extranéité du commandement et sa réification*. Il s'agit donc d'une rationalité économique, non *pas supérieure, mais différente*. Tellement différente qu'il ne peut y avoir aucune homologie entre elles. Quand les conditions et l'objectif de l'abolition du travail n'existent pas, la planification n'est qu'une forme nouvelle du commandement capitaliste – sa forme socialiste. C'est ici que la *critique marxienne du socialisme* exerce tout son poids. Le socialisme n'est pas, il ne peut en aucun cas être, un stade ou un passage vers le communisme. Le socialisme est la plus haute forme, la forme supérieure de la rationalité économique du capital, de la rationalité du profit. Il vit encore de la loi de la valeur, mais portée à un degré de centralisation et de synthèse générale, qui apparentent les formes de la gestion économique planifiée du socialisme au fonctionnement de la machine juridique et politique de l'État. *Le socialisme garde vivante et généralise la loi de la valeur. L'abolition du travail est la marque inverse de la loi de la valeur.* Cette question de l'abolition du travail rend impossible toute homogénéité entre la planification capitaliste et la planification communiste. Il faut à nouveau fortement critiquer la logique dialectique qui autorise des niveaux d'homogénéité dans le développement des oppositions; c'est au contraire la logique du dualisme radical que nous devons voir à l'œuvre. L'extinction de la loi de la valeur – que le *Fragment sur les machines* nous a permis de voir dans les *Grundrisse*, est à la base de la transformation de son fonctionnement (dans l'involution capitaliste) en loi du pur commandement. Mais c'est déjà là l'expression du fonctionnement de la logique de l'antagonisme. Chaque relation, chaque moment d'homogénéité, chaque élément de rationalité relative est supprimée par la disparition de la loi de la valeur : la continuité du rapport capitaliste est définitivement brisée. Il n'y a que la logique de l'antagonisme, – qui repose sur des sujets opposés et irréductibles – qui puisse fonctionner ici. Chaque polarité possède ses propres critères de rationalité, chacun de ces pôles possède une capacité de planifier. Une planification indépendante. *L'autovalorisation ouvrière et prolétaire est planification de l'abolition du travail.* La saturation des espaces sociaux que la planification socialiste du capitalisme comporte est par conséquent d'une fragilité monstrueuse : chaque segment est contradictoire non seulement eu égard à l'immédiateté de l'antagonisme qu'il recèle, mais eu égard aussi au cadre d'opposition, de planification pour abolir le travail, auquel il est lié. Le refus du travail, son organisation planifiée par la classe ouvrière et prolétaire mesurent la quantité et la qualité de la transition, mesurent non pas cette approche stupide de l'utopie, mais le procès de constitution concret que le sujet détermine. Le procès se trouve ainsi clarifié, déplacer réellement. Planifier devient quelque chose d'irréductible au capital, socialisme un terme (quand il représente une catégorie économique) irréductible au communisme. Le sujet communiste prend forme dans le procès, sur la base même de ces déplacements radicaux. Sa *multilatéralité* n'est pas seulement richesse des besoins, elle est aussi (comme la théorie des transformations de la composition de classe nous l'enseigne) richesse des synthèses successives.

L'analyse en revient au sujet et à sa force de constitution. A partir du refus de travail – qui s'est transformé en projet planifié et rationnel d'abolition du travail – nous avons vu le sujet poser les conditions de sa propre auto-constitution. Mais le dessein est d'ordre stratégique. Le *refus du travail* constitue le sujet en ce qu'il le projette dans le monde, en ce qu'il *constitue un mode de production*. Ce n'est pas à Marx, ni à nous, de nous livrer à des préfigurations à ce sujet. Ce qu'on peut dire, c'est simplement que le mode de production communiste comporte la totalité des déterminations sociales et économiques qui sont propres à la définition de chacun des modes de production. On ne peut embrasser dans toute son ampleur le spectre de relations qui s'offre qu'au niveau de la totalité. Il est important de souligner que, dans cette situation précise de l'extinction de la fonction rationalisatrice de la loi de la valeur, la mesure, les proportions et la finalité du développement du mode de production communiste surgissent entièrement du refus du travail, de la pratique subjective, de plus en plus planifiée collectivement, de la suppression du travail.

Réintroduire l'idée de totalité ne veut pas dire qu'on place tout discours sur le communisme au niveau de la totalité, ne veut pas dire qu'on réduit l'ensemble du développement au déroulement de la stratégie. Et même, cela veut dire le contraire. Le refus du travail fait preuve, avec la totalité du projet qui le caractérise, et d'une façon heureusement contradictoire avec ce projet, d'une grande *multiplicité* d'aspects, d'une grande richesse et liberté de mouvements d'une autonomie complexe, – chaque pas en avant vers le communisme est un moment d'extension et d'expansion de toute la richesse des différences. *Différences et ruptures*. Je voudrais à ce sujet suggérer de considérer les métaphores explosives de Marx (le monde capitaliste doit « sauter en l'air » etc. : c'est un thème qui revient continuellement), non comme la marque d'un certain catastrophisme, mais bien comme la croissance du mouvement de libération du sujet vers le communisme. La rébellion, la subversion qui s'enracinent dans la nécessité de l'antagonisme, forment un procès de libération en actes qui est tout aussi important que l'est la totalité du procès. Comment comprendre par ailleurs un mécanisme révolutionnaire dont la mesure est la suppression du travail; si ce n'est comme un procès de libération? Comment imaginer la totalité du communisme si ce n'est comme risque de la liberté assumé et répété continuellement dans toute sa plénitude? Le communisme sous la forme de la transition est un procès dont nous connaissons l'origine, dont nous partageons le chemin, – nul ne peut nous dire, en dehors de la façon dont nous avançons et nous luttons, quelle en sera la conclusion. Aucune homologie en termes objectifs ne peut tenir : *le futur communiste peut seulement être construit*. Toute sa qualité réside dans la solidité de ses fondations, dans la force du projet qui l'anime.

Ce résultat auquel parviennent les considérations de

Marx sur le communisme me paraît convaincant. Il ne fait guère de doute que le cadre a changé par rapport à ce qu'il était au début de cette analyse. Nous sommes sortis de cette superposition des parcours qui de fois en fois retenait le communisme entre les mailles de la nécessité objective et de son développement catastrophiste, ou encore de l'utopie qui se lève comme l'aurore.

En creusant ces thèmes, en s'arrêtant sur l'articulation subjective du procès, en déplaçant l'accent du niveau théorique sur le niveau pratique, *le thème du communisme s'est fondu dans celui de la transition,* s'est enraciné dans la nature antagoniste de la logique marxienne. Toutes les déterminations, peu à peu, ont convergé vers ce nouveau lieu, autour de ce nouveau procès. Toute espèce de réminiscence d'une logique dialectique, continuiste, a disparu. Admettons toutefois que souvent la démarche marxienne sur le communisme est truffée de résidus et d'allusions dialectiques : mais ils ne sont pas décisifs en dernière instance. Le chemin au contraire se dessine, en prenant appui sur la plénitude des déterminations méthodiques et matérielles, en termes d'antagonisme. Le centre de cette démarche de Marx se trouve là où nous avons noté le passage de la *démystification à l'inversion.* Quand l'inversion exerce toute sa puissance sur l'ensemble des niveaux des catégories essentielles de l'analyse marxienne et investit des catégories comme « l'argent, le travail abstrait, les machines, la science » etc., il n'y a plus l'ombre d'une ambiguïté. *La dialectique est rendue au capital, le matérialisme devient le seul horizon, entièrement innervé par la logique de l'antagonisme et de la subjectivité.* La transition communiste suit à ce stade le chemin qui mène de l'autovalorisation à l'autodétermination, à une indépendance de plus en plus grande et totale du sujet prolétaire, à la multilatéralité de ses parcours. La transition est le terrain de la démystification finale de toute utopie, qu'elle soit idéaliste ou scientiste; elle fonde le communisme en tant qu'elle parcourt la subjectivité, dans toute sa complexité, dans toute sa multilatéralité, elle est le refus et l'inversion de toute dialectique. C'est Marx qui se démystifie lui aussi. Marx au-delà de Marx. Le *contenu du procès est parfaitement adéquat à sa forme : procès antagoniste et subjectif de la suppression du travail*. Le communisme est destruction du capital à tous les sens du terme. Il est non-travail, il est la planification subjective, collective et prolétaire de la suppression de l'exploitation. Il est la positivité d'une constitution libre de la subjectivité. Toute utopie devient impossible.

Leçon 9 :

DÉVELOPPEMENT CAPITALISTE ET CLASSE RÉVOLUTIONNAIRE

SOMMAIRE

Le problème de la dynamique du communisme. Ses déterminations positives et négatives : de la crise de la loi de la valeur à la réapparition de la valeur d'usage. (Indétermination.) Conditions théoriques nécessaires pour résoudre le problème : la production sociale comme circulation productive; la circulation productive et ses contradictions comme fondement et procès constitutif de l'individu social prolétaire. Conditions de méthode et limites du discours marxien. Déplacement de la catégorie de « travail productif » : la classe révolutionnaire. Nouvelles conditions historiques pour que la transition se traduise en dynamique du communisme. L'auto-valorisation, noyau théorico-pratique du projet. Le communisme moteur et agent de destruction du développement capitaliste. (Pour la critique du communisme : les catégories du renversement du capital.)

La force d'inversion du développement capitaliste que le communisme, sa dynamique, son procès mettent en œuvre, est immense. Mais cela ne doit pas nous faire oublier l'effet d'aplatissement que les résidus dialectiques du discours marxien engendrent toutefois. Il faut donc s'en libérer, arriver à donner une définition, une explicitation qui ne soit pas générique du dynamisme du communisme. *Arriver à une nouvelle exposition du communisme sous la forme de la transition.* On a mis à jour la logique de l'antagonisme, logique plurielle à l'œuvre dans le discours de Marx, on l'a vue littéralement exploser : on l'a vue se débarrasser des nombreux obstacles qui sont le fruit, forcé, des habitudes dialectiques. Voyons maintenant comment elle se trouve, à la fois confortée par certaines déterminations générales, soutenues par des conditions théoriques originales, vérifiées par des conditions historiques nouvelles. Cherchons maintenant à voir comment l'analyse avance en se déplaçant théoriquement et en se libérant de ses limites. Enraciner l'analyse de la transition dans la matérialité même pesante, cela signifiera alors véritablement parler de la *dynamique du communisme*. Quelle qu'ait été la force de l'inversion, – et nous avons vu qu'elle est immense – il s'agit cependant seulement d'une allusion, d'un risque, d'un horizon. Matérialiser le communisme en le transformant en procès : voilà le nouveau problème; et il faut aller au fond de la question.

Et, en fait, diverses déterminations nous y aident. Avant tout des déterminations qui ont une fonction négative, – qui mettent l'accent sur la crise du développement capitaliste, mais du même coup définissent concrètement le cadre. La loi de la valeur s'éteint. La force, l'efficace avec lesquels elle apparaissait, au niveau de la socialisation du capital qu'on a vu dans les *Grundrisse,* sont démystifiés. La loi de la valeur passe de l'apparence à la misère : les deux sont efficaces, mais la première forme est rationnelle, la seconde est seulement contraignante. Il n'y a plus de rapport avec le temps (moyen) de travail (abstrait), il n'y a plus de proportionnalité déterminée entre travail nécessaire et plus-value : l'apparence des fonctions de progrès de la loi de l'exploitation repose là-dessus. Quand le capital et la force de travail globale sont entièrement devenus classes sociales, chacune indépendante et capable de se valoriser, la loi de la valeur ne peut plus montrer que la puissance et la violence du rapport. Elle est la synthèse des rapports de force. Toutes les déterminations positives deviennent négatives. Commandement, planification du commandement, surdétermination forcée de la crise : voilà la loi de la valeur au stade du *« Fragment sur les machines ».* Celle-ci reconnaît son propre vide et définit la négativité de ce qui s'oppose à elle comme antagonisme. L'apparence, l'illusion de la synthèse doivent s'autoreconnaître comme étant pure apparence et illusion : ce n'est pas une synthèse qui se produit, mais une force qui fait la conclusion. C'est ainsi que le pôle qui est celui de la classe ouvrière se libère, se rend indépendant. Nous pouvons lui supposer une puissance énorme, qui corresponde à celle de l'inversion. Mais cette supposition rend-elle compte de la puissance réelle qui s'exprime?

Nous fondons une dialectique positive du développement sur ce moment d'indépendance et de libération; mais le mouvement de libération ne nous dit rien du contenu ni de la positivité de cette libération. Rien de sa dynamique, de son procès. *La vérité que nous tirons de l'extinction de la loi de la valeur et de sa métamorphose en loi du commandement, est une vérité partielle.* Le rétrécissement de l'horizon de la valeur d'échange risque d'avoir comme conséquence de rendre complètement opaque tout cadre de référence. (Ce n'est pas un hasard si nombreux sont ceux qui devant la profondeur de la crise capitaliste, crient à tous les coins de rue à la renaissance du fascisme.) On ne résout pas le problème en le niant. Si l'allusion au communisme se fondait seulement sur l'extension de la loi de la valeur, elle serait une allusion indépassable.

Il est par ailleurs certain que l'extinction de la loi de la valeur libère effectivement un *espace réel pour l'indépendance prolétaire.* Un espace constellé et nébuleux mais réel, qui accumule valeurs d'usage, besoins, comportements plus ou moins immédiats. *Mais la simple revendication de la valeur d'usage ne débouche pas à elle seule sur une solution, sur quelque chose de déterminé.* C'est pour s'être arrêté à ce niveau, qu'on a abouti dans l'histoire du marxisme à un point mort dans la thématique de la transition, à un véritable *casse-tête* scientifique. On voulait que le mouvement d'inversion ait en lui-même la force nécessaire pour qualifier le passage au communisme, et on finissait ainsi par exalter un trait de la pensée bourgeoise, en récupérant – dans la description du communisme – le cadre, certes renversé, mais somme toute homologue du marché. Capitalisme, crise, subversion : l'effet non précisé était celui de la création d'un espace libre et vide. Vide : il n'est rempli que d'une spontanéité neuve, bouleversée et renversée. Comme le marché. Dans ce cadre, l'individu universel est une positivité vide. Une dialectique du renversement qui continue à vivre sur l'immédiateté de la valeur d'usage n'a aucune signification. Certes, ici la détermination se voudrait positive – mais elle n'y réussit pas. Le procès de l'inversion est qualitativement différent du procès qui enregistre la crise de la valeur et de sa loi : le second procès n'a qu'une puissance de critique et d'allusion, – ce n'est pas pour cela que le premier s'acquitte de sa tâche et se satisfait du renversement. Les tentatives des théoriciens qui se sont attelés à trouver une solution à ce casse-tête n'ont pas été très satisfaisantes : la plus célèbre de ces tentatives a été celle qui tournait autour de l'idée de *surdétermination du procès*, et qui consistait à opposer à la violence capitaliste de la synthèse, la violence prolétaire de l'inversion. Mais que pouvait signifier cette tension extrême de la violence prolétaire, qui n'était pas organisée sur la puissance matérielle du renversement réel, sinon à nouveau malheureusement l'efficace et terrible apparence de la domination de la valeur? En s'en tenant purement et simplement à l'inversion, on ne réussit donc pas à se libérer du vide d'une totalité de la valeur d'usage qui est immédiatement indifférente, et on tombe inévitablement dans des formes de solutions volontaristes et terroristes du problème. *La valeur d'usage, prise en elle-même, ne résout rien*. L'immédiateté de l'enfant qui dénonce est aussi nue que le roi. En disant cela, je ne confonds pas l'une et l'autre. Je me tiens résolument d'un côté. Mais ce n'est pas pour autant que je me satisfais de cette immédiateté. Elle est un commencement, une origine retrouvée, un moment de félicité. Mais si elle ne se transforme pas en dynamique du communisme, elle n'est que vide et dangereuse. Le seul élément commun qu'elle ait avec la dynamique du communisme et le processus d'inversion c'est d'affirmer la violence du passage, de démystifier toute possibilité d'une hypothèse pacifiste, de poser la force comme élément décisif. En cela réside son appartenance primordiale au communisme. La violence prolétaire, en tant qu'elle est une allusion positive au communisme, est un élément essentiel de la dynamique du communisme. Supprimer la violence de ce procès ne fait que le remettre pieds et mains liés au capital. La violence est une affirmation première, immédiate, vigoureuse de la nécessité du communisme. Non résolutive, mais fondamentale. Elle est peut-être l'unique moyen, insuffisant mais approprié pour que la valeur d'usage puisse surgir à ce niveau de l'analyse (et de la réalité interprétée) de l'horizon indistinct des comportements. La violence prolétaire est un symptôme du communisme.

On ne peut poser et résoudre le problème de la dynamique du communisme qu'en l'asseyant sur des oppositions théoriques et de catégories très fortes. Le seul résultat en est, comme nous l'avons vu, l'*indétermination.* Approcher le terrain d'une solution, les conditions adéquates d'une solution, implique de défricher concrètement *ce champ de la dynamique communiste.* En termes appropriés. Il ne s'agit donc pas de parcourir indéfiniment des transformations de la composition de classe et des modes de production, parcours que privilégie l'analyse *statique* qui, à chaque mutation du comportement ouvrier, hypostasie ainsi des catégories définies abstraitement : « Ensorcellement de la méthode, blocage de la recherche. » Il ne s'agit pas non plus, de se satisfaire, à l'inverse et de façon objective d'une définition de la crise de la loi de la valeur et de l'extension totalitaire des séquences du pouvoir à la société tout entière : « Après moi, le déluge! » Marx est conscient de tout cela. Dans les *Grundrisse* il pose le problème, et définit les conditions de solution. Les éléments de résolution ne peuvent qu'être encore terriblement lointains, ce qui limite très fortement son approche. La solution est malgré tout indiquée avec une très grande justesse et une très forte approximation. Même s'il ne peut la donner sous une forme entièrement déterminée, Marx avoisine la solution du problème de la dynamique du communisme. Voyons-en les différents moments. Dans les *Grundrisse* Marx suit dès le début le thème de la plus-value jusqu'à la crise et à la catastrophe, jusqu'au moment où l'antagonisme traverse chacune des catégories de l'exploitation, trouve un point d'ancrage historique. Ensuite, dans un second grand mouvement de son analyse, Marx prend la thématique de la circulation pour y montrer à l'œuvre les grandes forces sociales antagoniques. Jusqu'à l'explosion finale de l'antagonisme. Des deux côtés, il s'agit d'un discours abstrait. Des deux côtés, pour arriver au communisme, il faut un saut. Même quand la vision du passage est, comme dans la seconde phase du raisonnement, subjectivisée, là aussi c'est le triomphe de l'indétermination. *Marx est conscient de cette limite et veut la dépasser*. S'il ne la dépassait pas, c'est toute son approche théorique qui risquerait paradoxalement de tomber dans l'objectivisme, déformation de la méthode dont *le Capital* n'est pas exempt. L'indétermination à laquelle est parvenue l'analyse ne doit pas engendrer l'irrésolution. Maintenant, dit Marx, essayons de conjuguer ensemble et de mettre sous un même joug le procès de plus-value et l'énorme et odieuse quantité d'exploitation qu'elle contient (et la logique extrême de l'antagonisme qu'elle produit), – essayons de conjuguer tout cela avec l'autre procès, celui de la socialisation, dans la circulation du capital et de la force de travail globale. L'antagonisme doit devenir social, *la force de travail globale doit devenir classe révolutionnaire* contre le développement capitaliste. Dans toute la partie finale des *Grundrisse* Marx force un peu pour cela *ce nouveau palier d'exposition*. Disons tout de suite que les résultats ne sont pas tout à fait satisfaisants. Nous verrons pourquoi. Ils n'en sont pas moins consistants : c'est ici, en réalité, à ce stade de l'analyse, que prend forme, du côté du capital, la catégorie du profit, et que du côté de la classe ouvrière ce sont les catégories de l'antagonisme social du prolétariat et de l'autovalorisation qui commencent au contraire à se dessiner. A l'intérieur de ce procès, *on peut aborder correctement le problème de la dynamique du communisme :* pour Marx et pour nous. Le fait que Marx ne puisse arriver qu'à des résultats partiels, ne doit pas nous empêcher, mais au contraire nous inciter à poursuivre son hypothèse de recherche.

Conjuguer ensemble, dans la perspective de la subjectivité prolétaire, la thématique de l'exploitation et celle de la circulation constitue la condition théorique fondamentale pour réussir à trouver une solution au problème de la dynamique du communisme. Déjà, dans la perspective du capital, Marx avait avancé en ce sens. Comme nous l'avons vu dans la *Leçon* 5, la définition de la catégorie du profit – dont la définition la plus achevée se trouve précisément dans les pages que nous considérons maintenant – dérivait de la conjugaison étroite de la théorie de la plus-value et de celle de la circulation. L'*Ausgleichung* de l'exploitation, son égalisation interne sur des niveaux moyens, la construction sur ce mode de la loi de développement capitaliste, naissaient de la distension du rapport d'exploitation dans le circuit social, ou mieux, dans le circuit de la socialisation de la production capitaliste. *L'Ausgleichung de la subversion et de la valorisation prolétaire doivent emprunter le même chemin. Mais en sens renversé.* Et en tenant compte de ce que le renversement n'est qu'un commencement. Il n'y a pas en fait d'homologie possible entre les deux chemins, celui du capital et celui du prolétariat. Ainsi en décide la logique de l'antagonisme. Le moment de l'inversion rompt toute possibilité d'homologie, libère la diversité absolue. Il faut toutefois examiner ce moment du renversement : il n'est pas insignifiant que celui-ci apparaisse, et ne puisse – comme on l'a vu – qu'apparaître, là où la loi de l'exploitation se dissout dans la circulation et là où la circulation productive se transforme en antagonisme des sujets sociaux. Marx, – à l'intérieur de ces limites historiques inhérentes à son projet, mais avec la force de prospection et d'anticipation qui le caractérise – s'avance sur ces deux terrains : il résout pleinement le premier problème (c'est-à-dire celui de la constitution de la circulation productive) et approche une solution pour le second (celui de l'antagonisme des niveaux de la société). S'il résout le premier problème, c'est que la base théorique dont il se sert pour cela est celle-là même qui sert à poser le problème du profit. S'il ne fait qu'*approcher* la solution du second problème, c'est qu'ici la base théorique n'est pas suffisante : tant qu'on pouvait accumuler, en puisant à l'arsenal des données, de quoi définir l'indépendance du sujet prolétaire, Marx accumulait. Mais ici, pour avancer, il n'y a qu'une *pratique révolutionnaire mûrie qui puisse permettre de déplacer complètement le problème,* de développer pleinement le sujet. La tendance veut se vérifier dans une détermination concrète, exactement comme l'abstraction cherche à se déterminer. Les limites historiques de l'expérience de la lutte de classe bloquent ce procès où la tendance se vérifie. La force de l'analyse fait toutefois progresser la tendance, l'expose de façon si provoquante dans le réel qu'il suffira de peu de choses aux luttes ouvrières pour déterminer la catégorie achevée que Marx avait indiquée : celle de l'« autre » mouvement ouvrier. Mais laissons tout cela pour plus tard.

L'argent relation négative avec la circulation. Quand Marx commence à introduire ce thème il en voit immédiatement la grande pertinence. Selon une première interprétation, cette affirmation signifie que la circulation ne se suffit pas de l'argent, que celui-ci entretient une relation avec la circulation qui n'épuise pas le sens de la circulation. La circulation est en fait un intermédiaire de la production. En ce sens l'argent se présente, positivement, comme « *instrument de production,* car la circulation n'apparaît plus dans sa simplicité première, comme échange quantitatif, mais, comme mouvement de la production, métabolisme réel. Ainsi donc l'argent devient un moment particulier du procès de production ». (*Fondements* I, p. 159 / 180.) Mais voici un second point à approfondir. L'argent de négatif devient positif. Bien plus cette mutation doit affecter le concept général de circulation. « *La continuité infinie* du procès – le passage fluide et facile de la valeur d'une forme en une autre, d'une phase à l'autre – est une condition essentielle de la production fondée sur le capital, et ce, à un degré infiniment supérieur à celui de tous les modes antérieurs de production. » (*Fondements* II, p. 27 / 433.) Dans cette situation, la puissance du capital montre une incroyable fluidité, interchangeabilité, inventivité.

Avant tout du point de vue objectif, dans la perspective du capital même. « Si le capital est *circulant,* en tant qu'ensemble de la circulation, passage d'une phase à l'autre, il est posé sous une forme déterminée dans chacune de ses phases; il est alors cantonné dans une figure particulière, et représente la négation du capital qui est mouvement de l'ensemble. Dans chacune de ses phases particulières, le capital est ainsi la négation de lui-même en tant que sujet des diverses métamorphoses. Il est alors du capital non circulant, capital fixé; ou mieux, il est figé dans l'une de ses multiples formes ou phases qu'il doit parcourir. Aussi longtemps qu'il reste dans l'une de ces phases et qu'elle n'est pas fluide – or, chacune d'elles a sa durée propre –, il ne circule pas, il est fixé. Aussi longtemps qu'il demeure dans le procès de production, il n'est pas en mesure de circuler, c'est-à-dire qu'il est virtuellement dévalorisé. Aussi longtemps qu'il demeure dans la circulation, il n'est pas en mesure de produire, ni de créer de la plus-value : il ne progresse donc pas en tant que capital. Tant qu'il ne peut être jeté sur le marché, il est figé sous la forme du produit; tant qu'il demeure sur le marché, il est immobilisé sous la forme des marchandises. Tant qu'il ne peut s'échanger contre des conditions de production, il est figé sous la forme de l'argent. Enfin, tant que les conditions (ou moyens) de production demeurent inemployées, dans l'attente du procès de production, il est encore fixé et dévalorisé. Le capital est circulant, en tant que sujet parcourant toutes les phases; c'est une unité en procès, unité active, reliant la circulation à la production. Le capital est *fixé* ou *engagé*, lorsqu'il est cantonné dans l'une de ses phases et posé dans l'une de ses *différenciations*. En conséquence, il est susceptible de se fixer, même en tant que capital circulant, et de circuler en tant que capital fixe. » (*Fondements* II, p. 125-126 / 514-515.)

Voyons ensuite ce qui se passe du point de vue subjectif. En fait, le capital apparaît ici comme sujet, comme unité dynamique et créatrice. *Mais le capital est un rapport. A l'intérieur de ce rapport, l'antagonisme prolétaire doit se hausser lui-même pour atteindre la subjectivité pleine et entière*. La subsomption de la circulation par la production de capital doit libérer l'antagonisme à ce même niveau. A ces conditions (que nous avons examinées dans la *Leçon 6*) de la socialisation, s'ajoute que *l'apparition du sujet* autre, du sujet *prolétaire, ne peut que s'étendre à toute la sphère de la circulation.* Et même le mouvement du sujet prolétaire est tel qu'il engendre une dynamique complexe des puissances naturelles et historiques qui lui font face. Naturellement, il s'agit là d'une définition générale. Mais acquise de façon stable. A ce degré de socialisation, la production se mêle si profondément à la circulation qu'elles constituent un rapport capitaliste dont l'efficacité sociale va s'accroissant. C'est précisément à ce stade que le sujet prolétaire aussi prend une dimension sociale.

Si la production sociale subsume la circulation et la pose comme circulation productive – et pour cela même propose à ce niveau, une conception autrement profonde et étendue du mouvement de la classe ouvrière – en somme, si tout cela est donné, il faut aller voir comment Marx travaille sur cette toile et quels résultats il en tire en ce qui concerne les problèmes fondamentaux qu'on touche ici. Il existerait donc un lieu d'expansion pour la classe socialisée et que le niveau de l'antagonisme ait rendu indépendante? Dire que Marx résout ce problème serait (comme on l'a rappelé) faux. Cela n'enlève rien au fait que Marx frôle sans cesse la solution, qu'il la recherche expressément. Il est vrai, en outre, que les résultats de cette recherche sont partiels : mais il faut ajouter que, s'il s'agit là d'approximations essentiellement négatives, si elles prennent forme surtout dans l'analyse des nouvelles contradictions que le capital socialisé engendre, il est toutefois facile de remarquer qu'il ne s'agit pas là de résultats résiduels qui seraient comme le négatif de la définition positive du capital et de son développement. Ce sont plutôt des bouts épars, mais qui n'en sont pas moins vrais, d'une réalité de classe compacte que l'on commence, à travers les contradictions, à saisir : leur caractère épisodique ne les empêche pas d'être significatifs. Il est donc temps d'aller voir comment, face et à l'intérieur de la circulation productive, le sujet – en tant que sujet prolétaire – conquiert un espace et une dynamique autonome.

Le *premier point* qui requiert notre attention est celui où Marx examine la contradiction entre valeur d'échange et valeur d'usage dans la circulation productive. Il note : « *La nature particulière de la valeur d'usage* sous laquelle se manifeste la valeur, ou ce qui apparaît comme *le corps du capital,* détermine ici la forme et l'action du capital, en lui donnant une propriété particulière en opposition à une autre, bref en le particularisant. Comme maints exemples nous l'ont déjà montré, rien n'est plus faux que de négliger la différence entre valeur d'usage et valeur d'échange qui, pour autant qu'elle se révèle dans la circulation simple se situe en dehors des déterminations économiques. » (*Fondements* II, p. 155 / 539-540.) Il faut concrétiser l'analyse : « Une même détermination peut apparaître soit dans la valeur d'usage, soit dans la valeur d'échange; mais, selon les époques, sa signification varie : utiliser, c'est consommer, soit pour la production, soit pour la consommation. Cet acte est un échange qui s'effectue par l'intermédiaire d'un procès social. L'utilisation peut être posée par l'échange et n'en être qu'une simple conséquence; par ailleurs, l'échange peut apparaître comme un simple facteur de l'utilisation, etc. » (*Fondements* II, p. 156 / 540.)

En somme : « La valeur d'usage joue elle aussi un rôle économique » (*idem,* p. 155 / 540). Quel sens donner à cet élargissement du champ d'action de la valeur d'usage ? Non pas certes, celui de reconnaître – comme le voudraient « Monsieur Proudhon et ses sociaux-sentimentalistes » que la valeur d'échange et la valeur d'usage sont identiques, à ce degré de socialisation. Au contraire, l'extension sociale de la circulation capitaliste les fait apparaître avant tout comme *contradictoires,* toujours contradictoires. Le cas le plus important de cette contradiction dynamique est décrit dans le *chapitre sur la petite circulation* (*Fondements* II, p. 188-194 / 565-571) que nous avons longuement examiné dans la *Leçon 7*. Mais ce rapport peut aussi devenir antagoniste, comme nous l'avons déjà vu. En fait, la reproduction capitaliste est ici soumise à un double mouvement : d'un côté, la reproduction à travers la valorisation, de l'autre, la reproduction que la société opère sur elle et d'elle-même. La différence, qui est contradictoire par principe, peut devenir antagonisme en se développant.

Quand la *possibilité* de l'antagonisme *devient-elle actuelle ?* Il me semble, à moi, que ce développement commence à se dessiner quand Marx ramène l'analyse de la contradiction à la question de la nature de la *composition de classe,* de la qualité de l'exploitation. « La production fondée sur le capital a, de toute nécessité, pour condition la plus grande masse absolue de travail nécessaire en même temps que la masse relative la plus grande possible de surtravail » (*Fondements* II, p. 110 / 502). C'est le rapport entre masse et taux de plus-value qui joue. Un rapport qui (comme on l'a vu dans la *Leçon* 5) est tout interne à la thématique de la critique; le capital est poussé par la loi du profit en tant que loi de l'appropriation à étendre au maximum son pouvoir, mais en même temps il se trouve complètement exposé à subir le contrecoup de l'exploitation. Quand la loi disparaît de l'horizon abstrait de la tendance pour descendre au niveau des rapports historiques entre les classes en lutte, le travail nécessaire, sa massification, l'articulation qu'entretient sa définition avec la valeur d'usage – tout cela subjectivise complètement notre rapport. Lui donne un maximum d'intensité subjective. C'est ici que se nouent, que commencent à se nouer, beaucoup des fils que nous avons suivis : travail nécessaire, valeur d'usage, jusqu'à la détermination négative qui dérive de l'extinction de la loi de la valeur. *Sur ce plan, le rapport capitaliste se réduit en fait à un rapport de force,* et pas seulement parce que le capital ne réussit pas à faire fonctionner la loi de la valeur et à réaffirmer ainsi sa propre légitimité, mais surtout parce que le pôle ouvrier du rapport s'est subjectivisé et surgit en lui comme force antagoniste.

Il faut considérer maintenant un *troisième élément :* c'est un élément important car il nous permet d'avancer sur la question de la composition de la classe ouvrière à ce degré de socialisation. Maintenant, se demande Marx, à ce stade de l'analyse, devant une interpénétration si forte de la circulation et de la production, devant des antagonismes si dramatiquement accentués – que se passe-t-il? Le phénomène le plus important à souligner c'est que dans ces conditions, la fonction d'intermédiaire que joue l'équivalent va s'amenuisant. Le capital qui a toujours perçu le temps de circulation comme un obstacle pour la production, qui a toujours tendu à réduire au maximum la contradiction entre le temps de production et le temps de circulation, se trouve coincé dans un rapport de force qui tout en maintenant la nécessité de continuer ce jeu, voit aussi le *caractère mortel* de cette solution. « Le capital tend, de toute nécessité, à ramener le temps de circulation à zéro, c'est-à-dire à s'abolir lui-même, parce qu'il est le seul à poser le temps de circulation comme un facteur déterminant du temps de production. Mais, c'est abolir en même temps la nécessité de l'échange, l'argent et la division du travail qui en découlent, en un mot le capital lui-même. » (*Fondements* II, p. 134-135 / 522.) L'équivalence horizontale doit dominer la circulation, tout comme l'équivalence verticale doit dominer l'exploitation : *on ne peut emprunter les deux chemins en même temps*. La simultanéité de la circulation et de la production, l'antagonisme dans la production rendent impossible l'attribution d'un signe à l'équivalence. Ils anéantissent toutes les fonctions de contrôle qui pouvaient s'exercer sur ces contradictions avant qu'elles deviennent antagonistes : et avant tout celles de la monnaie. (Voir à ce sujet *Fondements* II, p. 170 sq. / 551.) A l'inverse, la force d'opposition que nous avons vue s'enraciner dans la valeur d'usage et la massification du travail nécessaire, voit s'ouvrir ici devant elle un énorme espace de libération collective. L'aspect, peut-être plus contraignant et efficace, du contrôle capitaliste, s'amenuise : celui de la détermination de l'inégalité par l'usage des équivalences.

Mais ce n'est pas assez. Une nouvelle contradiction surgit ici. Nous savons que le capital fixe comprend le potentiel de reproduction de l'ensemble de la société, nous savons aussi que celui-ci n'entre pas dans la circulation comme valeur d'usage. (*Fondements* II, p. 236 / 604.) Nous savons encore que le capital fixe commande et hiérarchise et rend fonctionnels tous les mécanismes de reproduction de la société capitaliste; mais nous savons aussi encore que cette reproduction n'est possible que sous la pression des besoins humains. (*Fondements* II, p. 629-630.) Or, au point où nous en sommes arrivés, ces relations deviennent impossibles, parce que, d'un côté le capital ne possède plus de clé pour interpréter le développement (l'équivalence), et de l'autre côté, la valeur d'usage ouvrière devient très fortement antagoniste en se développant dans le sens de la subjectivité. *Le capital fixe s'oppose comme un ennemi à la subjectivité ouvrière. La tension est à son maximum, elle devient la base théorique d'une lutte où chacun des adversaires supprime l'autre.* La contradiction qui au départ n'apparaissait que comme une possibilité, a montré sa réalité, jusqu'à se transformer en antagonisme : les termes de l'antagonisme, raidis dans l'attente de la violence, ont désormais pour fond l'exclusion de l'adversaire.

Nous avons fait un bon pas en avant. Nous commençons à voir que la dynamique du communisme est un procès indépendant à l'intérieur des contradictions du développement capitaliste mûr. La dynamique du communisme s'appuie sur l'apparition de la subjectivité que la crise du développement du capitalisme mûr permet – passivement, simplement en lui en laissant l'espace – mais qui trouve aussi dans cette crise la possibilité de s'étendre et de s'enrichir. *La production capitaliste, quand elle investit la société, rend inextricable le lien de la production et de la circulation.* Circulation et production deviennent peu à peu des concepts qui se superposent autant que ceux de production et de reproduction. L'antagonisme social du rapport capitaliste vient alors briser cet *univers compact* en explosant. *Le concept et la réalité de la classe ouvrière se déplacent pour atteindre le niveau où se produit cette explosion.* Ce n'est pas simplement le nouvel antagonisme ouvrier et prolétaire qui se déplace, mais la *composition* de la classe prolétaire. A l'intérieur de cet espace, c'est un procès de constitution, collective de la classe qui se développe. Il est évident que ce n'est que sa recomposition en une unité qui lui donne un sens. Il est évident que la façon complexe et subjective dont tous ses aspects se retrouvent dans l'unité, la pertinence ponctuelle de l'antagonisme et sa violence permettent seuls à cette émergence de se dessiner dans sa totalité... Mais cela ne signifie pas qu'on ne doive pas également suivre les différents passages que les pages des *Grundrisse* indiquent déjà. L'individu universel de classe commence ici à apparaître comme une activité qui se valorise elle-même à travers la valeur d'usage. Puis qui massifie et élève à des niveaux extrêmement rigides la valeur du travail nécessaire. Sa puissance porte en elle la fin de toute loi capitaliste de l'équivalence, de toute possibilité de mystifier rationnellement l'exploitation. Enfin, toujours dans ces pages des *Grundrisse,* le *procès qui constitue l'individu universel,* se présente dans un rapport totalement conflictuel avec le fonctionnement du capital fixe : il s'agit de savoir qui commande sur celui-ci, qui commande sur l'intermédiaire nécessaire dont le capital fixe a besoin pour reproduire la société. Dans le procès même où il se constitue l'individu social universel démontre la capacité et la force de ce commandement.

Le communisme commence ainsi à descendre des nuages, au fur et à mesure que l'inversion du procès capitaliste, – que la méthode marxienne requiert pour définir le communisme – s'achève et envahit l'horizon d'un procès constitutif. L'individu universel ne *peut plus maintenant apparaître* comme le fruit d'une réminiscence humaniste : *il est le produit d'un procès matérialiste,* et il faut raccrocher au cadre matérialiste de cette analyse, tout saut de qualité, tout approfondissement qualitatif du sujet. Une dernière remarque : il n'y a rien de « socialiste » dans ce procès. De socialiste il n'y a que le développement du capital mûr. Le communisme ne vient pas dans un « après », il surgit de façon contemporaine comme procès constitutif d'une force énorme d'antagonisme et de dépassement.

L'approximation n'en demeure pas moins. Je veux dire que Marx nous indique un chemin plus qu'il ne le parcourt lui-même. Les éléments théoriques qu'il nous livre, sont plus des idées lancées que des développements systématiques. *Même si ce parcours qui va de l'inversion à la constitution est d'une importance fondamentale.* De ce point de vue, la limite la plus consistante de la pensée marxienne est peut-être d'ordre méthodique. Ce qui signifie que cette formidable unification de la théorie de la plus-value avec celle de la circulation productive ne parvient pas à déplacer complètement ses termes. Chaque fois que nous rencontrons ces grands moments théoriques, nous avons l'impression qu'une énorme force de gravité nous retient en arrière, nous empêche de pénétrer la qualité de la synthèse, d'arriver à une appréhension nouvelle des composants. Ce qui fait que, chaque fois qu'il nous semble avoir finalement achevé de parcourir un segment du procès constitutif, nous trouvons Marx, au même moment nous donnant une nouvelle illustration, – avec des perfectionnements théoriques d'un extraordinaire niveau – soit de la théorie de la plus-value, soit de la théorie de la circulation productive : le déplacement n'est pas conscient de lui-même, les résultats ne parviennent pas à tenir debout par eux-mêmes. Marx possédait pourtant les instruments de la *neue Darstellung,* il était entraîné à cette opération de déplacement des termes qui lui permettait de transformer le fondement de sa recherche et d'atteindre le but qu'il poursuivait. De sorte que, étant donné que la logique dialectique avait fait place à la logique de la séparation, et que la logique de la séparation avait permis – autour du salaire, de la petite circulation, de la thématique des besoins – de construire la figure antagoniste du sujet, de la sorte, le rapport entre subjectivité et cycle, le passage de la loi de la valeur à la loi de l'autovalorisation, l'épuisement de toutes les possibilités que comportait l'opération de dépassement de la loi de la valeur – tout cela devait pouvoir apparaître, devait être théoriquement possible. Et ce l'était en partie, comme nous l'avons vu. Mais pas complètement. En fait, la méthode marxiste en reste aux limites tracées par l'expérience historique possible, et la figure théorique la plus achevée qu'elle dessine se tient sur cette limite. Comme nous l'avons déjà remarqué à propos du « livre sur le salaire », et encore plus ici, à propos du *livre sur la constitution de l'individu social du communisme, c'est le retard de l'organisation ouvrière qui empêche d'avancer dans la théorie.* On pourrait presque soupçonner Marx d'avoir craint de tomber dans l'utopie. D'avoir craint la non-commensuration de la théorie à l'organisation, à l'organisation possible.

Deux remarques à ce propos : une première qui est une nouvelle vérification de ce que nous avons déjà dit dans la *Leçon 1*, c'est-à-dire qu'il n'y a jamais chez Marx, et surtout dans les *Grundrisse*, d'attitude théorique qui soit décrochée non pas tant de la pratique (de la possibilité de se vérifier dans la pratique) que de l'organisation (de la possibilité de se convertir en organisation). Cela paraît de la folie, si on pense aux conditions politiques dans lesquelles travaillait Marx : et pourtant c'est comme ça! Et c'est une bonne leçon. La seconde observation qu'il faut faire, à propos des limites qu'on a vu se dessiner dans la méthode, c'est que là aussi il y a une conséquence théorique extraordinaire : en ce que le procès de l'autovalorisation et de la constitution de l'individu communiste arrive à déplacer non seulement les termes généraux du discours mais également le centre moteur de son développement. Ce qui veut dire que la thématique de la constitution nous fait pénétrer dans une phase théorique où la détermination concrète des comportements prolétaires, la praxis collective du prolétariat deviennent un moment théorique, la trame d'une proposition théorique, un sujet qui fait preuve d'une extraordinaire force de liberté et d'autoexposition. A ce stade du déplacement théorique, c'est le *présupposé* qui *change*. C'est une mutation du sujet qui se produit. Sans une expérience concrète de cette mutation, il est difficile de dépasser la simple allusion. Nous ne voudrions pas attribuer à Marx une conscience claire et nette de cette évolution de la théorie, et ainsi justifier en quelque sorte ses limites : je le répète, ces limites découlent du retard de l'organisation ouvrière. Par ailleurs, l'imagination théorique de Marx est allé bien au-delà, comme nous l'avons vu. Cela dit, il reste vrai que la *neue Darstellung,* dans ce procès désormais mûri de la constitution de l'individu collectif du communisme, doit de plus en plus se transformer en une *Selbst-Darstellung*.

Revenons encore sur cette limite de la pensée marxienne. Même quand Marx conjugue de la façon la plus étroite production et reproduction, *il ne parvient pas à éclairer* dans des termes suffisamment explicites, *le procès de travail social dans toute sa matérialité*. Le rapport entre production et reproduction demeure encore assez générique. C'est-à-dire que Marx nous montre bien comment le système se reproduit et comment l'antagonisme se reproduit lui-même, de façon élargie, mais il n'en redescend pas pour examiner *la nature du procès de travail* à ce stade de la circulation productive, ni non plus la nature du travail productif. Arrêtons-nous justement sur ce concept de *travail productif :* ce que Marx nous en dit, nous avons eu souvent l'occasion de le voir. Le travail productif est celui qui produit du surtravail : jusqu'ici nous sommes d'accord. Le problème surgit quand on va chercher où réside la plus-value et quels sont ses circuits de production. Or, quand la production et la reproduction se mêlent ainsi si étroitement l'une avec l'autre, on ne peut plus distinguer le travail productif du travail réproductif. La circulation productive recueille, dans la *chaîne de montage du capital social* tout le travail social défini ailleurs comme directement ou indirectement, immédiatement ou médiatement productif. Ici le travail abstrait, moyen, social qui forme les premières catégories de l'analyse marxienne, se déplace lui-même pour prendre une dimension historique très dense, une dimension concrète : qui est elle-même un élément de la constitution de l'individu universel du communisme. L'extension du concept et de la réalité du travail productif, dans la circulation, dans la reproduction fait apparaître d'autre part, non seulement le caractère historique mais aussi la variété multiple du procès constitutif de l'individualité historique du sujet communiste. Eh bien, ce progrès dans la définition, le niveau théorique qu'il avait atteint permettait à Marx de l'accomplir. Mais il ne le fait pas. En fait, la définition marxienne du travail productif est une définition réductive, qui relève de l'axiologie socialiste du travail manuel. Qui reste conditionnée par elle, même quand toutes les conditions théoriques ont changé. Et combien profondément! Parce qu'il n'y avait qu'un *déplacement complet* du concept de *travail productif* qui pouvait permettre de définir la *classe révolutionnaire*. Conserver cette axiologie socialiste pour définir ce concept, alors que tout l'appareil du système et des définitions s'est déplacé en avant, était franchement inutile et stérile. Marx subit ici l'effet nuisible des limites de l'organisation du mouvement ouvrier.

Mais continuons à examiner, de l'autre côté, les possibilités théoriques que contient implicitement le concept de travail productif. Son évolution de la production à la reproduction, à travers la circulation productive est un *précieux* indice du développement de la *praxis constitutive* de l'individu social du communisme. A l'intérieur de ce développement, la classe révolutionnaire va être la catégorie dont le développement indépendant recueille la multiplicité des formes et des relations productives du travail et les accumule comme potentiel et forces alternatives à la valorisation capitaliste. Le *refus du travail,* comme contenu du communisme et mesure du procès de libération qui conduit à sa réalisation, apparaît ici, quand il est mis en relation avec l'universalité du travail productif, comme ayant lui aussi une essence productive. Du fait qu'il fait jouer sa force massifiée pour détruire l'universalité de l'exploitation et libérer sa force de création. Force de création que l'universalité de la coopération dans la production, qu'ont produite les déplacements successifs de la production, a énormément accrue. *La classe révolutionnaire, en s'autovalorisant, revêt des significations dont l'intensité et l'extension la font apparaître comme le résultat du développement et de sa totale inversion.* Les aspects abstraits et génériques de la définition marxienne de l'individu universel, pris au sens littéral, sont ici définitivement dépassées. On peut récupérer ici complètement, sinon dans sa lettre, la méthode marxienne : c'est elle qui nous conduit à analyser l'approfondissement de la coopération productive, à toujours considérer la force du collectif comme une praxis constitutive. Il nous a paru à un certain moment que la formidable expansion du cadre théorique, expansion capable d'englober l'antagonisme de la société tout entière, n'avait pas su allier dans son analyse l'intensité de la poussée à l'approfondissement de la coopération et à l'expression de sa force à la fois créatrice et destructrice. Mais toutes les conditions nécessaires pour que cette déviation soit correcte, sont maintenant présentes, et vont être récupérées. En ce sens, il me semble que la définition que Marx donne de la dynamique du communisme porte à nouveau. Le déplacement global de tous les termes du développement capitaliste voit se faire parallèlement le déplacement de tous les termes de la constitution du sujet. Celui-ci n'apparaît plus désormais comme un simple pôle antagoniste : il apparaît bel et bien comme classe révolutionnaire, richesse et autovalorisation.

Matérialiser le communisme, en faire une force historique plus pleinement que cela n'était possible à Marx, c'est un projet d'actualité, aujourd'hui où les conditions du développement capitaliste et les conditions de l'organisation ouvrière ont mûri. *Projet d'actualité mais qui n'en repose pas moins sur la théorie de Marx.* On peut imaginer celle-ci comme une trajectoire que le mouvement réel parcourt. C'est seulement le mouvement réel qui transforme l'indication du communisme que contient le discours sur la transition en processus constitutif : *la dynamique du communisme*. C'est le développement ultérieur du capitalisme, la maturation des tendances définies par Marx, qui donnent une réalité à l'effort développé pour matérialiser la définition du communisme. En termes de dynamisme, de parcours, en termes de classe. Il est évident qu'on ne prend pas ici en considération la thématique de la transition telle qu'elle se présente dans l'histoire du marxisme politiquement orthodoxe. Ici la critique de la politique, loin de représenter un terrain que Marx aurait dû une fois ou une autre parcourir, est présupposée. La transition « orthodoxe » est une invention pure et simple, une horrible mystification. Dans l'analyse marxienne, la dynamique du communisme apparaît comme un procès antagoniste qui investit la totalité du pouvoir capitaliste de la société et prélève sur elle la position subjective du prolétariat pour la rendre indépendante, libre, riche. Le chemin à parcourir devient une accumulation répétée mais continue de moments de rébellion et d'expression des besoins, où se distribuent les fonctions subjectives qui quelquefois déterminent et s'emparent de nouveaux espaces de valorisation. La multilatéralité, la différence sont un attribut substantiel du développement de la richesse prolétaire. Aujourd'hui nous avons sous les yeux, aussi bien le très haut niveau d'intégration capitaliste de la société que la richesse des besoins et des mouvements de réappropriation du prolétariat : c'est à ce niveau qu'on peut vérifier le chemin marxien. Et il est bien là : il suffit d'avoir le désir et la force de le voir. C'est un chemin qui est source d'une guerre permanente entre les classes, un chemin probablement très long. Matériel dans tous ses points. Il n'y a aucune possibilité d'éviter de faire ce cheminement, de parcourir ce chemin qui va de la révolution au prolétariat. Une révolution qui a finalement récupéré la portée de sa définition : une révolution qui repose sur la matérialité du sujet collectif. L'irréversibilité des parcours que trace la science marxienne s'enracine dans la matérialité de la composition de classe et la raidit dans son combat nécessaire, « fatal », dit Marx, et déterminé contre l'ennemi. Les éternelles et ennuyeuses discussions pour savoir s'il est possible ou pas (et c'est toujours à cette seconde conclusion qu'on arrive, non par passion mais par raisonnement) sont closes. Ici il n'y a aucune décision à prendre : dans la révolution on est ou on n'est pas, dans le communisme on vit ou on ne vit pas. La décision est en amont, dans les conditions de la guerre de classe.

Matérialiser le communisme pour en faire une force historique c'est donc résoudre, réellement, le problème marxien de la dynamique. On peut poser ce problème d'un autre point de vue et de façon équivalente, en termes de composition de classe. Il s'agit de montrer comment la composition de classe détermine de façon irréversible la direction du procès communiste. Toutes les conditions théoriques sont maintenant réunies. Le problème se pose donc du point de vue de l'histoire et on ne peut le résoudre qu'en faisant une phénoménologie constitutive de la praxis collective, au niveau qui est celui de l'actuelle composition de classe, une phénoménologie constitutive qui soit capable de récupérer en elle les déterminations du développement historique de la classe. Non pas pour le célébrer : mais bien pour creuser les déterminations concrètes, de plus en plus concrètes, des procès d'autovalorisation. Nous revenons toujours au même point : l'indépendance, l'autonomie de la valorisation de la classe. Le capital la voit agir, il y voit sans difficulté la clé fondamentale pour expliquer la crise, la perte d'efficacité de toutes ses catégories relatives au contrôle. Il est plus difficile de retourner cette considération du point de vue ouvrier, parce qu'ici le négatif, la force de destruction ne suffisent plus à fournir une explication. C'est le propre de la richesse du développement de l'autovalorisation que de requérir une positivité, forte et rationnelle, pour expliquer son propre développement. Et c'est une demande difficile à satisfaire. Il est plus simple de considérer les mouvements liminaires du capital, de définir la stratégie qui se dessine sur la frontière où s'affrontent les deux classes : mais quand il faut redescendre à cet enchevêtrement d'initiatives tactiques qui constitue la trame de l'autovalorisation, nous nous ne réussissons qu'à en donner des définitions vagues et éparses. Certains éléments positifs sont purement et simplement donnés. *En premier lieu* le caractère à la fois multilatéral et cumulatif de la composition de classe. Une stratégie d'autovalorisation se fondera alors sur la variété des dynamiques qui dérive de ce niveau de socialité ouvrière, richesse et diversité des pulsions, des besoins, des comportements. Capacité d'attaquer chacune des articulations de l'incessante recomposition capitaliste du cycle. La façon dont cette richesse et cette variété s'expriment impose au capital une flexibilité totale dans le contrôle qu'il exerce. Mais, attention, la flexibilité est seulement du côté du capital : la variété, la multilatéralité, le dynamisme, et la richesse qui se manifestent du côté ouvrier, ne sont pas flexibles, mais au contraire rigides : Et c'est là le second point à garder en tête. Les synthèses qui, en se déplaçant, se forment à l'intérieur du procès permanent de constitution de la composition de classe, les sauts qualitatifs que ce développement effectue, tout cela est constitué matériellement dans la composition de classe. Le capital peut contrôler, peut bloquer le développement du procès constitutif : mais il peut difficilement le faire revenir en arrière. Le moment d'épanouissement du pôle antagoniste de classe que Marx nous a indiqué dans le développement des hypothèses de socialisation de la dialectique, ce moment est inscrit matériellement : dans la réalité du travail nécessaire. *En troisième lieu* enfin il faut garder à l'esprit que la composition de classe ajoute à la multilatéralité et à la rigidité qui le caractérisent un élément supplémentaire : *la violence productive du plus haut niveau de coopération qu'elle présente*. On peut finalement ici nommer la composition de classe pour ce qu'elle est devenue : *composition communiste*. Sa dynamique est marquée par le caractère communiste de la prémisse, est continuellement animée, tendue par cette caractéristique. Rien ne peut mieux expliquer que cet élément l'alternance incessante de la violence et du programme, de la guerre et de la massification des objectifs, de l'attaque d'avant-garde et de la résistance, dans l'expression historique du mouvement de l'autovalorisation prolétaire.

Pour mieux dessiner encore les caractères de ce dynamisme, *regardons maintenant comment se comporte l'adversaire de classe*. Celui-ci est sensible à l'autonomie que prend la coopération sociale du prolétariat dans le mouvement de l'autovalorisation. Il y est sensible à un tel point qu'il est sans cesse contraint de remodeler le cadre de référence et la perspective stratégique du capital en tenant compte de cette insurrection. Le capital va répondre à la multilatéralité de l'initiative ouvrière en tentant de recomposer continuellement le cadre social, en termes de chaîne de montage socialisée, diffuse, élargie. Il va donc tenter lui-même d'assembler des stimuli indéfinis mais en les décomposant, en les segmentant dans la production et la reproduction. Il s'agira d'un contrôle purement artificiel, politique, parce que, comme nous l'avons vu au second point, la rigidité de l'autonomie est telle qu'elle empêche toute opération qui voudrait faire des échancrures, imposer des récessions. Le caractère à la fois politique et violent du capital va être démontré par l'impossibilité de planifier la tension de la coopération ouvrière dans la phase de l'autovalorisation. Ici le capital va être tout simplement contraint à essayer d'en venir à bout, en usant de la force contre la force, en opposant la violence à la violence. Tout cela démontre de mon point de vue que le communisme – la réalité communiste de la composition de classe – anticipe déjà et conditionne les formes que va prendre le développement capitaliste. Le communisme apparaît, en tant qu'élément dynamique et constitutif, comme le moteur et la force qui détruit le développement capitaliste. Toutes les dynamiques que Marx a indiquées, comme nous l'avons vu dans le dernier mouvement des *Grundrisse* et qui représentent l'entrelacement initial d'un procès qui s'est développé, – toutes ces dynamiques trouvent ici leur conclusion. La contradiction ici n'est plus indiquée mais actuelle : ses termes sont antagonistes, bien plus encore elle est séparation, développement différent et contraire. Le conditionnement que l'autovalorisation fait peser sur le développement du capital n'est plus alors un effet de la dialectique résolue dans le rapport capitaliste; c'est au contraire un véritable conditionnement, une logique imposée à l'adversaire à partir de positions de force, – séparées, qui s'autodéterminent. On peut donc aujourd'hui avancer, « au-delà de Marx » sur cette route dont Marx a posé les premiers pavés. Mais le saut effectué, la figure que revêt la réalisation du communisme, sa dynamique, ont une connotation si forte qu'il faut vraiment, devant notre incrédulité, nous répéter : oui, nous sommes allés au-delà de Marx.

Que *Le Capital* fonctionne mal, si l'on veut comprendre

le développement capitaliste contemporain, beaucoup de gens le disent. Surtout le révisionnisme, – qui n'a pas attendu les transformations modernes du capitalisme pour le dire, qui le répète depuis toujours par haine de l'esprit révolutionnaire qui anime l'œuvre de Marx. Mais au-delà de ces motivations mesquines, le révisionnisme, et à sa suite, de nombreuses tendances qui relèvent de la même analyse orthodoxe, ont trouvé un espace suffisant pour débiter leurs remontrances. On dit qu'il faut moderniser, mettre au niveau de la phénoménologie actuelle du capital, restructurer à l'intérieur du développement social du capital, les concepts fondamentaux de la tradition marxiste, *le concept de capital, de classe ouvrière, d'impérialisme*. Comment répondre autrement qu'affirmativement? Tout mon discours se situe sur ce terrain de la modernisation. Mais cette façon de voir les choses est-elle suffisante? Voyons cela. En premier lieu, il ne fait aucun doute qu'il faut *donner de nouveaux fondements aux catégories marxiennes* en tenant compte du caractère social du développement capitaliste. De ce point de vue les *Grundrisse* se situent en avant du *Capital*, car chez eux *le caractère social des catégories* apparaît immédiatement comme fondamental. Les pesants retours à la dialectique privé-publique que la critique juridique laisse survivre dans la critique marxienne de l'économie politique sont presque absents des *Grundrisse*. Cela dit, cela ne signifie pas que l'on trouve dans les *Grundrisse* une refonte totale des catégories. Sûrement pas. Il y a des moments qui font preuve d'une très grande originalité dans les définitions, mais il est hors de doute que même là où Marx va le plus loin, il ne fait pourtant – comme nous l'avons souligné – souvent qu'une allusion à la nouvelle réalité sociale du capital. Là où les *Grundrisse* dépassent de loin les efforts centrés sur le premier point (nouvelle fondation des catégories autour de la nécessité de la socialisation) c'est plutôt autour de la définition de l'*antagonisme social.* En cela, ils rompent avec toute conception réformiste possible et définissent un second élément fondamental du programme de modernisation des catégories marxiennes.

Arrêtons-nous un peu sur ce dernier élément. Celuici fait en fait, non seulement l'originalité, mais aussi la modernité, l'actualité des *Grundrisse. L'insistance de Marx porte maintenant sur l'union de la théorie de la socialisation et de la théorie de la plus-value.* La seconde permet de considérer la première sous une forme antagoniste. La première d'amener la seconde à des niveaux universels. A des niveaux universels, cela signifie que le travail de modernisation et de refonte des catégories marxiennes doit arriver à comprendre dans son objet le *développement de l'accumulation capitaliste géré par l'État* et que le mode de production multinational de plus en plus impétueux *étend au niveau international.* La critique de l'économie politique ne peut qu'être à la fois, *critique de la politique, et critique du socialisme,* critique de la multinationalité. Mais ces niveaux universels n'en demeurent pas moins les niveaux de l'antagonisme réel. Le développement du capital sous la forme de l'État, l'insertion des mécanismes politiques dans la dynamique de l'accumulation, l'élaboration d'une façon de produire (que certains appellent « postaylorienne » dont le centre est la question du contrôle politique : tout cela place l'antagonisme ouvrier-État au centre de la dynamique critique. Marx a fait remarquer, et même trop souvent, surtout dans les *Grundrisse* que dire l'État est une autre façon de dire le capital. Le développement du mode de production amène à reconnaître que dire l'État est la *seule* façon de dire le capital : un capital socialisé, un capital dont l'accumulation se fait en termes de pouvoir, une transformation de la théorie de la valeur en théorie du commandement; la mise en circuit et le développement de l'État des multinationales.

Le développement des catégories marxistes, leur refonte, ne peut faire oublier, sous peine de rendre vain tout effort théorique, *cette centralité*. Il faut reformuler le concept de capital en partant de la centralisation étatique des mécanismes de l'accumulation et de la planification, en partant de la réorganisation massive de la centralisation capitaliste multinationale de tous les instruments et flux de la production et de la reproduction. Des *Grundrisse* au *Capital?* Oui, mais dans ce sens précis. Et dans un autre sens qui lui est complémentaire, organiquement complémentaire : l'*analyse de la dynamique du communisme*. Ce n'est qu'à ce niveau qu'on peut proposer d'analyser la dynamique du communisme, à ce degré d'intensité de l'antagonisme. Il s'agit de saisir le progrès de l'accumulation capitaliste sous une forme renversée. Mais on ne peut pas le faire si on ne réduit pas ce concept de *renversement* à celui de *séparation*. Le rapport capitaliste est un rapport de force qui tend à exister de façon séparée et indépendante de son ennemi : le procès d'autovalorisation ouvrière, la dynamique du communisme. *L'antagonisme n'est plus une forme de la dialectique : c'est sa négation.* On n'arrête pas de parler de *pensée négative :* eh bien la pensée négative est, arrachée à ses origines bourgeoises – un élément fondamental du point de vue ouvrier. Commençons à l'utiliser, elle donnera bien quelque fruit! Des fruits à récolter pour nourrir le développement de la saine solidité de la critique ouvrière, dans toute son indépendance.

D'autant plus, que, une fois tout cela admis, il nous reste encore à parcourir le chemin le plus intérieur et le plus important : celui qui fait *l'analyse de la praxis collective*, celui de l'indépendance prolétaire. L'auto-analyse du mouvement de classe. Reprenons, sur ce point un texte fondamental de la méthodologie marxienne : « Tout d'abord : le capital contraint l'ouvrier à travailler au-delà du travail nécessaire. C'est la seule manière pour lui de se valoriser et de produire une plus-value. Mais par ailleurs, il n'utilise le travail nécessaire que *dans la mesure* où il créera du surtravail et où celui-ci *pourra se réaliser sous forme de plus-value*. Il pose donc le surtravail comme condition au travail nécessaire : la plus-value et la limite du travail matérialisé et de la valeur en général. Le capital ne pose donc le travail nécessaire que s'il peut créer une plus-value, car sur la base de la production capitaliste il n'y a pas de travail nécessaire indépendamment de la plus-value. Cette limitation – que les Anglais appellent une *barrière artificielle* – au travail et à la création de valeurs découle donc directement du fait que le capital crée du surtravail et de la plus-value. De par sa nature même, le capital pose donc les *entraves* au travail et à la création de valeurs, ce qui est en contradiction avec sa tendance à les accroître sans limites. Le capital est ainsi une contradiction vivante. » (*Fondements* I, p. 379 / 324.) Nous avons déjà lu et commenté ce passage pour un autre point. Nous voulons maintenant le relire, en le renversant, convaincus que cette méthodologie peut nous permettre de retrouver le sens du développement de cette *nouvelle* « contradiction vivante » que sont la classe ouvrière et le prolétariat sur le chemin communiste. Un chemin où chaque limite – rigidité de la composition de classe, niveau déterminé du travail nécessaire, etc., apparaît comme un obstacle. Mais là où, pour le capital la limite n'existe et n'est considérée comme un obstacle que pour pouvoir à nouveau fonder des limites et des proportions, ici, du point de vue ouvrier, la limite apparaît comme un obstacle au sens propre, venant de l'autre côté; cette façon de voir est celle de l'antagonisme où le dépassement de l'obstacle ne tend pas à tracer de nouvelles limites mais à développer de fond en comble la valeur d'usage de la force de travail vivante. Dans ce passage, avec cette méthode, la subjectivité ouvrière devient classe révolutionnaire, classe universelle. *Dans ce passage, le procès constitutif du communisme trouve son plein développement*. Il faut tout de suite souligner, que, à cette lumière, la logique antagoniste cesse d'avoir un rythme binaire, cesse aussi d'accepter la réalité fantasmatique de l'adversaire sur son horizon. *Elle refuse la dialectique* même comme simple horizon. *Elle refuse toute formule binaire*. Le procès antagoniste tend ici à l'hégémonie, il tend à *détruire et à supprimer son adversaire. Nier la dialectique :* cette formule éternelle de la pensée judéo-chrétienne, cette périphrase pour dire – dans le monde occidental – rationalité : dans Marx nous avons lu le projet le plus avancé de cette destruction, nous avons vu se faire d'énormes pas en avant dans cette direction. Nous devons maintenant nous y engager à fond. Ce n'est que sur ce terrain, que nous pourrons alors commencer à parler de nouvelles catégories, non pas du capital mais pour renverser le capital.

Arrivé au terme de notre travail, il me semble qu'on peut considérer comme satisfaite l'intuition d'où nous étions partis. Il fallait libérer le contenu révolutionnaire de la méthode marxienne. Le chemin des *Grundrisse* offre sur ce point une base fondamentale. En avançant à l'intérieur de celle-ci, en redécouvrant les mécanismes qui tendent vers l'avant la pensée marxienne, nous arrivons finalement au point central : la *critique marxienne de toute forme dialectique*. C'est en cela finalement qu'on retrouve le caractère pratique de la pensée marxienne. La fin de la dialectique? Oui, parce que c'est l'acte d'une pensée qui n'a pas l'autonomie de la force collective, ou de la praxis collective qui constitue le sujet en tant que dynamisme tendu vers le communisme. Il faut détruire l'adversaire. Seule la pratique communiste peut le détruire et doit, faisant cela, en se développant elle-même, libérer la riche multilatéralité indépendante du communisme.

TABLE

670308 - Août 2016
Achevé d'imprimer par

1livre.com
du rêve à la réalité !

Made in United States
North Haven, CT
10 November 2026

22084535R10186